Heinrich Michael Knechten • **Staurophilia – Kreuzesliebe**

Heinrich Michael Knechten

Staurophilia
Kreuzesliebe

Studien zur russischen Spiritualität XX

hartmut spenner ℔ kamen 2020

Bibliografische Information der Deutschen Bibliothek
Die Deutsche Bibliothek verzeichnet diese Publikation in der Deutschen Nationalbibliografie; detaillierte bibliografische Daten sind im Internet über http://dnb.ddb.de abrufbar.

Die Druckvorlage wurde vom Verfasser als reprofertiges Dokument zur Verfügung gestellt.

Verlag Hartmut Spenner
Herbert-Wehner-Str. 2, 59174 Kamen
www.hartmutspenner.de
ISBN 978-3-89991-226-5
Printed in Germany 2020
© alle Rechte beim Verlag

Inhalt

DER AUTOR: BENEDICTUS VAN HAEFTEN	11
Affligem	*11*
Katechese	*13*
Stellvertretender Vorsteher der Abtei	*14*
Die Reform	*15*
Ein zweites Noviziat	*19*
Erneute Profess	*20*
Die Kongregation der Darstellung Mariens	*21*
Bilder von Rubens in Affligem	*22*
Zahlenmäßige Entwicklung der Abtei Affligem	*25*
Die Herkunft der Mönche	*27*
Die Lebensdauer der Mönche	*28*
Der Karmel	*28*
Van Haeftens Werke	*29*
Neubeginn und Ausstrahlung nach Deutschland	*30*
Barockliteratur und Embleme	*31*
DER ÜBERSETZER: IOANN (MAKSIMOVIČ)	34
Erstausgaben	*42*
DER BEARBEITER: KLIMENT (ZEDERGOL'M)	50
Herausgabe von Väterschriften	*54*
DER KÖNIGLICHE KREUZWEG DES HERRN	58
Das Betreten des Kreuzweges	*58*
Das Kreuz ist der wahre Weg zum Himmel	*70*
Das Kreuz und seine Vielgestaltigkeit	*84*
Die Flucht vor dem Kreuz	*102*
Wer Ehre liebt, achtet nicht das Kreuz	*115*
Das Kreuz aus Liebe zu Christus tragen	*131*
Das Gebet unter dem Kreuz	*145*

DIE BEARBEITUNGSMETHODE	163
Die russische Übersetzung	*163*
Das literarische Genre	*163*
Einzelne Unterschiede	*164*
Namensnennung von Autoren und Heiligen	*169*
ÜBERSICHT DER KAPITEL	175
DIE EMBLEMATISCHEN BILDER	181
BIBELZITATE	187
Pentateuch	*187*
Richter bis Hiob	*189*
Psalmen bis Sirach	*191*
Jesaja bis Makkabäer	*202*
Evangelien	*205*
Apostelgeschichte bis Offenbarung	*212*
Pseudepigraphische Schrift	*220*
Übersicht der Bibelzitate	*220*
Häufigkeit der zitierten Schriften	*221*
Häufigste Bibelstellen	*223*
LITERATURZITATE	227
Antike Autoren	*227*
Griechische Kirchenväter	*233*
Apokryphe Schrift	*244*
Lateinische Kirchenväter	*245*
Mittelalterliche Autoren	*260*
Slavisches Paterikon	*269*
Liturgische Werke	*270*
Autoren des 16. und 17. Jahrhunderts	*271*
Kirchliche Dokumente	*279*
Übersicht der Literaturzitate	*280*
Häufigste Autoren/Werke der Literaturzitate	*280*

REZEPTION	284
PRAKTISCHE KREUZESTHEOLOGIE	290
WIE DIESES BUCH ENTSTAND	297
ABKÜRZUNGEN	300
BIBLIOGRAPHIE	301
Benedictus van Haeften	*301*
Werke	301
Quellen	302
Literatur	303
Ioann (Maksimovič)	*304*
Werke	304
Quellen	306
Literatur	307
Kliment (Zedergol'm)	*311*
Werke	311
Herausgeber	313
Quellen	314
Literatur	314
REGISTER	317
Abbildungen	*317*
Heilige Schrift	*317*
Namen	*321*
Sachregister	*326*
DER AUTOR	330
STUDIEN ZUR RUSSISCHEN SPIRITUALITÄT	331

Barockmusik ist beliebt, barocke Malerei beeindruckt, barocke Gebäude sind Touristenmagneten, aber wie steht es mit der barocken Literatur? Dieses Buch möchte mit einem Werk vertraut machen, das weithin unbekannt ist. Dabei kommt es vor allem darauf an, aus welchen Quellen der Autor schöpft. Diese werden daher ausführlich dargelegt.

„Wer ist denn der Mann an dem Plus-Zeichen?", wurde bei einer Kirchenführung gefragt: Hier offenbart sich Ahnungslosigkeit.[1] Andererseits kommt es vor, dass durch ein Gesetzesurteil Kreuze aus öffentlich zugänglichen Räumen entfernt werden: Der Anblick des Kreuzes wird nicht mehr ertragen. Es gibt auch Menschen, die zwar anerkennen, dass Christus sie durch seinen Tod am Kreuz erlöst hat, die sich aber nicht dazu durchringen können, das Kreuz nicht nur zu achten, sondern auch zu lieben.

---

[1] Vgl. „Es gibt religiösen Analphabetismus". Tomás Halík über Begegnungen mit Johannes Paul II. und theologisches Unwissen, Moderation: Ph.Gessler, 3.5.2014, in: https://www.deutschlandfunkkultur.de/kirche-es-gibt-religioesen-analphabetismus.1278.de.print?dram:article_id=284306 (abgerufen am 20.3.2020). – Studiendirektor i. R. Karl Weber korrigierte dankenswerterweise die Übersetzungen aus dem Lateinischen. – Das *Titelbild* ist die Ikone „Mauer der Jungfrauen", durch die Hand von Ursula Hatkämper (März 2013). Der Ausdruck stammt aus dem Hymnos Akathistos, 6. Ode, Oikos, in: Triō̦dion katanyktikón, Athen 1992, 327: „Teīchos eī tōn parthénōn, Theotóke Parthéne" (Mauer bist du der Jungfrauen, Gottesgebärerin Jungfrau). Das folgende Bild (Benedictus van Haeften) stammt von dem Graveur C.Vermeulen und wurde nach 1648 veröffentlicht (vgl. H.Verleyen, Dom Benedictus van Haeften, Brüssel 1983, 4).

„Staurophilía" bedeutet Kreuzesliebe. Ein niederländischer Benediktiner schrieb über dieses Thema ein Werk und ein russischer Metropolit übersetzte es.

Der Autor: Benedictus van Haeften

Jacob van Haeften[2] wurde 1588 in Utrecht geboren. Er war der letzte Sohn des Seidenhändlers Anthoni van Haeften († 1645) und seiner zweiten Frau, Anna van der Meer († 1629).

Jacob studierte ab 1605 Grammatik, Rhetorik, Dialektik/Logik, Physik, Metaphysik und Ethik an der Universität Löwen. Es fiel auf, dass er eine Begabung dafür besaß, lateinische Verse zu verfassen. 1607 bestand er die Lizentiatsprüfung und studierte danach Heilige Schrift, Thomas von Aquin (Summa theologiæ) und Katechese (Tridentinischer Katechismus).

Affligem

1609 trat Jacob in Affligem St. Peter ein.[3] Diese Benediktinerabtei wurde 1083 gestiftet.[4] Als Hausabtei der Herzöge von Brabant wurde sie als das ordentlichste aller Klöster dieses Ordens bezeichnet.[5] Die Mönche dieser Abtei hatten

---

[2] Dieser Familienname stammte von der Herrlichkeit Haeften, die gegenüber Zaltbommel liegt. Heute heißt dieser Ort Haaften; er liegt im Gelderland.

[3] Die Benediktinerabtei Affligem (Wohnort der Menschen / des Stammes Abulo/Avilo) liegt 5 km östlich von Aalst (Ostflandern) und 20 km nordwestlich von Brüssel.

[4] Maria Laach (Glees, Ahrweiler) wurde 1112 ein Priorat von Affligem und 1138 selbständige Abtei.

[5] Vgl. Thomas von Cantimpré/Bellinghem († um 1272), Vita piæ Lutgardiæ II,24: „In Affligemio, omnium illius ordinis ordinatissimo cœnobio" (In Affligem, [im] ordentlichsten Koinobion/Cœnobium von allen [Klöstern] jenes Ordens). Diese Vita wurde in Verse

1572 nach Aalst fliehen müssen, weil die Geuzen (Geusen) die Abtei plünderten. 1576 hatten die Spanier die Abtei in ihren Besitz genommen; diesmal zogen die meisten Mönche mit dem Archiv und einigen Kostbarkeiten nach Brüssel. 1578 hatten die Truppen Wilhelms von Oranien die Abtei eingenommen; die Mönche flohen nach Aalst und Dendermonde; die jungen Mönche wurden später zum Seminar in Douai gesandt. 1580 hatten Soldaten die Abtei in Brand gesteckt.[6] Jedesmal waren die Mönche zurückgekehrt, sobald dies möglich war. Im Jahr 1609 lebten in Affligem siebzehn Mönche und die meisten von ihnen waren jung. Sie hatten zwar Enthusiasmus, kannten aber nicht die Traditionen der Abtei. Viele Gebäude waren noch nicht wieder aufgebaut. Ein kleiner Teil der Kirche war als Kapelle eingerichtet. Die Mönche lebten buchstäblich in Trümmern.[7]

1610 empfing Jacob bei der Einkleidung den monastischen Namen Benedictus.[8] Am 4.5.1611 legte er die Feierliche

---

umgearbeitet von Willem van Affligem († 1297), Leven van Sinte Lutgart, hg. v. F. v. Veerdeghem, Leiden 1899; Het leven van Lutgart, hg. v. Y.Spaans, Middelnederlandse tekstedities 3, Hilversum 1996. Lutgardis von Tongern (1182-1246) ist die Patronin Flanderns. Sie setzte sich für die Verehrung des Herzens Jesu ein. Ihr Gedenktag ist der 16. Juni.

[6] Vgl. Beda Regaus, Hafflighemum illustratum. Annales et acta archicœnobii Hafflighememsis, 1766-1773, Teil II, 1227.1233, in: Archiv der Abtei Dendermonde.

[7] Vgl. H.Phalesius, Monasterii ss. Petri et Pauli Affligeniensis [...] chronicon [...], 89.280.289.297, in: Archiv der Abtei Affligem.

[8] Vgl. Hubertus Phalesius, Monasterii ss. Petri et Pauli Affligeniensis reformati ordinis s. Benedicti [...] chronicon [...], 288, in: Archiv der Abtei Affligem.

Profess ab.⁹ Am 24.9.1611 wurde er in Löwen zum Subdiakon, am 16.3.1612 in Brüssel zum Diakon und am 1.6.1613 in Löwen zum Priester geweiht.¹⁰ Geweiht hatte ihn der Mechelner Erzbischof Matthijs van Hove.¹¹ Dieser sandte ihn nach der Priesterweihe zu weiteren Studien nach Löwen. Benedictus wurde 1614 baccalaureus biblicus und baccalaureus sententiarius.¹² Damit hatte er sein biblisches Wissen und seine Kenntnisse der Sentenzen (Petrus Lombardus) unter Beweis gestellt.

Katechese

Erzbischof Matthijs beauftragte ihn 1615 mit der Seelsorge in der Pfarrei zu Bornem. Dort hatte die Abtei Affligem ein Priorat.¹³ Nach einiger Zeit kehrte Benedictus nach Affligem zurück, um den Kindern der Umgebung Religionsunterricht zu erteilen. Dies geschah auf der Grundlage des Mechelner

---

[9] Vgl. B.Regaus, Vita Benedicti Haefteni (1588-1648), hg. v. W.Verleyen, in: Fontes Affligemenses 14, Hekelgem 1973, 2.

[10] Vgl. Registrum ordinatorum, Nr. 59f, in: Archiv des Erzbistums Mecheln, Fond: Mechliniensia, ohne Paginierung.

[11] Matthijs van Hove / Matthias Hovius (1542-1620) war von 1596 bis zu seinem Tod Erzbischof von Mecheln. Er weihte mehr als zweitausend Priester. Formell war er Abt der Abtei Affligem. Die Einkünfte aus dieser Abtei sicherten die Priesterausbildung.

[12] Vgl. Nomina baccalaureorum bibliorum, sententiorum et formatorum [...], in: Allgemeines Reichsarchiv, Brüssel, Fond: Universität Löwen, Nr. 505, f. 35.36ᵛ. (f. – folium, Blatt; ᵛ – verso, auf der Rückseite des Blattes).

[13] Vgl. B.Regaus, Hafflighemum illustratum. De filiationibus, Fontes Affligemenses 7, Hekelgem 1968, 83. Ein Priorat ist das Haus einer religiösen Gemeinschaft, das nicht Abtei ist.

Katechismus.[14] Benedictus empfand ihn aber als zu wissenschaftlich; daher erstellte er eine populäre Fassung.[15] Benedictus beklagte im Vorwort dieses Werkes die religiöse Unwissenheit, das kurze Gedächtnis und den plumpen Verstand nicht nur der Schüler, sondern auch der Erwachsenen. 1616 wurde er Prior der Abtei Affligem.

Stellvertretender Vorsteher der Abtei

Der Ökonom, Michaël de la Porte, und der Novizenmeister, Johannes Baptista Verpoorten, später Subprior, die beide älter waren als Benedictus, mussten ermahnt werden, seine Autorität anzuerkennen und nichts ohne seine Bewilligung zu unternehmen.[16] Um diese schwierige Situation zu beenden, ernannte Erzbischof Matthijs ihn am 17.8.1619 zum Propst der Abtei Affligem und ermahnte alle Mönche zum Gehorsam.

---

[14] Vgl. Lodewijk Makeblijde SJ (1564-1630) u. Willem de Pretere (1578-1626), Catechismus, of, Kristelijke leering, Mecheln 1609.

[15] Vgl. Benedictus van Haeften, Den lust-hof der christelijcke leeringhe, beplant met gheestelijcke liedekens tot verklaringhe van den cathechismus des Artsbischdoms van Mechelen, Antwerpen 1622. Das Erscheinen eines neuen Katechismus' im folgenden Jahr beendigte die Wirkung des Werkes van Haeftens: Willem de Pretere (1578-1626), Catechismus, ofte Christelycke leeringe gedeylt in vyf deelen, ende eenen-veertigh lessen. Voor de catholycke jonckheydt van het ardtsbischdom, ende alle die andere bischdommen der provincie van Mechelen, Mecheln 1623. Dieser Katechismus wurde noch 1954 neu aufgelegt und zwar für alle belgischen Bistümer.

[16] Vgl. Excerpta ex Manuali Matthiæ Hovii (1617-1620), hg. v. C.Soppens, in: Fontes Affligemenses 17, Hekelgem 1975, 5.

Die Vollmachten des Propstes waren begrenzt. Ohne die Zustimmung des Mechelner Erzbischofes durfte er keine Postulanten aufnehmen, keine Gelübde entgegennehmen und keine Ernennungen vornehmen. Allerdings wurde der Zuschuss des Erzbischofes an ihn ausgezahlt, sodass der Ökonom von ihm abhängig war.[17] Der Propst hatte das Recht, den Briefwechsel der Mönche zu kontrollieren mit Ausnahme der Briefe an den Erzbischof. Der Propst unterschrieb und beglaubigte alle Verträge.[18]

Die Reform

Das Konzil von Trient hatte eine Rückkehr der Klöster zur ursprünglichen Observanz der Regel gefordert, falls davon abgewichen wurde.[19] Solange Erzbischof Matthijs die Leitung des Erzbistums hatte, war an eine derartige Reform nicht zu denken.[20] Erst unter dem neuen Erzbischof von

---

[17] Vgl. B.Regaus, Directorium abbatiæ Hafflighemensis, in: Archiv der Abtei Dendermonde, 163.

[18] Vgl. Excerpta ex Manuali Matthiæ Hovii (1617-1620), hg. v. C.Soppens, in: Fontes Affligemenses17, Hekelgem 1975, 13.

[19] Tridentinum, sessio 25: Decretum de regularibus et monalibus, Kapitel I, in: Conciliorum œcumenicorum decreta, Bd. 3, hg. v. G.Alberigo, Bologna 1973; hg. v. J.Wohlmuth, Paderborn 2002, 776: „Ubi collapsa est, vetus et regularis disciplina instauretur" (Wo sie zusammengebrochen ist, werde die alte und regelentsprechende Zucht wiederhergestellt).

[20] Erzbischof Matthijs verhinderte dies nicht etwa aus religiösen Gründen oder aus Furcht vor zu großer Härte in der Lebensführung, sondern aus Bedenken, seine eigenen Rechte hinsichtlich der Abtei könnten beschnitten werden. Aus dem gleichen Motiv ließ er auch die Mitgliedschaft in der Bursfelder Kongregation ruhen.

Mecheln, Jacobus Boonen,[21] wurde ein solches Projekt möglich. Allerdings befürwortete Benedictus eine Wiederbelebung und Stärkung der ohnehin bestehenden Verbindung mit der Bursfelder Kongregation, während Erzbischof Jacobus die Einführung der Gebräuche von St. Vanne anzielte.[22]

Hier sind Erklärungen notwendig: Das Kloster **Bursfelde** ist eine Benediktinerabtei, die 1093 gestiftet und 1542 erstmalig sowie 1648 endgültig evangelisch wurde.[23] Die Reform wurde in Bursfelde 1433 ausgelöst, als die Mönche eigenen Besitz hatten und sich Mätressen hielten. Der Abt von Bursfelde konnte als Präsident der Kongregation[24] Abtswahlen approbieren. Kardinal-Legat Nikolaus von Kues bestätigte 1451 die Verordnungen des jährlich tagenden Generalkapitels. 1519 gehörten zur Bursfelder Kongregation 95 Mitgliedsklöster. Ab 1520 lösten sich viele von ihnen infolge der Reformation auf; daher fand das jährliche Generalkapitel der Kongregation in anderen Abteien statt.[25]

---

[21] Jacobus Boonen (1573-1655), war 1617-1620 Bischof von Gent und 1621 bis zu seinem Tode Erzbischof von Mecheln. Er widersetzte sich der Veröffentlichung der Bulle In eminenti (1643), die sich gegen den Jansenismus richtete, wurde 1652 suspendiert, unterwarf sich aber bald.

[22] Vitonus (Vanne) wurde 498 Bischof von Verdun, starb 525/529 und wurde Mitte des neunten Jahrhunderts kanonisiert. Sein Gedenktag ist der 12. Oktober.

[23] Bursfelde (ein in einem Winkel liegendes Feld) gehört heute zu Hannoversch Münden, Landkreis Göttingen, Niedersachsen. Vgl. Lothar Perlitt (1930-2012), Kloster Bursfelde, Göttingen ^{10}2008.

[24] Eine Kongregation ist ein Zusammenschluss selbständiger Klöster.

[25] Vgl. N.Heutger, Hg., Vorwort v. G.Harbsmeier, Bursfelde und seine Reformklöster, Hildesheim ²1975; E.-U.Hammer, Substrukturen,

Das Kloster des heiligen Vitonus (**St. Vanne**) wurde 952 in Verdun gegründet. 1601 beschloss es eine Reform. Die Kongregation der heiligen Vitonus und Hidulphus[26] entstand 1604.

Benedictus befürchtete, dass die Observanz von St. Vanne zu streng sei und daher eine Spaltung der monastischen Gemeinschaft hervorrufen werde, auch wegen der fremden Mentalität der Mönche in Verdun. Deren Kloster würde ja bestimmend werden. Außerdem könnten die Studien vernachlässigt werden. Das Schlafen auf einem Strohsack ohne Kissen, in voller Kleidung,[27] das Erlernen des neuen Gesanges, die strengen Fastengebote, das fast absolute Verbot, Fleisch zu essen, die Strafe bei Wasser und Brot selbst bei kleinen Vergehen, all dies wirkte abschreckend.[28] War

---

Zentren und Regionen in der Bursfelder Benediktinerkongregation, in: Religiöse Bewegungen im Mittelalter. Festschrift für M.Werner, Veröffentlichungen der Historischen Kommission für Thüringen, Köln, Weimar u. Wien 2007, 397-426.

[26] Hidulphus (Hydulphe; † 707) gründete 671 in Moyenmoutier (Vogesen) ein Benediktinerkloster. Diese Abtei schloss sich bereits 1604 und damit als erste der Reform von St. Vanne an. Damit entstand eine Kongregation.

[27] Regula s. Benedicti 22,5, Beuron ²1996, 140: „Vestiti dormiant" (Angekleidet schlafen sie). Allerdings wurde zur Nacht die Kleidung gewechselt: „Sufficit enim monacho duas tunicas et duas cucullas habere propter noctes et propter lavare ipsas res" (Einem Mönch genügen zwei Tuniken und zwei Kukullen wegen der Nächte und wegen des Waschens der Sachen selbst), Regula s. Benedicti 55,10, Beuron ²1996, 200.

[28] Vgl. Considerationes de reformatione, in: Archiv des Erzbistums Mecheln, Fond: Abtei Affligem, Nr. 14.

Affligem wirklich reformbedürftig? Zwei Mönche hatten bereits die Aufgabe, die Einhaltung der Ordenszucht zu überwachen.[29] Benedictus schlug als Kompromiss vor, einen dritten Mönch damit zu beauftragen.[30] 1626 wechselte Benedictus jedoch unvermittelt die Seiten und wurde nun ein Befürworter des Anschlusses an die Kongregation von St. Vanne. Nun versuchte Erzbischof Jacobus, den einflussreichen Mönch Johannes Baptista Verpoorten tonitruis et fulminibus (mit Donnern und Blitzen) zur Zustimmung zu bewegen. Nach einer vierstündigen Auseinandersetzung unterschrieb Johannes Baptista zitternd die Papiere, die ihm der Erzbischof vorlegte,[31] eingeschüchtert durch die Drohung des Propstes, ihn von seinem Amt abzusetzen und in das Priorat Nieder-Waver zu senden.[32] Nur acht der vierundzwanzig Mönche waren bereit, die Reform zu unterstützen, während sie bei allen Laienbrüdern auf Ablehnung stieß. Der Novize und drei Postulanten erklärten jedoch ihre Bereitschaft zur Reform. Am 7.9.1627 wurde wieder das Benediktinische Brevier eingeführt, das 1605 durch das kürzere Römische ersetzt worden war. Zwölf Mönche,

---

[29] Der zelator (Eiferer) oder circator (Umhergehender) war ein Mönch, der regelmäßig die Abtei durchstreifte, um Übertretungen der Regel aufzuspüren. Im Mittelalter gab es in Affligem fünf von ihnen.

[30] Vgl. B.Regaus, Directorium abbatiæ Hafflighemensis, in: Archiv der Abtei Dendermonde, 188.

[31] „Præparatæ ab episcopo chartæ tremens subscripsit" (Die vom Bischof vorbereiteten Papiere unterschrieb er zitternd).

[32] Vgl. Acta reformationis, in: Archiv der Abtei Dendermonde, Nr. 67, S. 179f.

die der Observanz von Bursfeld treu bleiben wollten, zogen sich in die Priorate zurück.[33]

Ein zweites Noviziat

Die in Affligem verbliebenen Mönche hatten die Stufen des monastischen Lebens erneut hinaufzuschreiten. Ihr Postulat begann am 5.10.1627.[34] Benedictus, acht Mönche und drei Novizen erhielten am 18.10.1627 das Gewand von St. Vanne, das aus billigerem Stoff geschneidert war.[35] Das Schultermäntelchen mit Knöpfen an der Vorderseite (kaproen), die Kappe und Bordüren (Borten) verschwanden. Das Zingulum war nicht mehr aus Stoff, sondern aus Leder. Wer noch seinen Taufnamen besaß, erhielt bei dieser Gelegenheit einen monastischen Namen.

---

[33] Um 1093 wurde das Priorat Nieder-Waver (zwischen Dender und Zenne, Wallonisch-Brabant) gestiftet, das eine zahlreich besuchte Wallfahrt zu Maria vom Frieden ins Leben rief. 1794 verjagten die Franzosen die Mönche aus dem Priorat. Die Abteikirche wurde 1803 zur Pfarrkirche. – Das Priorat Frasnes-lez-Gosselies (Hennegau) wurde 1099 gestiftet und das Priorat Bornem (Provinz Antwerpen) im Jahr 1120. Diese Priorate waren gegenüber der Abtei Affligem insofern selbständig, als sie einer anderen Kongregation als diese angehören konnten. In der Folgezeit gab es Auseinandersetzungen zwischen Abtei und Prioraten hinsichtlich der einzuschlagenden Richtung.

[34] Im Postulat wird um Aufnahme in ein Kloster gebeten. Dies ist eine erste Zeit der Prüfung und Einübung.

[35] Regula s. Benedicti 55,7f, Beuron ²1996, 198: „Wegen der Farbe oder der Grobheit [der Kleidungsstücke] mögen die Mönche nicht murren, sondern [man nehme es], wie sie es in der Provinz, in welcher sie leben, finden können, oder was man billiger kaufen kann."

Benedictus äußerte zwar seine Zufriedenheit mit der Reform, teilte aber mit, dass er durch die Umstellung auf die härtere Lebensweise kränklich geworden sei.[36] Er nahm nur selten an den Unterweisungen der Novizen teil und ließ sich unter Hinweis auf seinen prekären Gesundheitszustand entschuldigen. In der dadurch gewonnen Zeit arbeitete er an der zweiten Auflage seines Buches: „Schule des Herzens".[37]

Die Bursfelder Kongregation forderte die Rückkehr der Abtei Affligem. Als Mönche aus dem Priorat Nieder-Waver sich für dieses Anliegen einsetzten, versprach Benedictus, jedem dortigen Mönch einen silbernen Becher zu geben. Beim Generalkapitel der Bursfelder Kongregation wurde in den Jahren 1625 und 1628 protokolliert, dass der Propst der Abtei Affligem abwesend war. Ein solcher Eintrag fand sich noch im Jahr 1642.[38]

Erneute Profess

Das Noviziat[39] dauerte ein Jahr und einen Tag. Am 28.10.1628 legten die Mönche zum zweiten Mal ihre

---

[36] Vgl. Benedictus van Haeften, Brief an Erzbischof Jacobus, 5.11.1627, in: Archiv des Erzbistums Mecheln, Fond: Abtei Affligem, Nr. 3.

[37] Vgl. Benedictus van Haeften, Schola cordis, sive Aversi a Deo cordis ad eundem reductio et instructio, Antwerpen 1623; Antwerpen 1629.

[38] Vgl. P.Volk, Die Generalkapitels-Rezesse der Bursfelder Kongregation, Teil 2: 1531-1653, Siegburg 1957, 448.567.

[39] Das Noviziat ist die Probe- und Einführungszeit vor der Profess (dem Ordensgelübde). In dieser Zeit gibt der Novizenmeister Unterweisungen in der Regel und den Gewohnheiten des Klosters. Die Novizen wohnen üblicherweise in einem abgetrennten Teil der Gebäude. Da in Affligem alle zu unterweisenden Personen Novizen waren, war dies

feierliche Profess ab. Bei diesem Akt hielt Jansenius[40] einen Vortrag über die Erneuerung der Sitten gemäß Augustinus.[41]

Die Kongregation der Darstellung Mariens

Die Abtei Affligem schloss sich mit den Abteien St. Hubert (Ardennen), St. Dionysius (Bergen, Hennegau) und St. Hadrian (Geraardsbergen, Ostflandern) zu einer Kongregation zusammen, die sich der Darstellung der seligen Jungfrau Maria im Tempel weihte.[42]

Das Ziel dieser Kongregation war, die Reform zu stärken und auszuweiten. Die vier Abteien beschlossen, ein gemeinsames Noviziat und eine gemeinsame theologische Ausbildung (Scholastikat) einzurichten. Die Rechte der jeweiligen Bischöfe wurden durch diese Kongregation nicht angetastet.

---

nicht erforderlich. Der Novizenmeister, Carolus Cuny, stammte aus St. Vanne.

[40] Jansenius, Cornelius Janszoon der Jüngere (1585-1638), wandte sich gegen ein Christentum, das äußerliche Moral und Zeremonien in den Vordergrund stellt. Jacob hatte ihn im Jahr 1600 in Utrecht kennengelernt und blieb ihm zeitlebends freundschaftlich verbunden.

[41] J.Orcibal, Les origines du Jansenisme, Teil I: Correspondence de Jansenius, Löwen u. Paris 1947, 415: „Sur la réformation des mœurs, suivant la doctrine de Séraph."

[42] In præsentatione beatæ Mariæ virginis (Zur Darstellung der seligen Jungfrau Maria), Fest am 21. November. Vgl. Protoevangelium des Jakobus 7, La forme la plus ancienne du Protoevangile de Jacques, hg. v. E. de Strycker, Subsidia hagiographica 33, Brüssel 1961; Fontes christiani 18, Freiburg i.Br., 1995, 108. Wegen ihres Aufenthaltes im Tempel von Jerusalem gilt die Jungfrau Maria als Prototyp monastischer Lebensweise.

Ein erstes Kapitel dieser Kongregation fand am 19.5.1629 in Affligem statt.[43]

Benedictus versuchte in den Jahren 1632-1643 vergeblich, die Abteien St. Peter (Gent) und St. Bertinus zum Beitritt zu dieser Kongregation zu bewegen.[44]

Bilder von Rubens in Affligem

Erzbischof Jacobus gab dem Maler Peter Paul Rubens im Jahr 1634 den Auftrag für das Altargemälde der wiederhergestellten Abteikirche. Das Thema sollte die Kreuztragung Christi sein. Am 8. April 1637 wurde es in den Hochaltar eingefügt. Der Preis war 1700 Gulden.

Unten im Bild sind zwei Soldaten zu sehen, die Helm und Harnisch tragen und zwei Mörder zur Kreuzigung treiben. Ein halbnackter Henker hält zusammen mit Simon von Cyrene das Kreuz, während Christus zur Erde gefallen ist. Maria kommt mitfühlend herbei, gestützt vom Lieblingsjünger Johannes. Die aristokratische Veronika wischt mit ihrem Taschentuch die Stirn Christi ab, während Frauen aus dem Volk mit molligen Kindern, die nichts begreifen, mitleidig zuschauen. Einige Reiter reiten voran; ihr Anführer hat die Gesichtszüge von Rubens.[45]

---

[43] Vgl. Liber de congregatione B.M.V. in Templo præsentatæ, in: Archiv der Abtei Affligem.

[44] Bertinus († 698), Gedenktag 5. September, gründete wohl vor 649 zusammen mit Mummolenus († um 686) das Kloster Sithiu in Flandern, heute Saint-Omer, Pas-de-Calais. Das Kloster war seit dem 8. Jahrhundert ein Zentrum der Buchmalerei, im Humanismus war es ein literarischer Mittelpunkt und 1791 wurde es aufgehoben.

[45] Das folgende Bild stammt aus Wikimedia Commons.

Ebenfalls in den Hauptaltar eingefügt wurde ein weiteres
Bild von Rubens: Benedikts Wunder. Oben in den Wolken

sieht man Unsere Liebe Frau zusammen mit den Patronen der Abtei Affligem, Petrus und Paulus. Dies sind zugleich die Vornamen von Rubens. Benedikt steht auf der Freitreppe der Abtei Monte Cassino. Vor ihm ist ein buntes Gewimmel von zweiundfünfzig Personen. In der Mitte steht der Wappenträger von Totila († 552), als ostgotischer König verkleidet. Er wird von einem Hund angebellt und weicht zurück, nachdem Benedikt ihn erkannt hat.

Beide Gemälde befinden sich seit 1914 im Museum für Schöne Künste in Brüssel.[46]

---

[46] Das folgende Bild stammt aus Wikimedia Commons.

Zahlenmäßige Entwicklung der Abtei Affligem

Aus der folgenden Aufstellung wird deutlich, wie sich die Abtei Affligem in den Jahren 1565 bis 1647 zahlenmäßig entwickelte:[47]

Jahr	Mönche	Brüder	Summe
1565	36	17	53
1578	40	7	47
1588	14	1	15
1595	10	1	11
1598	8	1	9
1602	7	1	8
1605	15	1	16
1615	23	2	25
1620	25	2	27
1627	25	3	28
1636	35	5	40
1647	36	6	42

Aus dieser Aufstellung geht hervor, dass die Anzahl der Mönche in den schlimmsten Jahren des Krieges[48] erheblich

---

[47] Vgl. Beda Regaus, Hafflighemum illustratum. Annales et acta archicœnobii Hafflighememsis, 1766-1773, Teil II, 1314.1427, in: Archiv der Abtei Dendermonde.

[48] 1548 begann der Krieg, der erst 1648 mit der Anerkennung der Unabhängigkeit der Nördlichen Niederlande im Westfälischen Frieden formell beendet wurde.

zurückging. Weil die Abtei zu wenig Einkünfte hatte, konnten keine Novizen aufgenommen werden. Die Aufnahme von Novizen wurde 1593 durch Bischof Levinus Torrentius[49] sogar verboten.[50] Die Anzahl der Laienbrüder sank stark, sodass Arbeiter angestellt werden mussten. Erzbischof Matthijs setzte 1602 aus der Abtei St. Johannes zu Ieper[51] Hubertus du Bray als Propst und Cornelius le Febure als Ökonom (cellerarius) ein, um Affligem zu retten. Die Reform der Abtei im Jahr 1627 wirkte sich dahingehend aus, dass sich in den folgenden Jahren die Anzahl der Mönche deutlich erhöhte, dann aber trat eine Stagnation ein, was die Anzahl anbetrifft. Dieses zahlenmäßige Niveau (etwa 40 Mönche) wurde bis zur Aufhebung der Abtei infolge der Französischen Revolution im Jahre 1796 gehalten.

---

[49] Lieven van der Beken, Laevinus/Livinus/Levinus Torrentius (1525-1595) war seit 1576 formell Bischof von Antwerpen (Suffraganbistum von Mecheln). Er übte dieses Amt nach dem Fall von Antwerpen im Jahre 1587 bis zu seinem Tod aus. Er sollte Erzbischof von Mecheln werden, doch das Gehalt war ihm zu gering; so wurde 1596 Matthijs van Hove (Hovius) mit diesem Amt betraut. Bischof Levinus machte Antwerpen zu einer Hochburg der Gegenreformation. Er schrieb Gedichte (Poemata sacra, Antwerpen 1572) und kommentierte Suetonius (Antwerpen 1578) sowie Horaz (Antwerpen 1608). Seine Korrespondenz wurde von M.Delcourt und J.Hoyoux herausgegeben (3 Bände, Paris 1950.1953f).

[50] Vgl. Beda Regaus, Hafflighemum illustratum. Annales et acta archicœnobii Hafflighememsis, 1766-1773, Teil II, 1398, in: Archiv der Abtei Dendermonde.

[51] Die Abtei des heiligen Johannes wurde im 11. Jahrhundert in Terwaan (Sithiu/Saint-Omer) gegründet, 1555 nach Belle verlegt (Dünkirchen) und befand sich 1598-1797 in Ieper (Westflandern).

Die Herkunft der Mönche

Die folgende Aufstellung zeigt, woher die meisten Mönche kamen:[52]

Herkunft	Anzahl der Mönche
Mecheln	15
Brüssel	12
Aalst	6
Antwerpen	5
Gent	5
Kortrijk	3
Löwen	2
Brügge	2
Utrecht	2
Halle (Flämisch-Brabant)	1
Geraardsbergen	1
Städte insgesamt	54
Land	9

Aus dieser Tabelle ergibt sich, dass die Mönche vor allem aus den Städten kamen. Nur neun Mönche kamen vom Land. Die Herkunft von fünf Mönchen ist unbekannt. Die Wirkung der Abtei auf die unmittelbare Umgebung war gering.

---

[52] Vgl. W.Verleyen, De roepingen te Affligem in de 18de eeuw, in: Eigen Schoon en De Brabander 47, Brüssel 1964, 217-219..

Die Lebensdauer der Mönche

Die mittlere Lebenszeit der Mönche betrug lediglich 48 Jahre. Nur zwei Mönche erreichten während der Amtszeit van Haeftens in Affligem das Alter von achtzig Jahren.[53]

Der Karmel

Der Karmel aus s'Hertogenbosch hatte sich in Aalst (Ostflandern) gegen den anfänglichen Widerstand der dortigen Karmeliter niedergelassen. Benedictus hielt in den Jahren 1632 bis 1647 Predigten im Karmel.[54] Für die dortigen Schwestern übertrug er um 1640 den lateinischen Text des Königlichen Kreuzweges ins Flämische.[55] Die Mehrzahl der Sammelhandschriften seiner Predigten wurde im Karmel in Aalst aufbewahrt.

---

[53] W.Verleyen, De monniken van Affligem in de 17de eeuw, in: Eigen Schoon en De Brabander 53, Brüssel 1970, 45-47.

[54] Archiv des Erzbistums Mecheln, Fond: Abtei Affligem, Nr. 9: „Omnis consolatio eius est cum piis Teresianis" (Sein ganzer Trost ist bei den frommen Teresianerinnen).

[55] Vgl. Benedictus van Haeften, Regia via Crucis, Antwerpen 1635 (nachfolgend abgekürzt als: „R"); Briefwechsel van Haeftens mit dem Verleger Balthasar Moretus, in: Plantijns archief, Antwerpen, Nr. 146: Litteræ, 1633-1640. Die flämische Übersetzung van Haeftens befindet sich im Stadtarchiv, Aalst, Altes Archiv, Nr. 2252. Im Druck erschien eine Übersetzung ins Flämische erst später: De Heyr-Baene des Cruys, übersetzt vom Kartäuser P.Mallants, Brügge 1667; Antwerpen 1672; Brügge 1692; Brügge 1693.

Van Haeftens Werke

Erzbischof Jacobus sandte Benedictus wegen seiner angegriffenen Gesundheit zu einer Kur nach Spa. Dort starb Benedictus am 31.7.1648.

Er veröffentlichte außer dem Katechismus, der Herzensschule und dem Königlichen Kreuzweg die Reform des Benediktinerordens,[56] das Tägliche Brot,[57] das Kleine Officium der heiligen Theresia[58] und ein Werk über Benedikt.[59] Posthum wurde sein Buch über die Kunst der Gottsuche veröffentlicht.[60] Seine Werke gaben in lebendiger und volkstümlicher Weise die Tradition wieder und kommentierten sie. Ab und zu verwendete er archaische Formen.[61] Bei den

---

[56] Vgl. Benedictus van Haeften, Propugnaculum reformationis ordinis sancti Benedicti, Antwerpen 1634. Dies war ein rigoroses Werk, das sich bemühte, die benediktinische Reform durchzusetzen.

[57] Vgl. Benedictus van Haeften, Panis quotidianus, sive Sacrarum meditationum in singulos anni dies, 3 Bde., Antwerpen 1634. Dies war eine Adaption der Meditationen des Kartäusers André Capilla († 1609), die von dem Kartäuser A.Dulcken ins Lateinische übersetzt und 1607 in Köln veröffentlicht worden waren.

[58] Vgl. Benedictus van Haeften, Officium parvum sanctæ Theresiæ, Antwerpen 1639.

[59] Vgl. Benedictus van Haeften, S. Benedictus illustratus, sive, Disquisitionum monasticarum libri XII, 2 Bde., Antwerpen 1644. Dieses Buch bot historische Bezüge.

[60] Vgl. Benedictus van Haeften, Venatio sacra, sive De arte quærendi Deum. Libri XII, Antwerpen 1650.

[61] R, 16: Ast für at – aber, allein, andererseits aber; R, 104: lubet für libet – es beliebt.

Schriftzitaten orientierte sich van Haeften im Wortlaut und in der Zählung an der Vulgata.[62]

Neubeginn und Ausstrahlung nach Deutschland

1870 wurde das monastische Leben in Affligem wieder aufgenommen.[63] 1906 bewirkten Mönche aus Affligem einen Neuanfang der Abtei Kornelimünster, die 1802 aufgehoben worden war.

Mönche aus Affligem ließen sich 1893 im Clemenspriorat Merkelbeek[64] nieder, um in Deutschland wirken zu können. Dort wurde monastisches Leben durch den Kulturkampf stark eingeengt.[65] 1896 wurde das Priorat eine selbständige Abtei. 1900 wurde die Abteikirche St. Benedikt errichtet.[66]

---

[62] Vgl. Biblia Sacra Vulgatæ editionis, Rom 1592f; Regensburg 1849; Biblia Sacra iuxta Vulgatam versionem, hg. v. B.Fischer, 2 Bde., Stuttgart ³1983; Hieronymus, Biblia Sacra Vulgata, 5 Bde., hg. v. A.Beriger, W.-W.Ehlers u. M.Fieger, Berlin u. Boston 2018.

[63] 1956 übergaben die Mönche das Affligemer Braurezept in die Hände eines unabhängigen Braumeisters.

[64] Merkelbeek, heute Teil von Beekdaelen, östliches Südlimburg. Im dortigen Kloster waren auch Mönche aus Deutschland, die hier ihr monastisches Leben weiterführten und auf einen Neubeginn in ihrem Land warteten.

[65] Am 4.7.1872 wurden Jesuiten, Lazaristen, Redemptoristen und Sacre-Cœur-Schwestern aus dem Deutschen Reich ausgewiesen. Am 31.5.1875 verbot Preußen alle katholischen Orden. 296 Ordensniederlassungen mit annähernd 4000 Mitgliedern wurden aufgehoben. Vgl. E.Schmidt-Volkmar, Der Kulturkampf in Deutschland. 1871-1890, Göttingen 1962.

[66] Die Mönche siedelten 1923 zum Benediktsberg in Mamelis um (Gemeinde Vaals, Provinz Limburg, an der Straße Maastricht-Aachen).

1914 wurde das monastische Leben in der Abtei St. Michael (Siegburg) von Merkelbeeker Mönchen wieder begonnen.[67]

Barockliteratur und Embleme

Das Wissen um die Barockliteratur[68] ist nicht allgemein verbreitet.[69] Die Art und Weise der Bücher van Haeftens war ja vom frühen Barock geprägt: Gegensätze wie Tod und Leben, Zeit und Ewigkeit, Diesseits und Jenseits, Schein und Sein, irdisches Elend und himmlische Glückseligkeit, die ewige Qual der Verdammten und die Glorie der Erlösten wurden einander schroff gegenübergestellt. Übersteigerungen betonten die Zielrichtung und Emotionen gaben dem Geschehen Wärme. Es wurde nach außen hin gezeigt, was im Inneren vor sich ging: Die Doppelnatur des Menschen, sein Schwanken zwischen Beständigkeit und Unbeständigkeit. Die Literatur wollte Staunen und Bewunderung hervorrufen.

---

[67] Die Abtei St. Michael wurde 2011 aufgegeben. Heute lebt dort eine Kommunität der Karmeliter.

[68] Seit dem 13. Jahrhundert ist *baroco* in der Scholastik nachweisbar als Memoriername für eine syllogistische Figur, die zu Trugschlüssen einlud. Das portugiesische Wort *barroco* (schiefrund) wurde seit 1531 für eine unregelmäßig geformte Perle benutzt und seit Anfang des 18. Jahrhunderts in missbilligendem Sinne (bizarr, merkwürdig, schwülstig) für die neue Stilrichtung, die nicht ausgewogen wie die Renaissance war. Vgl. A.Buck, Forschungen zur romanischen Barockliteratur, Erträge der Forschung 130, Darmstadt 1980, 10f; G.Hoffmeister, Deutsche und europäische Barockliteratur, Sammlung Metzler 234, Stuttgart 1987, 2.

[69] P.A.Riedl, Barock, in: Theologische Realenzyklopädie 5 (1980), 241-251, behandelte Architektur, Skulptur und Plastik sowie Malerei, aber bezeichnenderweise nicht Literatur.

Van Haeftens Bücher sind mit zahlreichen Emblemen ausgestattet. Embleme sind Sinnbilder, ein Kreuz verweist zum Beispiel auf das erlösende Leiden.[70] Das Emblem besteht aus einem Bildelement (pictura), dessen Sinn über ein Bibelzitat (Motto) und ein Epigramm (subscriptio) erschlossen wird.[71] Die sichtbare Welt ist eine Metapher für eine höhere Wirklichkeit.[72]

---

[70] Embleme sind ursprünglich eingesetzte, eingelegte (Metall)arbeiten, später auch Mosaike (émblēma von embállō – hineinwerfen, einsetzen).

[71] Vgl. K.A.E.Enenkel, The Invention of the Emblem Book and the Transmission of Knowledge, ca. 1610-1710, Leiden u. Boston 2019.

[72] Vgl. A.Schöne, Emblematik und Drama im Zeitalter des Barock, München ³1993.

[73] Ioann (Maksimovič), Porträt, Ende des 17. / Anfang des 18. Jahrhunderts (Wikipedia).

Der Übersetzer: Ioann (Maksimovič)

Ivan Maksimovič[74] wurde im Dezember 1631 in Nežin geboren.[75] Er stammte aus einer Adelsfamilie, die in Vasil'kov bei Kiev beheimatet war. Sein Vater hieß Maksim Vasil'kovskij, seine Mutter Evfrosinija Vasil'kovskaja.

Ivan las gerne und sammelte Bücher. Er erhielt seit 1668 eine Ausbildung am Kiever Kollegium, das Petr (Mogila) gegründet hatte.[76] Nach der Beendigung seiner Studien wurde er an diesem Kolleg Lateinlehrer. 1675 erhielt er bei der monastischen Tonsur den Namen Johannes (Ioann)[77] und wurde Prediger im Kiever Höhlenkloster. Er erhielt die Weihe zum Mönchsdiakon sowie zum Priestermönch und wurde Verwalter der Klosterwirtschaft des Höhlenklosters. 1677 war er als Mitglied einer Gesandschaft beim Zaren, um Schutz für Kiev und das Höhlenkloster gegen Angriffe der Osmanen zu erbitten.

1681 wurde er stellvertretender Vorsteher des Entschlafensklosters am Fluss Sven',[78] das 1680 dem Kiever

---

[74] Ivans Familienname wäre Vasil'kovskij, doch sein Vater gab seinen Kindern den Vatersnamen Maksimovič als Familiennamen.

[75] Nežin (Nižyn) liegt 80 km südöstlich von Černigov, an den Ufern des Flusses Ostër.

[76] Vgl. H.M.Knechten, Kraft in der Schwachheit – Dimitrij von Rostov und Zar Peter der Große, Studien zur russischen Spiritualität VI, Kamen ²2018, 12-14 (Das Mogila-Kollegium in Kiev).

[77] Ioann (Maksimovič; 1651-1715), Metropolit von Tobol'sk, ist nicht zu verwechseln mit Ioann (Maksimovič; 1896-1966), Erzbischof von San Francisco.

[78] Das Entschlafenskloster am Fluss Sven' (Svin'), im Dorf Suponevo, unmittelbar südlich der Stadtgrenze von Brjansk, zuerst im 16.

Höhlenkloster für die Aufnahme von Mönchen zur Verfügung gestellt worden war, falls diese durch osmanische Truppen aus Kiev vertrieben würden. In den folgenden Jahren war Johannes mehrmals in Moskau, um Angelegenheiten des Klosters zu klären. 1695 wurde er zum Vorsteher des Entschlafensklosters in Černigov ernannt.[79]

Auf Vorschlag des Hetmans[80] Mazepa[81] wurde Johannes am 10.1.1697 in Moskau zum Bischof von Černigov geweiht

---

Jahrhundert erwähnt, wurde 1926 geschlossen. Die erhaltenen Gebäude wurden der Kirche 1992 zurückgegeben.

[79] Die Entschlafenskathedrale des Klosters zur Muttergottesikone in Černigov wurde im ersten Viertel des 12. Jahrhunderts erbaut. Die Bezeichnung der Ikone als „Eleckaja" hängt nicht mit der Herkunft von der Stadt Elec her (Gedenktag dieser Ikone ist der 11. Januar), sondern damit, dass sie der Überlieferung nach an einer Tanne (na eli) gefunden wurde. Ihr Gedenktag ist der 5. Februar. (Vgl. S.Snessoreva [† 1905], Zemnaja žizn' presvjatoj Bogorodicy i opisanie svjatych čudotvornych eja ikon, čtimych pravoslavnoju Cerkov'ju na osnovanii Svjaščennago Pisanija i cerkovnych predanij, St. Petersburg 1891, 167). Das Kloster wurde 1924 geschlossen und 1992 der Kirche zurückgegeben. Mazepa hatte diesem Kloster das Monopol des Tabak-, Vodka- und Birkenöl-Verkaufes verliehen.

[80] Hetman – Hauptmann, Heerführer, Feldmarschall, zweithöchster Feldherr nach dem König beziehungsweise dem Zaren.

[81] Ivan Stepanovič Mazepa-Koledinskij (1639-1709) war zunächst polnischer Gesandter, unterstützte dann die Verbindung mit dem Moskauer Reich, um den Einfluss Polens zurückzudrängen, wechselte sodann wiederum die Seiten und rief die Schweden ins Land. Nach dem Sieg Peters des Großen bei Poltava floh er ins Osmanische Reich und starb drei Monate später in Bender (heute Transnistrien). Vgl. T.G.Tairova-Jakovleva, Ivan Mazepa i Rossijskaja imperija. Istorija „predatel'stva", Moskau 2011.

und sogleich zum Erzbischof ernannt. Im gleichen Jahr wurde er stellvertretender Vorsteher des Entschlafensklosters in Černigov, zu dessen Archimandrit Dimitrij (Savič/Tuptalo) gleichzeitig ernannt wurde. In diesen Jahren half Johannes ihm bei der Abfassung des dritten Bandes seiner Bücher der Heiligenleben.[82]

Als Johannes zu Beginn seiner bischöflichen Tätigkeit erkrankte, erschien ihm Bischof Feodosij[83] und trug ihm auf, am nächsten Morgen Liturgie zu feiern. Daraufhin gesundete Johannes und regte die Verehrung Feodosijs an.

Im Jahr 1700 gründete Johannes in Černigov ein Kollegium, eine slavisch-lateinische Schule, die auf das Studium am Mogila-Kollegium in Kiev vorbereiten sollte. Es wurden nicht nur Kinder aus Familien von Geistlichen aufgenommen, sondern auch aus Familien von Adligen, Kleinbürgern und Kosaken. Nach dem Vorbild dieser Schule entstanden auch in anderen Eparchien (Bistümern) Geistliche Lehranstalten. Im Dreieinigkeitskloster[84] wurde eine Druckerei

---

[82] Vgl. H.M.Knechten, Kraft in der Schwachheit – Dimitrij von Rostov und Zar Peter der Große, Studien zur russischen Spiritualität VI, Kamen ²2018, 21-26 (Lebensbeschreibungen der Heiligen).

[83] Feodosij (Polonickij-Uglickij; † 1696) war 1692-1696 Erzbischof von Černigov und Novgorod-Severskij und wurde 1896 kanonisiert.

[84] Das Dreieinigkeits-Elias-Kloster auf den Boldiner Hügeln, am westlichen Stadtrand von Černigov, wurde im 11. Jahrhundert gegründet, 1799 in ein Bischofshaus verwandelt, Ende der 1920er Jahre geschlossen, 1941 wiederbelebt, 1962 erneut geschlossen und 1988 der Kirche übergeben. Der Bau der Dreieinigkeitskathedrale dieses Klosters wurde Ende des 17. / Anfang des 18. Jahrhunderts durch finanzielle Hilfe von Mazepa ermöglicht. Vgl. Bóldinskij vo ímja Svjatój

eingerichtet, die Evangeliare, liturgische Bücher, Lehrbücher, eigene Werke Johannes' und Dimitrijs (Savič/Tuptalo), panegyrische Werke[85] und Übersetzungen aus dem Lateinischen druckte. Johannes hielt Verbindung zu Klöstern auf dem Heiligen Berg Athos, in Jerusalem sowie auf dem Sinai und unterstützte sie materiell. Bei der Hungersnot 1697/1698 organisierte er die Hilfsaktionen der Eparchie Černigov. Im Synodikon (Gedenkbuch) der Klöster wurde vor allem der Wohltäter gedacht.

Nach dem Aufstand der Kosaken gegen die Zarenherrschaft (1707) rief Mazepa die Schweden ins Land. Peter der Große ließ am 6.11.1708 in Johannes' Gegenwart Ivan Il'ič Skoropadskij (1646-1722) zum neuen Hetman wählen. Am 12.11.1708 war Johannes ebenfalls dabei, als Mazepa aus der Kirche ausgeschlossen wurde. Daher versuchte Mazepa, Johannes mit gefälschten Briefen an ihn anzuschwärzen, aber eine Untersuchung des Zaren ergab, dass Johannes unschuldig war.[86] Dieser pries den Zaren für seinen Sieg in der Schlacht bei Poltava (27.6.1709)[87] und begrüßte seine Reformen.

Tróicy i proróka Bóžija Ilií mužskój monastýr', in: Pravoslavnaja ènciklopedija 5 (2002), 646f (Artikel ohne Angabe des Verfassers).

[85] Panēgyrikón – liturgisches Buch mit predigtartigen Lobreden auf die Heiligen.

[86] Vgl. S.O.Pavlenko, Otočennja hetmana Mazepy: soratnyky ta prybičnyky, Kiev 2009, 116f (Maksymovyč Ivan Maksymovyč).

[87] Vgl. Ioann (Maksimovič), Sinaksar' v čest' i slavu Gospoda Boga Savaofa o preslavnoj pobede pod Poltavoju, Černigov 1710. Dieser Text wurde in den Kirchen nach den Danksagungsgottesdiensten für den Sieg bei Poltava verlesen.

Am 23.1.1701 war Dimitrij (Savič/Tuptalo) in Moskau zum Bischof geweiht worden, um Metropolit von Tobol'sk und ganz Sibirien zu werden. Aus gesundheitlichen Gründen, aber auch um den vierten und letzten Band seiner Bücher der Heiligenleben beenden zu können, wurde er stattdessen am 4.1.1702 Metropolit von Rostov und Jaroslavl'. An seiner Stelle wurde Filofej (Leščinskij; 1650-1727) Metropolit von Tobol'sk. Als dieser 1711 das Große Schema sowie den Namen Feodor erhielt[88] und sich ganz der missionarischen Tätigkeit widmete,[89] erhielt Johannes den Auftrag Peters des Großen, nach Moskau zu reisen und seine liturgischen Gewänder sowie Geräte mitzubringen. Am 28.2.1711 wurde er zum Metropoliten von Tobol'sk und ganz Sibirien ernannt. Dies wurde als Verbannung aufgefasst, weil Tobol'sk weit entfernt war vom Zentrum und weil dort harte klimatische Bedingungen herrschten. Johannes hatte vorher einige Auseinandersetzungen mit dem Fürsten Menšikov gehabt. Johannes sagte diesem aber voraus, dass er ebenfalls nach Sibirien verbannt werde.[90] Auf der mehrmonatigen Reise

---

[88] Die Stufen des monastischen Lebens sind: Rhasonträger (Einkleidung in das schwarze, lange, monastische Gewand), Novize (Zeit der Erprobung und der Gehorsamsdienste), Empfang des Kleinen Schemas (monastische Tonsur und Verleihung des monastischen Namens sowie des Mandýas, des feierlichen monastischen Gewandes; persisch mandil – Schal) und schließlich Verleihung des Großen Schemas (Bekleidung mit dem monastischen Bußgewand).

[89] Vgl. H.M.Knechten, Russische Glaubensboten, Studien zur russischen Spiritualität XIII, Kamen ²2019, 45-51 (Bekehrungen bei Chanten und Mansen).

[90] Aleksandr Danilovič Menšikov (1763-1729), engster Vertrauter Peters des Großen, 1702 zum Grafen, 1705 zum Fürsten ernannt, erster General-Gouverneur von St. Petersburg, wegen Machtmissbrauch

schrieb Johannes ein Tagebuch für die Gläubigen in Černigov.[91] Am 15.8.1711 kam er in Tobol'sk an. Seine Eparchie erstreckte sich vom Ural bis zum Ufer des Stillen Ozeans. Es gab nur wenige Kirchen, und auch für sie waren nicht genügend Priester vorhanden. Die einheimische Bevölkerung blieb bei ihrer überkommenen Religion, während unter den Chanten und Mansen für den Islam geworben wurde. Es gab zahlreiche Altgläubige, da es lange üblich war, viele von ihnen nach Sibirien zu verbannen. Dort gewannen sie allerdings neue Anhänger. Varlaam, der Vikarbischof von Irkutsk, war 1710 nach Moskau gereist und hatte liturgische Gewänder und Geräte aus Irkutsk mitgenommen.[92] Weil Johannes keinen Helfer hatte, beauftragte er verlässliche Geistliche mit Angelegenheiten des Haushaltes und der kirchlichen Rechtsprechung. Es handelte sich um die

---

und Korruption am 8.9.1727 verhaftet, zunächst zum Hausarrest auf seiner Festung Ranenburg (heute Čaplýgin, 83 km nordöstlich von Lipeck) verurteilt und dann zusammen mit seiner Familie nach Berëzov verbannt. (Das heutige Berëzovo liegt 380 km Luftlinie nordwestlich von Chanty-Mansijsk.) Vgl. B.D.Porozovskaja, Aleksandr Menšikov, ego žizn' i gosudarstvennaja dejatel'nost', Moskau 2016.

[91] Vgl. Ioann (Maksimovič), Est' putnik iz Černigov v Sibir', in: Russische Nationalbibliothek, St. Petersburg, Handschriftenabteilung, Q. IV. 375. Neben der Reiseschilderung in Reimform enthielt dieses Tagebuch auch Erwägungen über die Vorsehung Gottes. Ioann verwarf die Lehre von der unabänderlichen Vorherbestimmung (Prädestination).

[92] Varlaam (Kossovskij; 1654-1721) wurde 1714 Bischof von Tver' und 1720 Metropolit von Smolensk und Dorogobúž (113 km östlich von Smolensk). Vgl. A.I.Alekseev, Varlaám (Kossovskij), in: Pravoslavnaja ėnciklopedija 6 (2003), 592f.

Archimandriten Misail (Dreieinigkeitskloster Selenginsk, Burjatien), Feofan (Erlöserkloster in Jakutsk) und Ilarion.[93]

1713 wurde in Tobol'sk der Bau der steinernen Kirche zum Nicht von Menschenhand geschaffenen Abbild des Erlösers vollendet, der 1709 begonnen worden war. Im Juni 1713 wurde der Bau des neuen Bischofshauses begonnen. Am 17. Dezember weihte Johannes die Nikolauskirche, die einen Nebenaltar zur Himmelfahrt Christi hatte.

1703 war in Tobol'sk eine slavisch-lateinische Schule eröffnet worden, um deren Fortbestand und Verbesserung sich Johannes sehr mühte. Für die Schulbibliothek ließ er aus Kiev sowie Černigov Bücher senden und führte Verhandlungen, um Lehrer von dort zu erhalten. An der Schule wurden Kinder aus russischen und einheimischen Familien unterrichtet.

Johannes ließ Kirchen an Wohnorten der einheimischen Bevölkerung erbauen. Mit der Gottesmutterikone „Milchnährerin" (galaktotrophoūsa, mlekopitatel'nica) segnete er den Kirchbaubeginn im Dorf Čerdatskij an dem Ort, an welchem sich früher eine einheimische Kultstätte befand.[94]

Johannes initiierte die erste Geistliche Mission in Peking für die Seelsorge der Nachkommen der Kosaken, die dort

---

[93] Ilarion (Ležajskij; 1657-1717) besuchte das Mogila-Kollegium in Kiev, wurde Helfer Ioanns, reiste 1702 mit ihm nach Tobol'sk, wurde 1709 Archimandrit des Verklärungsklosters in Jakutsk und 1712 Leiter der ersten Pekinger Geistlichen Mission. Ioann gab ihm sieben Helfer mit, dazu einen Mönchsdiakon und einen Priestermönch. Vgl. T.A.Pan, Ilariόn (Ležajskij), in: Pravoslavnaja ènciklopedija 22 (2009), 179-181.

[94] Čerdatskij – heute Čerdaty, Bezirk Zyrjanskoe, Gebiet Tomsk.

lebten. Doch bald ging diese Mission dazu über, auch Chinesen anzusprechen, sie zu unterrichten und zu taufen.[95]

Johannes ließ in Tobol'sk zwanzig Einrichtungen für bedürftige und ältere Menschen bauen, kümmerte sich um Gefangene und organisierte Essensausgaben für Menschen, denen es am Nötigsten fehlte. Johannes starb am 10.6.1715 in Tobol'sk. Er wurde in Tobol'sk stets in Ehren gehalten; dies zeigte die prachtvolle Ausstattung seines Schreins in der Entschlafens-Sophien-Kathedrale. Der Tobol'sker Bischof Varnava[96] setzte sich seit 1913 für Johannes' Kanonisierung ein und sandte dem Heiligsten Sinod[97] Anfang 1915 einen Bericht über vierzig beglaubigte Heilungen, die nach dem Gebet um seine Fürsprache geschehen waren. Der Heiligste Sinod bezeichnete diese Schrift als nicht ausreichend und beauftragte Bischof Serafim,[98] Johannes' Gebeine in

---

[95] Vgl. Russko-kitajskie otnošenija v XVIII veke. Materialy i dokumenty, Bd. 1, hg. v. N.F.Demidova u. V.S.Mjasnikov, Moskau 1978; Bd. 2, hg. v. V.S.Mjasnikov, A.I.Tarasova u. S.L.Tichvinskij, Pamjatniki istoričeskoj mysli, Moskau 2006.

[96] Varnava (Nakropin; 1859-1924) wurde 1911 zum Bischof von Kargopol' und zum Vikarbischof von Olonec geweiht. Er wurde 1913 Bischof und 1916 Erzbischof von Tobol'sk sowie ganz Sibirien. Er ging 1917 in den Ruhestand, wurde 1918 in Moskau inhaftiert und nach seiner Freilassung zum Vorsteher des Dreieinigkeits-Makarij-Klosters im Gebiet Tver' ernannt. 1920 wurde er zum Bischof von Archangel'sk ernannt, reiste aber nicht dorthin. Vgl. A.Pavlova u. B.Pivovarov, Varnáva (Nakropin), in: Pravoslavnaja ènciklopedija 6 (2003), 652f.

[97] Heiligster Sinod, Heiligste Synode, oberste Kirchenleitung (1700-1917).

[98] Serafim (Meščerjakóv; 1860-1933) wurde 1898 zum Bischof von Ostrog und zum Vikarbischof von Volhynien geweiht, 1902 wurde er

Augenschein zu nehmen. Bischof Varnava konnte jedoch Tichon (Bellavin)[99] dazu bewegen, dem Heiligsten Sinod zu signalisieren, dass einer allgemeinen Verehrung Johannes' nichts mehr im Wege stände. Am 10.6.1916 wurde dieser in Tobol'sk kanonisiert. Sein Gedenktag ist der 10. Juni.[100]

Erstausgaben

Johannes' Werke hatten volkstümlichen und erbaulichen Charakter. Ihr Ziel war ethisch und didaktisch. Nicht selten waren sie in Reimform abgefasst und mit Emblemen

---

Bischof von Polock sowie Vitebsk und 1911 Erzbischof von Irkutsk. 1915 wurde er in den Ruhestand versetzt, da er Bischof Varnava (Nakropin) brüskiert hatte. 1922 schloss er sich den Erneuerern (obnovlency) an, wurde deren Metropolit von Mogilëv und 1924 deren Metropolit von Nižnij Novgorod. Er tat dafür Buße am 11.9.1924. Am 25.9.1924 wurde er verhaftet. Bis 1927 war er im Lager Solovki. Am 12.7.1927 wurde er Erzbischof von Tambov, 1928 Erzbischof von Stavropol' und 1932 Metropolit von Stavropol' und vom Kaukasusgebiet. Am 17.1.1933 wurde er in Kropotkin (Bezirk Krasnodar) verhaftet und am 7.5.1933 in Rostov am Don erschossen. Der Ort seines Begräbnisses ist unbekannt. Vgl. A.M.Pantjuchin u. V.V.Nalegaev, Mitropolit Serafim (Meščerjakov) 1928-1933 gg., in: Svjatiteli Kavkaza. Stavropol'skaja eparchija v biografijach pravjaščich archiereev, hg. v. Geistlichem Seminar Stavropol', Stavropol' 2019, 221-228.

[99] Tichon (Bellavin; 1865-1925) war seit 1914 Bischof von Litauen und Wilna. Im Jahr 1917 wurde er zuerst Erzbischof, sodann Metropolit und schließlich Patriarch von Moskau. Vgl. H.M.Knechten, Starzen und Hirten, Studien zur russischen Spiritualität XVII, Kamen 2017, 26-29.

[100] Vgl. V.V.Busygin, B.Pivovarov, Ė.P.B. u. M.N.Sofronova, Ioánn (Maksimovič), in: Pravoslavnaja ėnciklopedija 23 (2010), 219-230.

versehen, wie es der Barockzeit entsprach. Johannes verfasste sie in Černigov und ließ fast alle im Boldiner Dreieinigkeits-Elias-Kloster drucken. Nur die Erstausgabe eines seiner Werke wurde zu seinen Lebzeiten in Kiev gedruckt.[101] Johannes widmete seine Werke dem Zaren Peter dem Großen sowie verschiedenen Fürsten und Bischöfen.

Er begann mit einem Fürstenspiegel in 30 Kapiteln.[102] Im Vorwort wies er darauf hin, dass verantwortliches ethisches Handeln den Untergebenen ein gutes Beispiel gebe. Bei diesem Buch handelte es sich um eine adaptierte Übersetzung eines Werkes des päpstlichen Kanonisten (Kirchenrechtlers) Ambrogio Marliani.[103]

In Reimform (10.000 Verse) folgte ein Sammelband[104] mit Unterweisungen, die aus den Apophthegmata Patrum (aus den Aussprüchen der Väter),[105] aus dem Werk Markos' des Eremiten und Makarios' des Großen stammten: Gotteserkenntnis setzt Selbsterkenntnis und Selbstvervollkommnung voraus. Außerdem enthielt dieser Band Lebensbeschreibungen von Heiligen. Bei der Darstellung verwendete Johannes,

---

[101] Vgl. Ioann (Maksimovič), Psalom pjatidesjatyj, ot Pisanija vzjatyj, Kiev 1707. Ioann legte hier den 50. Psalm aus und erzählte von der Verheißung Christi an den reumütigen Schächer (Lk 23,43).

[102] Vgl. Ioann (Maksimovič), Featr nravoučitel'nyj, ili Nravoučitel'noe zercalo dlja carej, knjazej i despotov, to est' izjasnenie načal'ničeskich dolžnostej, Černigov 1703.

[103] Vgl. A.Marliani (1589-1659), Theatrum politicum, in quo quid agendum sit à principe, et quid cavendum, accuratè precribitur, Rom 1631.

[104] Vgl. Ioann (Maksimovič), Alfavit sobrannyj, rifmami složennyj ot Svjatych Pisanij, na drevnich rečenij, Černigov 1705.

[105] Sisoes der Große, Pambo von Ägypten und Poimen der Große.

ebenso wie Dimitrij von Rostov, Material des polnischen Jesuiten Skarga.[106] Die meisten Lebensbeschreibungen sind kurz, doch die Viten folgender Personen haben einen größeren Umfang: Dionysios Areopagita, Alexius der Mann Gottes,[107] Apostel Petrus[108] und Johannes der Barmherzige.[109] Ein weiterer Sammelband enthielt Unterweisungen, die aus den Homilien Johannes Chrysostomos' stammten, und zusätzliche Heiligenleben in Reimform.[110] Die zweite Auflage dieses Werkes, die ebenfalls im Jahr 1705 in Černigov erschien, war erweitert um ein Vorwort des Priestermönches Antonij.[111] Außerdem nahm Johannes drei eigene Predigten auf, und zwar über das Jüngste Gericht, zur Geburt Johannes' des Vorläufers und zum Todestag Johannes Chrysostomos'.

Ein Werk enthielt 23.000 Verse über Hymnen an die Gottesgebärerin und Erzählungen von wunderwirkenden Gottesmutterikonen.[112] Das Material über die Černigover

---

[106] Vgl. Piotr Skarga (Powęski; 1536-1612) SJ, Żywoty świętych, 2 Bde., Wilna 1579.

[107] Gewidmet dem Kronprinzen Aleksej Petrovič (1619-1718).

[108] Mit einer Lobrede an Peter den Großen.

[109] Johannes der Barmherzige / der Almosengeber († 617/618), Patriarch von Alexandrien der Melkiten, Gedenktag 12. November, war der Namenspatron Ioanns.

[110] Vgl. Ioann (Maksimovič), Zercalo ot Pisanija Božestvennago. Nravoučitel'noe zercalo, Černigov 1705.

[111] Antonij (Stachovskij; 1671/1672-1740) wurde 1721 Metropolit von Tobol'sk.

[112] Vgl. Ioann (Maksimovič), Bogorodice Devo, radujsja, ili Tolkovanie na siju Bogorodičnuju molitvu, Černigov 1707.

Gottesmutterikone stammte von Dimitrij von Rostov.[113] Dieser war über die Entlehnung nicht erbaut.[114]

Zur Erinnerung an den Sieg Peters des Großen bei Poltava (27.6.1709) erschienen eine Auslegung des Gebetes „Vater unser",[115] eine Erläuterung der Seligpreisungen in Reimform[116] und ein Vergleich des Sieges bei Poltava mit dem Sieg Davids über Goliath (1 Sam 17,45-71; 1 Kön 17,45-51).[117]

---

[113] Vgl. Dimitrij von Rostov, Runo orošennoe, to est' Skazanie o čudesach ot Ikony Bogorodičnoj, v Černigovskom Il'inskom monastyre proizchodjaščich, Novgorod Severskij 1677.

[114] Vgl. Dimitrij von Rostov, Brief an Stefan (Javorskij), vgl. S.I.Nikolaev, Slovar' russkich pisatelej XVIII v., Bd. 2, St. Petersburg 1999, 267.

[115] Vgl. Ioann (Maksimovič), Molitva „Otče naš", na sedm' bogomyslij razpoložennaja, Černigov 1709 (zwei Auflagen in diesem Jahr).

[116] Vgl. Ioann (Maksimovič), Osm' blaženstv Evangel'skich, izjasnennye, Černigov 1709. Im Vorwort pries Ioann die Monarchie und den Monarchen, der seine Feinde besiegt hatte. Die Auslegung der Seligpreisungen entstammte der Tradition.

[117] Vgl. Ioann (Maksimovič), Sinaksar' v čest' i slavu Gospoda Boga Savaofa o preslavnoj pobede pod Poltavoju, Černigov 1710. Der in diesem Buch abgedruckte Dankgottesdienst wurde von Archimandrit Feofilakt (Lopatinskij; † 1741) verfasst: „Služba blagodarstvennaja Bogu, v Troice Svjatoj slavivomu, o velikoj Bogom dannoj pobede nad svejskim korolem vtorym nadesjat' i voinstvom ego sodejannoj pod Poltavoju v leto ot voploščenija Gospodnja 1709." Feofilakt war seit 1704 Professor für Philosophie an der Moskauer slavisch-griechisch-lateinischen Akademie, seit 1706 Rektor der theologischen Fakultät, wurde 1723 Bischof von Tver' und Kašin, war vom 25.6. bis zum 15.8.1725 Bischof von Pleskau, Izborsk und Narva und danach bis zum 13.12.1738 Erzbischof von Tver' und Kašin.

Im Dezember 1709 erschien das Werk, das in diesem Buch im Mittelpunkt steht.[118] Hierbei handelte es sich um eine Übersetzung eines Werkes von Benedictus van Haeften, allerdings nannte Johannes nicht den Namen des Autors.[119] Johannes übersetzte die Meditationen des Superintendenten Johann Gerhard.[120] Filaret (Gumilevskij)[121] bezeugte die Rechtgläubigkeit dieses Werkes;[122] dennoch wurde es am 5.10.1720, fünf Jahre nach Johannes' Tod, verboten. Sein bekanntestes und meistgelesenstes Werk ist eine Anleitung, wie der menschliche Wille mit dem göttlichen in

---

[118] Vgl. Cárskij put' Kr[e]stá G[o]s[po]dnja vovodjáščij v živót véčnyj. Trúdom i izždivéniem Jásn[ago] : v B[o]gu Preos[vjaščenstva] : Egò M[i]l[osti] : G[o]sp[o]d[a] : O[t]cà Ioánna Maxímoviča Archiep[i]s-[kopa] Čern[igovskago], Černigov 1709 (nachfolgend abgekürzt als: „P").

[119] Vgl. R.

[120] Vgl. Johann Gerhard (1582-1637), Quinquaginta Meditationes sacræ ad veram pietatem excitandam & interioris hominis protectum promovendum accomodatæ, Jena 1606; Ioann (Maksimovič), Bogomyslie v pol'zu pravovernym, Černigov 1710.

[121] Filaret (Konobeevskij-Gumilevskij; 1805-1866), 1835 Rektor der Moskauer Geistlichen Akademie, 1841 Weihe zum Bischof von Riga und Vikarbischof von Pleskau, 1848 Bischof und 1857 Erzbischof von Char'kov und Achtyrka, 1859 Erzbischof von Černigov und Nežin. Von seinen Werken seien genannt: Istorija Russkoj Cerkvi. Periody 1-5, 5 Teile, Moskau u. Riga 1847f; Istoričeskoe učenie ob otcach Cerkvi, 3 Bde., St. Petersburg 1859; Russkie svjatye čtimye vseju Cerkoviju ili mestno. Opyt opisanija žizni ich, 12 Bücher, Černigov 1861-1864; Pravoslavnoe dogmatičeskoe bogoslovie, Černigov 1864.

[122] Vgl. Filaret (Gumilevskij), Obzor russkoj duchovnoj literatury. 862-1720, Char'kov ³1884, 211-213.

Übereinstimmung gebracht werden kann.[123] Es handelt sich um die adaptierende Übersetzung eines Werkes des Jesuiten Drexel, der Hofprediger beim Herzog Maximilian I. (1573-1651) in München war.[124] Dazu soll der Mensch sich von allem abwenden, was ihn von Gott ablenkt und seinem Willen zuwider ist. In Zweifelsfällen hat er herauszufinden, was das Gesetz Gottes und die kirchlichen Weisungen von ihm verlangen. Er soll Gott für alles danken. Menschen, die wahrhaft christlich leben, können ihn in Schwierigkeiten beraten. Falls er keine geistliche Führung findet, kann er überlegen, was Gott wohlgefälliger ist. Dabei ist es unerlässlich, sich im Gebet an Gott zu wenden.[125] Das Haupthindernis, mit dem Willen Gottes übereinzustimmen, ist der Eigenwille des Menschen. Gedanken aus dem Werk Johannes Chrysostomos' erläuterten, wie dieser abgelegt werden kann: „Als Joseph hörte, er solle mit dem Kind und seiner Mutter nach Ägypten fliehen,[126] nahm er daran keinen

---

[123] Vgl. Ioann (Maksimovič), Iliotropion, to est' Podsolnečnik, predstavljajuščij soobrazovanie čelovečeskoj voli s Božestvennom, Černigov 1714.

[124] Vgl. Jeremias Drexel (1581-1638), Heliotropium, seu Confirmatio humanæ voluntatis cum divina, München 1627.

[125] Vgl. Jeremias Drexel, Heliotropium, Buch I, Kapitel IV, München 1627, 50-67 (regulæ – Regeln); Ioann (Maksimovič), Iliotropion, Übersetzung des kirchenslavischen Textes v. Ivan Andreevič Maksimovič, Kiev 1896, 41-56 (zapovedi – Gebote).

[126] Mt 2,13: „Als sie [die Magier] hinweggezogen waren, siehe, da erschien der Engel des Herrn dem Joseph im Traum und sprach: Steh auf, nimm das Kind und seine Mutter mit dir und fliehe nach Ägypten und bleibe dort, bis ich es dir sage; denn Herodes hat vor, das Kind zu suchen, um es umzubringen."

Anstoß und sagte nicht: Was ist das für eine seltsame Angelegenheit? Du sagtest früher, dass er sein Volk retten wird[127] und jetzt kann er sich nicht einmal selbst retten,[128] und wir sollen weit fort fliehen und in einem fernen Land wohnen? Das widerspricht doch dem, was verheißen wurde!"[129] Doch er sagte nichts dergleichen, sondern handelte, wie ihm aufgetragen worden war. Daraufhin wird die Folgerung aus diesem Beispiel gezogen: Es kommt auf die Erkenntnis der seelischen Armut an; sodass sich der Mensch mit seinem Ungenügen dem Willen Gottes anvertraut.[130]

---

[127] Mt 1,20f: „Als er das noch bedachte, siehe, da erschien ihm der Engel des Herrn im Traum und sprach: Joseph, du Sohn Davids, fürchte dich nicht, Maria als deine Frau zu dir zu nehmen; denn was sie empfangen hat, das ist vom Heiligen Geist. Sie wird einen Sohn gebären, dem sollst du den Namen Jesus (der Herr rettet) geben; denn er wird sein Volk retten von seinen Sünden."

[128] Lk 23,35: „Das Volk stand dabei und schaute zu (theōrōn), es verspotteten ihn aber die Führenden (hoi árchontes) und sagten: Andere hat er gerettet, er rette sich selbst (sōsátō heautón), wenn dieser der Christus (ho christós) Gottes ist."

[129] Johannes Chrysostomos, Kommentar zum Matthäusevangelium, Homilie 8,3, in: Patrologiæ cursus completus, Series Græca (nachfolgend abgekürzt als: „PG") 57, 85.

[130] Vgl. Jeremias Drexel, Heliotropium, Buch 4, Kapitel I, Abteilung 1, München 1627, 246f; Ioann (Maksimovič), Iliotropion, Kiev 1896, 225f.

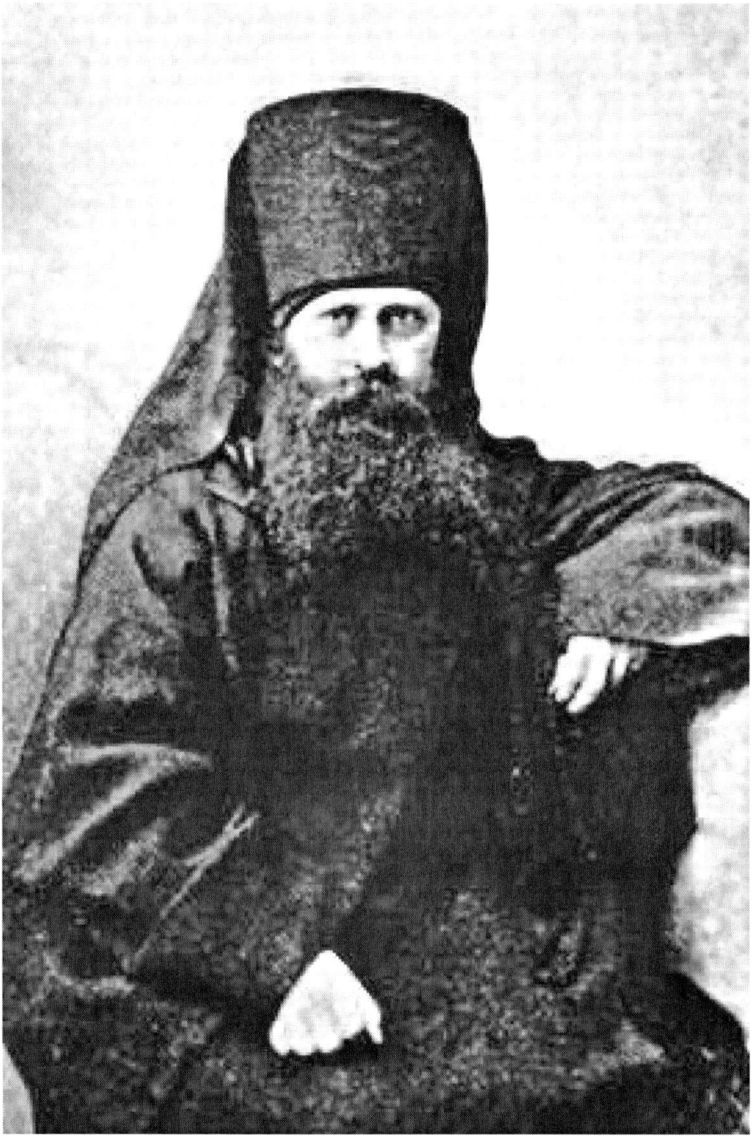

Der Bearbeiter: Kliment (Zedergol'm)

Karl Gustav Adolf Sederholm (Zedergol'm) wurde am 23.7.1830 in Moskau geboren.[131] Sein Vater war der evangelische Pfarrer Karl Sederholm (1789-1867), der aus Tuusula stammte,[132] Doktor der Philosophie,[133] Theologe,[134] Philologe,[135] Dichter[136] sowie Übersetzer war,[137] und seit 1811 im Süden Russlands sowie ab 1819 in Moskau lebte. Er wurde Superintendent des Moskauer evangelisch-lutherischen Konsistoriums.

Karl Gustav studierte 1847-1851 an der historisch-philosophischen Fakultät der Moskauer Universität. 1858 wurde er Magister der griechischen Philologie mit einer Dissertation über das Leben und die Werke Catos des Älteren.[138] In dieser Arbeit beurteilte er das Römische Reich vom orthodoxen Standpunkt aus.

---

[131] Das vorangehende Bild zeigt Kliment (Zedergol'm). Es handelt sich um eine Photographie der 1870er Jahre, Optina Pustyn'.

[132] Tuusula/Tusby, Provinz Uusimaa/Nyland, an der Küste des Finnischen Meerbusens im Süden Finnlands.

[133] Vgl. K.Sederholm, Über die Möglichkeit und die Bedingungen einer Religions-Philosophie, Moskau 1829.

[134] Vgl. K.Sederholm, Die Erlösung, Berlin 1833.

[135] Vgl. K.Sederholm, Praktische deutsche Sprachlehre für Russen wie für Deutsche, Moskau 1823.

[136] Vgl. K.Sederholm, Gedichte, Moskau 1828.

[137] Vgl. Das Lied vom Heereszuge Igors, Sohnes Swätoslaws, Enkel Olegs, Übersetzung v. K.Sederholm, Moskau 1825.

[138] Vgl. K.G.A.Sederholm, O žizni i sočinenijach Katona Staršego. Rassuždenie, po grečeskim i latinskim istočnikam, Moskau 1857.

Er las die ausgewählten Stellen aus der Korrespondenz mit Freunden des Schriftstellers Nikolaj Gogol'.[139] Zu Anfang der 1850er Jahre entschied er sich, orthodox zu werden. Sein Vater versuchte vergeblich, ihn von diesem Vorhaben abzubringen.[140] Im August 1853 war Karl Gustav in Optina Pustyn' und wurde am 13.8.1853 durch die Myronsalbung in die Orthodoxie aufgenommen, dabei erhielt er den Namen Konstantin; sein Pate war Makarij (Ivanov).

Konstantin wurde Hauslehrer der Kinder der Witwe Elisabeth (Elisaveta) Žukovskaja[141] und seit 1853 bei der Familie Kireevskij.[142] Er gab Unterricht in Russisch, Deutsch, Geschichte, Geographie und Arithmetik. Seit 1858 arbeitete er in der Kanzlei des Oberprokurors des Heiligsten Sinods und seit 1860 diente er als Beamter besonderer Verwendung beim Oberprokuror Graf Tolstoj.[143] Er erhielt den Titel eines

---

[139] Vgl. N.V.Gogol', Vybrannye mesta iz perepiska s druz'jami, St. Petersburg 1847.

[140] Vgl. Konstantin Sederholm, Pis'ma k otcy, in: Dušepoleznoe čtenie 1902, Teil 3, Nr. 10, 226-252.

[141] Der Dichter und Übersetzer Vasilij Andreevič Žukovskij (1783-1852) hatte am 21.5.1841 in der Stuttgarter Russischen Kirche Elisabeth von Reutern (1821-1856) geheiratet, vgl. V.L.Korovin, Žukóvskij, Vasilij Andreevič, in: Pravoslavnaja ènciklopedija 19 (2008), 379-384.

[142] Ivan Vasil'evič Kireevskij (1806-1856) war Religionsphilosoph, Literaturkritiker und einer der Hauptvertreter der Slovophilen.Er heiratete 1834 Natalija Petrovna Arbeneva (1809-1900).

[143] Graf Aleksandr Petrovič Tolstoj (1801-1873) war beim Militär seit 1829 Flügeladjutant und diente in Paris, Konstantinopel und Griechenland. 1837 wurde er Generalmajor. Wegen eines Konfliktes mit dem Generalgouverneur von Novorossijsk, Fürst Michail Semënovič

Kollegienassessors. Er bereitete Papiere vor zur Eindämmung der Rechte von Altgläubigen,[144] zur Einholung der Zustimmung der östlichen Patriarchen zur Bibelübersetzung ins Russische,[145] zur Stärkung Konstantinopels gegen den Druck der Osmanen und gegen die Ablehnung griechischer Geistlicher durch die Kirche in Bulgarien.[146]

Besonders berührte ihn ein Vorfall in Adrianopel. In der dortigen Pfarrkirche der Zwölf Apostel waren 400 Griechen und 500 Bulgaren. Die Liturgie wurde in griechischer Sprache gefeiert, aber der Metropolit[147] hatte die Erlaubnis gegeben, dass der Chor auf der linken Seite der Kirche in bulgarischer Sprache singen dürfe, während der Chor auf der rechten Seite im Wechsel mit dem anderen Chor weiterhin

---

Voroncov (1782-1856) hielt er sich von 1840 bis 1855 im Ausland auf. 1856 wurde er Generalleutnant. Er wirkte von 1856 bis 1862 als Oberprokuror und war gegen eine Übersetzung der Heiligen Schrift ins Russische.

[144] Vgl. Konstantin Sederholm, O raskol'nikach 1858 g., in: Russische Staatsbibliothek, Moskau, Handschriftenabteilung, Fond 214, Sammlung Optina 58, f. 83-91^v; Perepiska Konstantina Zedergol'ma so starcem Makariem Optinskim (1857-1859), hg. v. G.V.Bežanidze, Moskau 2013, 208-217.

[145] Vgl. Konstantin Sederholm, O perevode Biblii, in: Russische Staatsbibliothek, Moskau, Handschriftenabteilung, Fond 214, Sammlung Optina 37, f. 18-29; Perepiska Konstantina Zedergol'ma, Moskau 2013, 217-225.

[146] Vgl. Konstantin Sederholm, O važnosti živogo edinenija s Grečeskoju Cerkov'ju, in: Russische Staatsbibliothek, Moskau, Handschriftenabteilung, Fond 214, Sammlung Optina 58, f. 23-30^v; Perepiska, Moskau 2013, 241-250.

[147] Kyrillos war von 1853-1872 Metropolit von Adrianopel (Edirne).

griechisch singen sollte. Nachdem die Bulgaren die Erlaubnis erhalten hatten, wollten sie diese auch ausnutzen. Die Griechen aber hatten die Kirchenschlüssel an sich genommen und ließen keine Bulgaren in die Kirche. Diese beschwerten sich beim Metropoliten. Am folgenden Tag kamen die Bulgaren zwar in die Kirche, aber ein griechischer Archidiakon verursachte einen solchen Lärm, dass die Bulgaren und nach ihnen die Griechen die Kirche verließen. Der Metropolit erlaubte manchmal die slavische Liturgie, dann aber verbot er sie wieder. Konstantin schrieb über die Situation mit dem Ziel, dass den Bulgaren die gleichen Rechte wie den Griechen zugestanden würden.[148]

Er trat gegen das Freidenkertum und die Gleichgültigkeit gegenüber dem Glauben ein[149] und bedauerte die geringere Entschiedenheit des Zarenhauses in der Haltung gegenüber den Altgläubigen.[150]

1860 besuchte er den Heiligen Berg Athos, Athen, Jerusalem sowie Konstantinopel und machte sich ein Bild über den

---

[148] Vgl. Konstantin Sederholm, Brief an Makarij (Ivanov), 9.3.1858, in: Perepiska, Moskau 213, 89; Ob Adrianopol'skom dele, in: Russische Staatsbibliothek, Moskau, Handschriftenabteilung, Fond 214, Sammlung Optina 58, f. 10-17^v; Perepiska, Moskau 2013, 226-231.

[149] Vgl. Konstantin Sederholm, Vozraženie Iskanderu, in: Russische Staatsbibliothek, Moskau, Handschriftenabteilung, Fond 214, Sammlung Optina 58, f. 75-82^v; Perepiska, Moskau 2013, 257-265.

[150] Vgl. Konstantin Sederholm, Ob opasnostjach, ugrožajuščich Pravoslavnoj Cerkvi v Rossii, Russische Staatsbibliothek, Moskau, Handschriftenabteilung, Fond 214, Sammlung Optina 58, f. 18-22, Perepiska, Moskau 2013, 252-257.

Zustand der Kirche und ihrer Bildungseinrichtungen.[151] Er stellte fest, dass Russland nicht mehr so stark als Schutzmacht der Orthodoxie gesehen wurde wie früher.[152]

Herausgabe von Väterschriften

Am 1.3.1862 nahm er seinen Abschied und trat am 31.3.1862 in den Skit Johannes' des Vorläufers bei Optina Pustyn' ein. Am 3.8.1863 erhielt er das Rhason und am 16.12.1867 empfing er bei der monastischen Tonsur den Namen Kliment. Am 7.9.1870 wurde er zum Mönchsdiakon geweiht.

Graf Aleksandr Tolstoj ließ für ihn ein hölzernes Gebäude errichten, in dem auch eine große Bibliothek untergebracht war. Kliment wirkte als Bibliothekar, als Korrespondenzführer, als Übersetzer der Werke von Dorotheos,[153] Horsiese

---

[151] Vgl. Konstantin Sederholm, Opisanie bogoslovskich učilišč na Vostoke: Chalkinskago, Ierusalimskago, Afinskich, in: Dušepoleznoe čtenie 1868, Teil 3, Buch 9, 1-17; Buch 10, 66-71.

[152] Vgl. Konstantin Sederholm, Iz vospominanij o poezdke na Vostok v 1860 g., in: Dušepoleznoe čtenie 1867, Teil 3, Buch 12, 174-184.

[153] Vgl. Prepodobnago otca našego Avvy Dorofeja dušepoleznyja poučenija i poslanija s prisovokupleniem voprosov ego i otvetov na onye Varsanufija Velikago i Ioanna proroka, Moskau 1866; Sergiev Posad [8]1900.

von Šeneset,[154] Johannes Klimakos,[155] Theodor Studites,[156] und Symeon des Neuen Theologen,[157] er redigierte die Staurophilia[158] und verfasste Lebensbeschreibungen der Starzen Lev (Nagolkin)[159] sowie Antonij (Putilov),[160] wobei er sich bemühte, deren jeweilige individuelle Charakterzüge herauszuarbeiten. Er zeigte die Entwicklung des Starzentums auf und erzählte von den Schwierigkeiten, die den Starzen gemacht wurden.

1873 erkrankte Aleksandr Tolstoj, der sich in Genf befand, und bat Kliment, zu ihm zu kommen. Dieser reiste am 6.7.1873 ab. Im Kloster der Kazaner Gottesmutterikone in

---

[154] Vgl. Prepodobnago otca našego Orsisija, avvy Tavenisiotskago, učenie ob ustroenii monašeskago žitel'stva, Moskau 1858; Moskau 1994.

[155] Vgl. Prepodobnago otca našego Ioanna, igumena Sinajskoj gory, Lestvica, Moskau 1862; Sergiev Posad ⁷1908.

[156] Vgl. Prepodobnago i bogonosnago otca našego Feodora, igumena Studijskoj obiteli i ispovednika Oglasitel'nyja poučenija i zaveščanija, Moskau 1872.

[157] Vgl. Prepodobnago otca našego Simeona Novago Bogoslova igumena obiteli sv. Mamanta dvenadcat' slov, Moskau 1869; Sergiev Posad ²1911.

[158] Vgl. Benedictus van Haeften, Regia via Crucis, Antwerpen 1635; Ioann (Maksimovič), Carskij put' Kresta Gospodnja, vvodjaščij v život večnyj, ili nravoučenija, kak dolžno nosit' Krest Christov, Černigov 1709; Carskij put' Kresta Gospodnja, vvodjaščij v žizn' večnuju (Stavrofila), Moskau 1878.

[159] Vgl. Kliment (Zedergol'm), Žizneopisanie Optinskago starca ieromonacha Leonida (v schime L'va), Moskau 1876.

[160] Vgl. Kliment (Zedergol'm), Žizneopisanie nastojatelja Malojaroslaveckago Nikolaevskago monastyrja igumena Antonija, Moskau 1870.

Kaluga wurde er zum Mönchspriester geweiht.[161] Kliment traf am 18.7.1873 in Genf ein und spendete dem Sterbenden die Heiligen Geheimnisse. Dieser hatte sich geweigert, sie von einem anderen Priester zu empfangen. Kliment kehrte zurück und verfasste einen Reisebericht, in dem er mitteilte, sogar unter Geistlichen seien atheistische Strömungen spürbar.[162] Er erhielt das Archiv Tolstojs. Zu Zeit des polnischen Aufstandes 1863/1864 trat Kliment für ein militärisches Vorgehen Russlands ein. Die Ereignisse im russisch-türkischen Krieg 1877/1878 nahm er sich sehr zu Herzen. Er starb am 30.4.1878 an einer Lungenentzündung.

---

[161] Das Kalugaer Frauenkloster zur Kazaner Gottesmutterikone an der Oká wurde in der ersten Hälfte des 17. Jahrhunderts gegründet, 1918 zwar offiziell geschlossen, aber ein monastisches Leben konnte bis 1922 fortgeführt werden. 1995 begann die Wiederbelebung des Klosters.

[162] Vgl. Kliment (Zedergol'm), Poezdka za granicu, in: Dušepoleznoe čtenie 1877, Teil 2, Buch 7, 339-365.

Pondus et statera iudicia Dñi sunt. *Prou.16,11.*

CRVX sua quemq, manet, certo quā pondere summus
Arbiter ex magno mittit amore Deus.

163

---

[163] R, 48: „[Rechtes] Gewicht und [rechte] Waagschalen sind die Urteile des Herrn" (Spr 16,11). – Sein Kreuz bleibt jedem ohne Ausnahme, mit dem jeweiligen Gewicht sendet es Gott, der höchste Gebieter, aus

Der königliche Kreuzweg des Herrn

Der königliche Kreuzweg des Herrn, der zum ewigen Leben führt.[164]

Das Betreten des Kreuzweges

Nicht für Trübsale und Leiden ist der Mensch geschaffen.[165] Wir erhielten das Dasein, damit es uns gut geht, sagt der heilige Gregor, Verfasser der Dialoge, und es ging uns gut, nachdem wir das Dasein erhalten hatten.[166] Wir hatten das

---

großer Liebe. – Alle Bildunterschriften sind elegische Distichen (K.Weber): ein Hexameter und ein Pentameter.

[164] Der Titel stammt aus: Thomas von Kempen (1379/1380-1471), De imitatione Christi II,12 (De regia via sanctæ crucis), hg. v. M.J.Pohl, Freiburg i.Br. 1904, 82. R, III; P, I; Carskij put' Kresta Gospodnja, vvodjaščij v žizn' večnuju, Bearbeitung v. Kliment (Zedergol'm), Moskau 1878; Kiev 2009 (nachfolgend abgekürzt als: „C"), 1.

[165] R, 1: Erstes Buch, Kapitel I, „Ingressus in sermonem" (Eintritt, Einleitung in die Abhandlung); P, f. (folium – Blatt) 1: 1. Buch, 1. Kapitel, „Preddverie do puti krestnago" (Die Vorhalle zum Kreuzweg); C, 5; Ioann (Maksimovič), Carskij put' Kresta Gospodnja, vvodjaščij v Žizn' Večnuju, Moskau 2018 (nachfolgend abgekürzt als: „K"), 7: Erster Teil „Vstuplenie na put' krestnyj", Kapitel I. Johannes hatte im Vorwort (P, III-XXII) Peter den Großen als neuen Konstantin gepriesen, der seine Feinde im Zeichen des Kreuzes besiegt hatte; er erwähnte auch den Verrat Mazepas. Im Wort an die Leser (P, XXIIIf) rief Johannes zum Tragen des Kreuzes auf. Er wünschte Zar Peter dem Großen Gesundheit und Frieden (tišiná – Stille).

[166] R, 1; P, 1: „Jenes weite Tal der Tränen, das mit der schönen Bezeichnung *Weltreich* geschmückt ist, wurde vor langer Zeit Sitz und Wohnstätte der Adamskinder. Wegen des Vergehens des Vaters hat Gott sie zur Strafe dorthin bestimmt; und an diesem Ort führen sie ein

Paradies erhalten, um ein schönes Leben zu führen; wir hatten ein Gebot erhalten, damit wir zur Herrlichkeit gelangen, wenn wir es halten. Es wurde uns nicht gegeben, weil Gott das Zukünftige kannte, sondern deswegen, weil er ein Gebot der Freiheit erließ.[167] Wir wurden betrogen, weil in uns Neid hervorgerufen worden war,[168] wir fielen, weil wir das Gebot übertraten,[169] weil wir Gott gegenüber nicht untergeben und

---

armseliges Leben. Nachdem nämlich jener Erste dieses Geschlechtes sich willentlich von den göttlichen Gesetzen abgewandt hatte, wandelte sich die Heimat und der süße Aufenthaltsort zur Verbannung, das Paradies der Wonne wurde zur wüsten Erde, die von Wermut und Galle (Bitterkeit) erfüllt ist."

[167] R, 2; P, 1ᵛ (verso – auf der Rückseite des Blattes): „Dies ist ein elender Zustand und eine Katastrophe, die von allen Zeitaltern beweint werden muss; sie verwandelte angenehmen Frühling in Winter, Südwind in Nordsturm, Rosen in Dornen, Lilien in Unkraut, Windstille in Unwetter, Freiheit in Gefangenschaft, Himmelspforten in Unterweltstore. So sind die Tränen zu erklären, von denen die Augen benetzt sind, als ob Adam nicht einen Apfel, sondern Knoblauch (Johannes: Spreu des Todes) gegessen hätte."

[168] Gen 3,4f: „Da sprach die Schlange zur Frau: Ihr werdet keineswegs des Todes sterben, sondern Gott weiß: An dem Tage, da ihr davon esset, werden eure Augen aufgetan, und ihr werdet sein wie Gott und wissen, was gut und böse ist."

[169] Homilie (h.) 45, Auf das heilige Osterfest, Übersetzung von Professoren der Moskauer Geistlichen Akademie, Teil 4, Moskau 1844, 182. – Es handelt sich nicht um die Osterhomilie Gregors des Großen / Gregors des Verfassers der Dialoge (vgl. Evangelienhomilie 21, hg. v. H.Hurter, Innsbruck 1892; Fontes christiani 28/2, Freiburg i.Br. 1998, 374-388), dies korrigierte K, 9, sondern um Oratio 45 Gregorios' von Nazianz (des Theologen), PG 36, 638: „Als aber durch den Neid des Teufels und die Verführung der Frau […] (die Schwäche der Stammeltern ist auch meine eigene) der Mensch das ihm gegebene

gehorsam blieben. Wegen Ungehorsam wurde unser Stammvater aus dem Paradiese vertrieben. Wegen Ungehorsam müssen wir zahlreiche Leiden, Krankheiten und Betrübnisse erfahren; schließlich sind wir dem Tod unterworfen.[170] Seit jener Zeit wurde diese Erde für uns ein Ort der Verbannung und der Leiden. So wurde die Sünde für das Menschengeschlecht eine Quelle der Tränen und des Seufzens, die jetzt das allgemeine Los aller sind, die auf der Erde leben.[171] Der

---

Gebot vergaß und durch das bittere Verkosten besiegt worden war, da wurde er durch die Sünde ein Vertriebener, zugleich getrennt vom Baume des Lebens und vom Paradies und von Gott, er kleidete sich in lederne Gewänder (das bedeutet vielleicht, in das grobe, sterbliche und widerspenstige Fleisch); nun schämte er sich erstmals und verbarg sich vor Gott."

[170] Theophilos von Antiochia (2. Jahrhundert), Über den Glauben an Autólykos, Buch 2, Kapitel 25, PG 6, 1092C: „So zeigt sich, wie beim ersten Geschöpf der Ungehorsam die Vertreibung aus dem Paradies nach sich zog; nicht deswegen, weil in dem Baum der Erkenntnis etwas Böses gewesen wäre, sondern wegen des Ungehorsams erlitt der Mensch Mühe, Leid, Kummer, und das Ende war, er verfiel dem Tod." Vgl. J.Hack, Theophilos von Antiochia. Der Diskurs mit der Welt der hellenistisch-römischen Bildung und seine Funktionen in den drei Büchern „An Autolykos", Magisterarbeit, Gießen 2009.

[171] R, 2; P, 1ᵛ: „Als aber die Nachkommen der Stammeltern sich wiederholt des Glückes erinnerten, dessen sie beraubt worden waren, versuchten sie mit großer Anstrengung, sich von diesem Fall wieder zu erheben. Da sie darüber einer Meinung waren, erbauten sie sich eine große und prächtige Stadt, die sie Tharsis nannten, das bedeutet, die Erkundung der Freude (Hieronymus, Liber De nominibus Hebraicis, De Genesi, in: Patrologiæ cursus completus, Series Latina [nachfolgend abgekürzt als: „PL"] 23, 829f [mittlere Kolumne]: „Tharsis, exploratores lætitiæ, sive gaudium"). Worum auch immer sich die Menschen bemühten, was auch immer sie heiß begehrten, das geht

Mensch wurde wegen der Übertretung des göttlichen Gebotes nicht nur zeitlichen Übeln und Leiden unterworfen, sondern diese Übertretung trennte ihn auch von Gott, machte ihn des ewigen Lebens verlustig und schloss für ihn die Tore des Himmelreiches, sodass vor der Ankunft des Erlösers die Seelen in das Reich des Todes hinabstiegen.

Doch der allerbarmende Herr ließ den Menschen nicht in diesem elenden Zustand. In seiner unermesslichen Barmherzigkeit neigte er die Himmel zur vorherbestimmten Zeit um des Heiles des Menschengeschlechtes willen, wurde Mensch, litt am Kreuz und kaufte uns mit seinem allreinen Blut von der Verdammung los, öffnete durch seine Auferstehung das Himmelreich und machte uns den Genuss himmlischer Güter zugänglich. Er befreite seine Nachfolger jedoch nicht von Trübsalen und Leiden in diesem irdischen Leben. Im Gegenteil, wie er selbst auf dem Weg der Schmerzen und des Kreuzes zu seiner Herrlichkeit das Werk unseres Heiles vollbrachte, so hinterließ er auch uns ein Beispiel, damit wir seinen Fußspuren folgen,[172] und er gebot uns: „Wenn jemand mir nachfolgen will, verleugne er sich selbst, nehme sein Kreuz auf sich und folge mir nach" (Mt 16,24); und wiederum: „Wer nicht sein Kreuz auf sich nimmt und mir nachfolgt, ist meiner nicht wert" (Mt 10,38). Abermals verkündete er seinen Jüngern im Gespräch vor seinem Tod: „In der

---

nämlich in die Richtung, dass sie die verloren gegangene Wonne zurückrufen wollen, sei es auch nur als Schatten der vergangenen Güter, um auf irgendeine Weise dem allgegenwärtigen Elend zu entfliehen."

[172] 1 Petr 2,21: „Denn hierzu seid ihr berufen worden; denn auch Christus hat für euch gelitten und euch ein Beispiel hinterlassen, damit ihr seinen Fußspuren nachfolgt."

Welt habt ihr Bedrängnis" (Joh 16,33). So wollte der Erlöser der Welt, dass die Trübsale das unausweichliche Los des Menschen im irdischen Leben seien. Gemäß seiner unzugänglichen Weisheit und aus unermesslicher Liebe zum Menschengeschlecht, bewirkte der Herr durch Heil bringende Leiden, dass die zeitlichen Trübsale und Qualen selbst, die der Mensch durch die Übertretung des göttlichen Gebotes auf sich zog, sich für den gläubigen Christen in ein Mittel zur Erlangung ewiger Seligkeit verwandeln, wie es dazu im Wort Gottes heißt: „Durch viele Drangsale müssen wir in das Reich Gottes eingehen" (Apg 14,21).

Es gibt aber nicht viele Menschen, die zu dieser Wahrheit gelangen und mit Hingabe an den Willen Gottes und mit Hoffnung auf die Erlangung künftiger Güter zur Ehre Gottes wohlgemut die Trübsale des gegenwärtigen Lebens ertragen. Der größere Teil der Menschen sucht Seligkeit dort, wo sie nicht ist, das heißt, auf der Erde, in vergänglichem Ruhm sowie in nichtigen und schnell vorübergehenden Genüssen dieser Welt, wobei er einem Schatten statt wahren Gütern hinterherjagt und dabei vergisst, dass auf unerlaubte Genüsse Leiden und Qualen folgen, während dem Menschen für das christliche Ertragen der Leiden in diesem Leben geistliche Güter verliehen werden und im künftigen ewige, unaussprechliche Güter sowie nicht endende Freude und Wonne.

In einer der alten christlichen Städte[173] lebte ein frommer Mann, reich und geachtet, mit Namen Philotheos.[174] Er hatte drei Töchter, jedoch starb seine Frau. Der Name der ältesten, welche die anderen an Schönheit und Klugheit übertraf, war Staurophila.[175] Sie wurde so genannt, weil sie am Fest der Erhöhung des ehrwürdigen und Leben schaffenden Kreuzes des Herrn zuerst das Licht der Welt erblickte.[176] Die ihr an Alter zunächst Kommende hieß Hilaria und die Jüngste Honoria.[177] Die Eltern hatten ihnen diese Namen gegeben und in der Folgezeit erwies es sich, dass sie mit den Neigungen und dem Verhalten einer jeden übereinstimmten; denn Staurophila erstrebte ein frommes Leben, Honoria suchte Ehre und Ruhm, während Hilaria nur Vergnügungen und Genüsse dieser Welt liebte.

---

[173] R, 2; P, 1ᵛ.2: „Ein Bürger dieser Stadt, Philetes mit Namen, aus adligem Geschlecht, überreich an Besitz, ihm war die Frau gestorben." Philetes (Philētos: 2 Tim 2,17) lebte in Tharsis (Tartessos, phönizische Siedlung auf der iberischen Halbinsel: 2 Chr 9,21; Ps 71,10).

[174] Philotheos – Gottlieb.

[175] Staurophila – die Kreuzesliebende, die Kreuzesfreundin.

[176] Das Fest Kreuzerhöhung (14. September) wird zum Gedenken an die Auffindung und, damit es alle sehen und verehren konnten, Erhöhung des Kreuzes in Jerusalem durch Kaiserin Helena gefeiert. Die erste Erwähnung dieser Überlieferung fand sich bei Ambrosius, De Obitu Theodosii oratio 48, PL 16, 1402A; „Sapienter Helena, quæ crucem in capite regnum locavit; ut crux Christi in regibus adoretur" (Weise stellte Helena das Kreuz königlich an die Spitze, damit das Kreuz Christi bei den Königen verehrt werde).

[177] Hilaria – die Heitere, Muntere, Lustige, Fröhliche. Honoria – die Ehre Suchende, die Ehrsüchtige.

Philotheos besaß außerhalb der Stadt ein Landgut. Zur Zeit des Frühlings wandten sich seine Töchter einmal dorthin, um sich vom Lärm der Stadt zu erholen, die Zeit in ländlicher Ruhe angenehm zu verbringen und die reine und gesunde Luft zu genießen.[178] Der Weg führte durch einen Wald. Staurophila äußerte den Wunsch, eine dort befindliche Kirche zu besuchen, die sich unweit davon befand und dem Leben

---

[178] Die folgenden Zitate von Cicero und Vergil fehlten, wie in C,7, auch in der deutschen Übersetzung, Augsburg 1776, 3, die der französischen Übersetzung folgt (Paris 1651), ebenso in der deutschen Übersetzung, Einsiedeln 1881, 11 (dort findet sich stattdessen ein Gedicht, das die Lieblichkeit des Frühlings der unvergleichlichen Schönheit des Paradieses gegenüberstellt. Die Herkunft des Gedichtes war nicht angegeben. Es handelte sich um „Frühlingshauch": Johann Peter Silbert, Mannathau in der Wüste des Lebens, Pforzheim 1842, 125f). – R, 3; P, 2: „Es war bereits Frühling geworden, es kam die Zeit, in der es begann, ‚dass der Himmel glänzt, die Bäume sich belauben, die Trauben der heiteren Rebe schwellen, die Zweige unter der Fülle der Beeren sich biegen, die Saaten Früchte spenden, alles blüht, die Quellen schäumen und die Wiesen sich mit Gras kleiden.' [Ennius, Ennianæ poesis reliquiæ, hg. v. J.Vahlen, Leipzig ²1903, Eumenidus V,151; Cicero, Gespräche in Tusculum I,69, hg. u. Anmerkungen v. O.Gigon, München u. Zürich ⁶1992, 66]. ‚Nun erschallt das einsame Dickicht von Vogelstimmen, und das Vieh wird brünstig zu bestimmter Zeit, das nährende Feld schwillt trächtig, und Zephyr löst mit lauen Lüften den Schoß der Flur.' [Vergil, Georgica II,328-331, hg. u. Übersetzung v. O.Schönberger, Stuttgart 1994, 58. Die drei Verse davor beschreiben die Heilige Hochzeit von Himmel und Erde: „Nun senkt sich der allmächtige Vater Äther mit fruchtbaren Schauern in den Schoß der beglückten Gattin, und er, der Gewaltige, beseelt, mit dem mächtigen Körper vermischt, jedweden Trieb"]. Die Lieblichkeit dieser Zeit, als das Fest der Auffindung des Kreuzes herannahte, lud die jungen Frauen gleichsam in das Landgut ein."

schaffenden Kreuze des Herrn geweiht war.[179] Sie bat ihre Schwestern, sie dorthin zu begleiten,[180] doch diese weigerten sich; sie zogen es vor, die Zeit ruhig und angenehm zu verbringen,[181] ohne dem Vorschlag Staurophilas zu folgen, und rieten ihr, allein dorthin zu gehen, wohin die innere Verfassung ihres Herzens sie zog.[182] Staurophila verließ sie betrübt und versprach, gleich wieder bei ihnen zu sein. Da sie aber den Weg durch den Wald nicht gut genug kannte, gelangte sie nicht zur Kirche des Heiligen Kreuzes. Sie meinte, ihr näherzukommen, während sie sich in Wirklichkeit immer mehr von ihr entfernte. Lange irrte sie im Wald umher, wobei sie bald den einen, bald den anderen Pfad einschlug.[183]

---

[179] R, 3; P, 2ᵛ: „Siehe aber, auf diesem Weg bekam Staurophila Lust, eine Kapelle im nahen Wald zu besuchen, die dem Heil bringenden Kreuz geweiht war."

[180] R, 3; P, 2ᵛ: „Sie begann also, die beiden zu ermahnen, ihr um der Religion (Johannes: Frömmigkeit) willen die Begleitung nicht zu versagen."

[181] R, 2f; P, 2ᵛ: „Diese jedoch weigerten sich, und bezeichneten diese Frömmigkeit als ungelegen; umso mehr, als sie dem Willen des Vaters widersprach. Staurophila war ihres Namens wie auch der Festlichkeit eingedenk, und versuchte sie mit vielen [Worten] von ihrem Vorschlag zu überzeugen, auch drohte sie, es dem Vater mitzuteilen, dass sie in einer frommen Angelegenheit, die doch kaum schwierig sei, sich so hartnäckig der Älteren widersetzten."

[182] R, 4; P, 2ᵛ: „Ihre Abwesenheit werde ihr außerdem nicht unangenehm sein, da sie sich anstelle der Erholung der unzeitigen Frömmigkeit widmen wolle."

[183] R, 4; P, 3: „Die Schwestern meinten, es sei bereits eine längere Zeit vergangen, als für das Gebet notwendig war, wurden des Wartens überdrüssig und setzten sich zur Mahlzeit nieder. Inzwischen irrte Staurophila hierhin und dorthin umher, und sah niemanden, den sie

Da sie nicht mehr wusste, was sie tun sollte, setzte sie sich schließlich unter einen blätterreichen Baum, um wieder zu Atem zu kommen. Sie überdachte ihre Lage und begann folgendermaßen zu überlegen: „Wie ich mich jetzt von der heiligen Kirche des Kreuzes des Herrn entfernt habe, indem ich von einem Ort zum anderen ging, so entfernen sich viele Seelen vom rechten Weg des Heiles,[184] indem sie auf den Irrwegen der Welt umherschweifen, in viele Sünden fallen und schließlich auf immer von der himmlischen Heimat ausgeschlossen sind."[185]

Je mehr Staurophila darüber nachsann, desto mehr wurde ihr Herz von dieser heiligen Wahrheit erfüllt, und sie dachte

---

nach dem Weg hätte fragen können. Erschwerend kam hinzu, dass es anfing zu dämmern. Sie war in Tränen aufgelöst und sagte: Ach, ich unglückliches Mädchen!"

[184] Apg 16,17: „Diese Menschen sind Diener des allerhöchsten Gottes, die euch den Weg des Heiles verkündigen."

[185] R, 4f; P, 3: „Könnte nicht endlich ein guter Engel den Weg zeigen? Ein Haus erscheint nirgendwo und ich weiß nicht, wohin ich mich wenden soll. Wenn ich hier bleibe, werde ich die Beute wilder Tiere, und auch wenn sie nicht da sind, müsste ich doch die Nacht unbequem zubringen, vom Regen durchnässt. Denn, um das Unglück voll zu machen, ‚stürzte rings aus dem Himmel wirbelnd der Guss, pechschwarz vom Wasser und sausendem Südwind' [Vergil, Æneis 5,695f (van Haeften gab irrtümlich das 9. Buch an), in Zusammenarbeit mit M.Götte hg. u. übersetzt v. J.Götte, Düsseldorf u. Zürich ⁹1997, 212]. Was sollte sie tun? Sie musste sich in die Not schicken. Sie setzte sich, von Hunger und Betrübnis ganz entkräftet, unter das weite Laubdach [eines Baumes], um, wenn sie konnte, ein wenig zu ruhen. Vor Seelenkummer und Ermüdung wurde es ihr nicht schwer, Schlaf zu finden. Der währte aber nur kurz und wurde bald durch die Angst und das Grausen vor dem Ort unterbrochen."

bereits nicht mehr darüber nach, wie sie aus dem Wald herausgelangen könne, sondern darüber, wie der Weg zum ewigen Leben zu finden sei. So wandte sie sich an den Herrn, seufzte aus tiefer Seele und rief aus: Mein Herr, Gebieter meines Lebens! Siehe deine Dienerin vor dir! Wieviel Jahre meines Lebens sind bereits vergangen und wer weiß, ob sie mit Nutzen verflossen?[186] Auf diesem allgemeinen Weg, auf dem alle Sterblichen wandeln, bin auch ich bereits nicht wenig gegangen, und ich weiß nicht, ob mein Weg zum Heile führt oder zum Verderben. Was ist, wenn ich den Weg der Nichtigkeit gewählt habe statt des heilsamen Weges? Denn es heißt in der Heiligen Schrift: „Es gibt Wege, die dem Menschen recht erscheinen, doch ihr Ende ist der Weg zum Tode" (Spr 16,25); „Ich habe mich verirrt wie ein verlorenes Schaf" (Ps 118,176), indem ich nicht dorthin ging, wohin ich gehen sollte, sondern dorthin, wohin wir durch unsere Verirrungen gezogen werden; „suche deinen Diener" (Ps 118,176). „Ich weiß, Herr, dass nicht im Willen des Menschen sein Weg besteht, dass die gerade Richtung seiner Füße nicht in der Macht des Gehenden liegt" (Jer 10,23); sondern, wie der Weise sagt, „durch den Herrn werden die Schritte des Menschen gelenkt" (Spr 20,24). Daher bitte ich dich, Herr: „Schau, ob ich nicht auf einem gefährlichen Wege bin, und lenke mich auf den ewigen Weg" (Ps 138,24). „Zeige mir, Herr, den Weg, den ich gehen soll; denn zu dir habe ich meine Seele erhoben" (Ps 142,8).

---

[186] Lk 9,25: „Welchen Nutzen hätte der Mensch (tí gàr ōpheleītai ánthrōpos), wenn er die ganze Welt gewinnt, aber an seiner Seele Schaden leidet?"

So rief Staurophila mit zerknirschtem Herzen und unter Tränen. Mit Liebe erstrebte sie das bessere Leben, ihre Seele wandte sich von allem Weltlichen ab und mit flammendem Verlangen des Herzens wandte sie sich dem Himmlischen zu.[187]

---

[187] R, 1-6; P, f. 1-4; Ioann (Maksimovič), Carskij put' Kresta Gospodnja, vvodjaščij v žizn' večnuju, Bearbeitung v. Kliment (Zedergol'm), Moskau 1878 (nachfolgend abgekürzt als: „V"), 3-7; C, 5-9.

Hæc est via, ambulate in ea. Isa. 30,21.

Ardua florifere CRVX *cingitur orbe coronę:*
Hanc, age, si volup'est tollere, tolle CRVCEM

---

[188] R, 8: „Dies ist der Weg, wandelt auf ihm" (Jes 30,21). Das beschwerliche Kreuz auf dem Erdenkreis ist mit Blumen geschmückt und mit einer Krone bekrönt: Auf, wenn du dieses Kreuz tragen willst, trage es.

Das Kreuz ist der wahre Weg zum Himmel

Das Kreuz ist der wahre Weg zum Himmel und alle müssen diesen Weg gehen.[189] „Ihr seht, welcher der gute Weg ist, und wandelt auf diesem" (Jer 6,16).[190]
Derjenige, welcher nahe ist allen, die ihn anrufen in Wahrheit,[191] und vor allem denen, welche ihn aus zerknirschtem Herzen anrufen,[192] konnte nicht anders, als das warmherzige und eifrige Gebet Staurophilas anzunehmen. Da der Herr seine Dienerin trösten wollte, sandte er ihr seinen Engel, der ihr in der Gestalt eines kleinen Kindes erschien, das von Licht überstrahlt wurde. Staurophila konnte nicht sprechen, weil sie von der plötzlichen Erscheinung des Engels überrascht war. Der Engel aber sagte sanft zu ihr: „Fürchte dich nicht, Mädchen! Ich wurde zu dir von dem gesandt, der die ewige Weisheit ist,[193] „der Weg, die Wahrheit und das

---

[189] R, 7: Erstes Buch, Kapitel II; 1. Buch, 2. Kapitel, P, 4-7ᵛ; C, 9: Erster Teil, Kapitel II.

[190] R, 7; P, 4: „Dies ist der Weg, wandelt auf ihm" (Jes 30,21).

[191] Ps 144,18: „Nahe ist der Herr allen, die ihn anrufen, allen, die ihn anrufen in Wahrheit."

[192] Ps 33,19: „Nahe ist der Herr denen, die im Herzen zerschlagen sind, und die im Geist Demütigen wird er retten."

[193] R, 7; P, 4ᵛ: „Da er (Johannes: Christus) nun seine Dienerin trösten wollte, gab er sich ihr in der Gestalt eines sehr schönen jungen Menschen zu sehen, von strahlendem Lichtglanz umflossen. Staurophila war über den unerwarteten Anblick des edlen Jünglings außerordentlich erschrocken und sie konnte nicht sprechen. Doch der gütige Jesus wandte sich freundlich an sie: Fürchte dich nicht, Tochter, ich bin die ewige Weisheit, der Beginn der Wege des Herrn." Spr 8,22: „Der Herr hat mich erschaffen als Anfang seiner Wege auf seine Werke hin."

Leben" (Joh 14,6). Ich erschien jetzt, um deinen Wunsch zu erfüllen; denn dein Gebet wurde erhört. Da es aus zerknirschtem und aufrichtigem Herzen kam, stieg es auf wie Weihrauch vor das Angesicht des Herrn.[194] Du konntest nichts Besseres wünschen, als was du dir gewünscht hattest. Darüber spricht der Herr selbst durch den Propheten Jeremias: „Stellt euch an eure Straßen und seht und fragt nach den alten Pfaden des Herrn, und seht, welcher der gute Weg ist, und wandelt auf diesem, und ihr werdet Ruhe für eure Seelen finden" (Jer 6,16). Deswegen wurde ich jetzt auf dein Gebet hin zu dir gesandt, um dich den Weg des Heiles zu lehren, das deine Seele wünscht.[195]

Als Staurophila das hörte, wurde sie von großer Freude erfüllt und rief erstaunt aus: Herr, „was ist der Mensch, dass du seiner gedenkst?" (Ps 8,5). Und woher geschieht mir dies, dass der Engel des Herrn zu mir kommt?[196]

ENGEL. Dass ich zu dir kam, geschah nicht wegen deiner Würde, sondern aus freiem Entschluss Gottes;[197] denn der

---

[194] Ps 140,2: „Mein Gebet steige auf wie Weihrauch vor dein Angesicht, das Erheben meiner Hände sei wie ein Abendopfer."

[195] Apg 16,17: „Diese Menschen sind Diener des allerhöchsten Gottes, die euch den Weg des Heiles verkündigen."

[196] Lk 1,43: „Und woher geschieht mir dies, dass die Mutter meines Herrn zu mir kommt?"

[197] R, 9; P, 5: „Dass ich zu dir gekommen bin, antwortete Christus, ist nicht deine Würdigkeit (dignitas; dostójnstvo), sondern meine Würdigung (dignatio; blagovolénie – Wohlwollen)."

Herr freut sich über das Heil der menschlichen Söhne und Töchter.[198]

STAUROPHILA. Ich danke dir, allbarmherziger Herr, dass du das Gebet der Armen nicht verschmäht hast,[199] sondern auf die Demut deiner Dienerin herabgesehen hast,[200] indem du deinen Engel zu meiner Unterweisung gesandt hast. Ich bitte dich, Herr, mir geschehe von jetzt an nach deinem Wort.[201] Lehre deine Dienerin die Wege der Gerechtigkeit[202] und die Pfade der Wahrheit.[203]

---

[198] Spr 8,27-31: „Als er den Himmel bereitete, war ich bei ihm dabei, und als er seinen Thron auf den Winden festsetzte. Als er stark machte die oberen Wolken und als er sicher machte die Quellen unter dem Himmel und fest machte die Fundamente der Erde, (da) war ich bei ihm als Ordnende, ich war es, an der er sich freute, täglich erfreute ich mich in seiner Gegenwart zu jeder Zeit, als er sich freute (bei) der Vollendung der bewohnten Erde und er sich erfreute an den Menschenkindern." Das Wort aus den Sprichwörtern bezog sich auf die Schöpfung; der Königliche Weg des Kreuzes setzte es in den Zusammenhang mit der Soteriologie, mit dem Heil des Menschen.

[199] Ps 101,18: „Er blickte herab auf das Gebet der Niedrigen und er verachtete nicht ihr Flehen."

[200] Lk 1,46-48: „Hochpreise meine Seele den Herrn und mein Geist frohlockt in Gott, meinem Retter; denn er hat auf die Demut (epì tēn tapeínōsin) seiner Magd geschaut. Siehe, von nun an werden mich seligpreisen alle Geschlechter."

[201] Lk 1,38: „Maria aber sprach: Siehe, ich bin die Magd des Herrn; mir geschehe nach deinem Wort. Und der Engel schied von ihr."

[202] Spr 8,20: „Auf den Wegen der Gerechtigkeit wandle ich und inmitten der Straßen des Rechtes (der Wahrheit) halte ich mich auf."

[203] Ps 118,30: „Den Weg der Wahrheit habe ich gewählt, deine Urteile habe ich nicht vergessen."

ENGEL.[204] Merke auf, Tochter des Herrn, neige dein Ohr,[205] damit dich die Worte des ewigen Lebens belehren.[206] Als alles Fleisch seinen Weg befleckte und sich vom Pfad der Wahrheit abwandte, kam der Sohn Gottes vom Himmel herab, um den Menschen einen neuen und lebendigen Weg[207] zu zeigen durch den Vorhang seines Fleisches, das ist, durch sein Leben im Fleisch.[208] Denn wie vorher die Übertretung des Fleisches den Weg zum Himmel verschloss

---

[204] R, 9; P, 4ᵛ: Christus; C, 10: Engel; Der Weg des Kreuzes als Königsweg zum ewigen Leben, Übersetzung v. Eugen Häcki, Straelen 2010, 23: Wüstenvater, Eremit.

[205] Ps 44,11: „Höre, Tochter, und sieh, und neige dein Ohr, und vergiss das Volk und das Haus deines Vaters."

[206] Joh 6,68: „Da antwortete ihm Simon Petrus: Herr, wohin sollen wir gehen? Du hast Worte des ewigen Lebens."

[207] Anselm von Laon († 1117; Laon liegt 143 km nordöstlich von Paris), zu Hebr 10; Glossa ordinaria, PL 114, 661; Alkuin, Expositio in epistolam Pauli apostoli ad Hebræos 10, PL 100, 1080A: „Quam præparavit et per quam ipse perrexit, *viam novam et vivam.*" R, 9f: „Ita per velamen carnis meæ, qua ego propter vos homines, et propter vostram salutem obvelans fui, novam vobis viam dedicavi, quam ipse omnium primus intravi, ipse primus perambulavi, et fidelibus potestatem ambulandi per eam tribui" (So habe ich euch einen neuen Weg angegeben/eingeweiht, durch den Vorhang / die Hülle meines Fleisches, den ich um euretwillen und um eures Heiles willen eröffnet habe, den ich selbst als erster von allen betreten und als erster bis zum Ende gegangen bin, und der ich den Gläubigen die Vollmacht/Möglichkeit gegeben habe, ihn zu gehen).

[208] Hebr 10,19f: „Weil wir denn nun, Brüder, durch das Blut Jesu Freimut (parrēsían) haben zum Eintritt in das Heiligtum, den er uns eröffnet hat als einen neuen und lebendigen Weg durch den Vorhang, das ist, durch sein Fleisch," so lasst uns hinzutreten!

und ein Hindernis zu ihm darstellte, so erleuchtete für uns der Sohn Gottes, als er Mensch wurde, durch den Vorhang seines Fleisches einen neuen Weg, den er um euch, Menschen, und um eures Heiles willen auf sich nahm, als erster betrat und ihn ging, wobei er allen, die ihm treu nachfolgen, die Macht gab, ihn zu gehen.

STAUROPHILA. Ich verstehe nicht ganz, was das für ein neuer, Leben schaffender Weg ist, der zum ewigen Leben führt.

ENGEL. Dieser Weg ist kein anderer als der Weg des Kreuzes. Hast du nicht gehört, was der Herr im Evangelium sagte: „Wer nicht sein Kreuz auf sich nimmt und mir nachfolgt, der ist meiner nicht wert" (Mt 10,38)? Er verkündete dies häufig den Menschen, damit jeder es wisse und sich niemand durch Unwissenheit entschuldigen könne. Damit aber niemand meine, das Wort des Herrn Jesus Christus bezöge sich nur auf die Apostel und seine Jünger, zeigte der Evangelist Lukas deutlich, dass der Herr es zu allen sagte, indem er seine Worte so beginnt: „Zu allen aber sagte er: Wenn jemand mir nachfolgen will, verleugne er sich selbst und nehme sein Kreuz und folge mir nach" (Lk 9,23). Der Evangelist Markus sprach darüber noch klarer. Er gab das Gespräch Christi des Herrn mit seinen Jüngern über sein Leiden wieder und fügte an: „Er rief zu sich das Volk samt seinen Jüngern und sprach zu ihnen: Wer mir nachfolgen will, der verleugne sich selbst und nehme sein Kreuz auf sich und folge mir nach" (Mk 8,34). Allen, Staurophila, allen ohne Ausnahme zeigte der Erlöser der Welt diesen Weg; denn das ist der Weg des Lebens, der Weg der Herrlichkeit, der Weg zur Stadt des

Lebens,[209] der Weg zum Königreich.[210] Ohne Kreuz gibt es kein Heil für die Seele, keine Hoffnung auf ein seliges Leben.[211] Außer dem heiligen Kreuzweg gibt es keinen anderen Weg zum Leben und zur wahren, inneren Welt. Gehe, wohin es dir gefällt, suche, was du willst, ohne den Weg des heiligen Kreuzes findest du weder den hohen Weg nach oben[212] noch ein ungefährliches Los. Im Kreuz ist das Heil, im Kreuz ist Leben, im Kreuz ist Schutz vor den Feinden, das Kreuz ist die Quelle der ewigen Süßigkeit, die Kraft des Sinnes,[213] im Kreuz ist geistliche Freude, im Kreuz ist die

---

[209] Hebr 12,22: „Sondern ihr seid gekommen zu dem Berg Zion und zu der Stadt des lebendigen Gottes, dem himmlischen Jerusalem, und zu den vielen tausend Engeln."

[210] Bernhard von Clairvaux, Zum Palmsonntag, Sermo I, Sancti Bernardi opera; Bd. 5, Rom 1968, 43f: „Hæc enim est via vitæ, tribulatio præsens; via gloriæ, via civitatis habitaculi, via regni" (Denn das ist der Weg des Lebens, die augenblickliche Trübsal; der Weg der Herrlichkeit, der Weg zur Stadt der [bleibenden] Wohnung, der Weg zum Reich).

[211] Thomas von Kempen, De imitatione Christi II,12 (De regia via sanctæ crucis), hg. v. M.J.Pohl, Freiburg i.Br. 1904, 82: „Non est salus animæ nec spes æternæ vitæ: nisi in cruce" (Es gibt kein Heil für die Seele und keine Hoffnung auf ein ewiges Leben außer im Kreuz).

[212] Benedictus van Haeften widmete sein Werk der heiligen Teresa von Ávila (R, XI-XVIII); die Erinnerung an das Werk Johannes' vom Kreuz liegt daher nahe: Subida del monte Carmelo (Besteigung des Berges Karmel; 1578-1583), Alcalá 1618.

[213] Die Kraft des Sinnes, der Vernunft, der Seele, des Herzens (robur mentis).

Fülle der Tugenden, im Kreuz ist die Vollendung der Heiligkeit.[214]

Staurophila war in Furcht und Verwunderung. als sie hörte, dass ihr der Engel nur das Kreuz vorschlug; daher sagte sie: Welche seltsamen Worte![215] Es durchdrang mein Herz wie eine Waffe;[216] denn das Kreuz ist die Bezeichnung einer Todesstrafe.[217] Es ist bereits schwer, das Wort *Kreuz* nur zu hören, da es an Qualen und Leiden erinnert.[218] Daher wurde ich bei deinen Worten von Furcht ergriffen.

---

[214] Thomas von Kempen, De imitatione Christi II,12 (De regia via sanctæ crucis), hg. v. M.J.Pohl, Freiburg i.Br. 1904, 82: „In Cruce salus, in cruce vita; in cruce protectio ab hostibus: in cruce infusio supernæ suavitatis; in cruce robur mentis, in cruce gaudium spiritus: in cruce summa virtutis, in cruce perfectio sanctitatis." (Dieser Text steht vor dem soeben zitierten; B. van Haeften drehte die Reihenfolge der beiden Stellen um).

[215] Joh 6,60: „Viele seiner Jünger, die es gehört hatten, sprachen nun: Diese Rede ist hart. Wer kann sie hören?"

[216] Lk 2,34f: „Und Simeon segnete sie und sprach zu seiner Mutter: Siehe, dieser ist gesetzt zum Fall und Aufstehen vieler in Israel und zu einem Zeichen, dem widersprochen wird – aber auch deine eigene Seele wird ein Schwert durchdringen –, damit Überlegungen aus vielen Herzen offenbar werden."

[217] Vgl. Johannes Chrysostomos, Erste Homilie über das Kreuz und den Schächer, über die zweite Ankunft Christi und über das unablässige Gebet für die Feinde, PG 48, 399: „Vorher diente das Kreuz als Bezeichnung für eine Todesstrafe, jetzt aber wurde es zu etwas Geehrtem, vorher war es Symbol der Verurteilung, jetzt aber Zeichen des Heiles."

[218] Augustinus, Principia dialecticæ VI, PL 32, 1412: „Lene est auribus cum dicimus *voluptas*, asperum est cum dicimus *crux*." (Angenehm ist es den Ohren, wenn wir sagen *Lust*, hart ist es, wenn wir sagen

ENGEL. Fürchtest du etwa bereits die bloße Erinnerung an das Kreuz? Wenn dich schon die Erwähnung des Kreuzes in Schrecken versetzt, bist du kleinmütig.[219] Staurophila, schau, wie du deinem Namen widersprichst. Denn Staurophila bedeutet Liebhaberin des Kreuzes. Oder weißt du nicht, dass die Zeit auf dieser überaus beklagenswerten Erde nicht für Vergnügungen und Freuden da ist, sondern für Mühen und Bedrängnisse? Hat etwa jemand den Weg der Tugend ohne Bedrängnisse und Versuchungen durchlaufen?[220] Dir ist bekannt, dass der eingeborene Sohn, der vom Vater zu den Menschen gesandt wurde, der Lehrer der Wahrheit

---

Kreuz). R, 11: „Denn hart ist es, wenn wir sagen *Kreuz*, und die Härte des Wortes selbst entspricht durch seine Härte den Schmerzen, die das Kreuz verursacht."

[219] 1 Thess 5,14: „Wir ermahnen euch aber, Brüder: Weist die Unordentlichen zurecht, tröstet die Kleinmütigen, nehmt euch der Schwachen an, seid langmütig gegen alle!"

[220] R, 12; P, 6ᵛ zitierten Pseudo-Vergil, De littera Pythagorae discrimine secta bicorni (über den Buchstaben Y, vgl. Æneis 6,540), Anthologia latina, hg. v. F.A.Riese (1840-1922), Bd. 2, Leipzig 1870, Nr. 632: „Nam via virtutis dextrum petit ardua callem, / Difficilemque aditum primum spectantibus offert" (Denn der harte Weg der Tugend fordert den rechten Weg / den günstigen Pfad [callis – ungebahnter Gebirgspfad] und bietet den Zuschauern zunächst einen schwierigen Zugang). R, 12; P, 6ᵛ fügten ein zweites Zitat hinzu: „Ein steiler Weg führt in felsigem Anstieg hinauf, anfangs ist harte Mühe notwendig (denn zu täuschen ist nicht meine Art), sich anstrengen muss, wer eintreten will" (Silius Italicus / Tiberius Catius Asconius [26-101], Punica 15,102-104, hg. v. J.Duff, Bd. 2, London 1934; Cambridge, Massachusetts 1961, 332).

und der Unterweiser der Gerechtigkeit ist.[221] Sein himmlischer Vater gebrauchte die würdevolle Bezeichnung auf dem Berge Thabor, als er sprach: „Dieser ist mein geliebter Sohn, an dem ich mein Wohlgefallen habe; ihn höret" (Mt 17,5).[222] Er selbst sagte über sich: „Ihr nennt mich Lehrer und Herr, und ihr sagt recht; denn ich bin es" (Joh 13,13). Und der Apostel lehrt, dass „in ihm alle Schätze der Weisheit und der Erkenntnis (gnōseōs) verborgen sind" (Kol 2,3). Was lehrte er denn mehr, als er auf Erden lebte, als den Weg des Kreuzes? Sprach er nicht deutlich: „Wer nicht sein Kreuz trägt und mir nachfolgt, kann nicht mein Jünger sein" (Lk 14,27)?

Als Staurophila diese Worte des Engels hörte, rief sie zum Herrn: „Christus Jesus, guter Lehrer! Verzeihe mir, der unerfahrenen Schülerin in deiner Schule; ich hatte tatsächlich deine Lehre vergessen, die ich so oft in der Kirche gehört hatte."

ENGEL. Es genügt nicht, diese Lehre nur zu hören. Du musst das Gehörte verstehen und in die Tat umsetzen. Im ganzen Verlaufe dieses Lebens ist Zeit, welche dir Gott gibt, um das Kreuztragen zu lernen, und nach dem Tod ist die Zeit der Prüfung. Dann fordert Christus, der Herr, Lehrer und Richter von jedem Rechenschaft über die Lehre, die er verkündet

---

[221] Joel 2,23: „Ihr Kinder Zions, jubelt und freut euch im Herrn, eurem Gott, weil er euch einen Lehrer der Gerechtigkeit gegeben hat! Er wird am Anfang Morgen- und Abendregen zu euch herabkommen lassen." – Joh 3,1f: „Es war aber ein Mensch unter den Pharisäern mit Namen Nikodemus, einer von den Oberen der Juden. Der kam zu Jesus bei Nacht und sprach zu ihm: Meister, wir wissen, du bist ein Lehrer, von Gott gekommen; denn niemand kann die Zeichen tun, die du tust, es sei denn Gott mit ihm."

[222] C, 12 gab irrtümlich an: „Mt 16,5". K, 21 korrigierte dies.

hatte; und wer unerfahren ist auf dem Kreuzweg, wird vom Sohne Gottes als unwürdiger Jünger seiner Schule verworfen, wenn er kommt, die Menschen zu richten, und am Himmel das Zeichen des Kreuzes erscheinen wird;[223] und dieses Zeichen wird bei der letzten Prüfung das Kennzeichen sein, an dem der gerechte Richter seine Erwählten erkennt, und der barmherzige Vergelter wird diejenigen, welche mit dem Siegel seines Todes geschmückt sind, zu den Gnadengeschenken des ewigen Lebens rufen, indem er spricht:[224]

---

[223] Mt 24,30: „Dann wird das Zeichen des Menschensohnes am Himmel erscheinen; und dann werden alle Stämme des Landes wehklagen." Offb 15,1: „Ich sah ein anderes Zeichen am Himmel, groß und wunderbar: Sieben Engel, die sieben Plagen hatten, die letzten; denn in ihnen wurde der Grimm Gottes vollendet." – „En toútō₁ níka" (In diesem siege!); „In hoc signo vincis" (In diesem Zeichen siegst du): Sieg Konstantins des Großen über Maxentius' überlegene Streitmacht an der Milvischen Brücke (pons Milvius) vor Rom am 28.10.312.

[224] Ez 9,4f: „Er sagte zu ihm: Geh mitten durch Jerusalem und gib das Zeichen auf die Stirn der Männer, die seufzen und Schmerz leiden über all die Gesetzlosigkeiten, die unter ihnen geschehen. Und zu diesen sagte er, während ich zuhörte: Geht hinter ihm her in die Stadt und schlagt und verschont nicht mit euren Augen und erbarmt euch nicht […], allen denen aber, auf denen das Zeichen ist, nähert euch nicht. Und fangt bei meinem Heiligtum an! Und sie fingen an bei den Männern, die drinnen im Hause waren." Offb 7,14: „Diese sind es, die aus der großen Bedrängnis kommen, und sie haben ihre Gewänder im Blute des Lammes gewaschen und sie weiß gemacht." R, 13, zitierte Petrus Damiani († 1072), Sermo 18, Zum Fest der Auffindung des Kreuzes (3. Mai), PL 144, 610D: „Hoc signum oves ab hædis in extremo examine segregat (Matth. XXV). Et judex, qui reprobos nescit, hunc in suis characterem recognescit. Quibus autem impressum propriæ mortis stigma considerat; mox ad æternæ vitæ præmia gratus remunerator invitat: Venite, inquiens, benedicti Patris mei, percipite

„Kommt her, Gesegnete meines Vaters, erbt das Reich, das euch bereitet ist von Grundlegung der Welt an!" (Mt 25,34). Dann werden alle mit großem Freimut zum Richter kommen, die im irdischen Leben gehorsam ihr Kreuz getragen haben und mit Christus gekreuzigt sind[225] durch das Ertragen der Bedrängnisse. Denn wer jetzt guten Willens das Wort vom Kreuz hört[226] und es befolgt,[227] der hat dann keinen Grund, ewige Qualen zu befürchten.[228] Wenn auch du

---

regnum (Ibid.)" (Dieses Zeichen scheidet bei der letzten Prüfung die Schafe von den Böcken [Mt 25]. Und der Richter, welcher die Verworfenen nicht kennt, wird dieses Merkmal an ihnen erkennen. An welchen er aber das Malzeichen des eigenen Todes eingeprägt sieht, wird er als freigebiger Vergelter bald zum Lohn des ewigen Lebens einladen, indem er sagt: Kommt, ihr Gesegneten meines Vaters, empfanget das Reich [ebd.]).

[225] Gal 2,19: „Denn ich bin durch das Gesetz dem Gesetz gestorben, damit ich Gott lebe; ich bin mit Christus gekreuzigt."

[226] 1 Kor 1,18: „Denn das Wort vom Kreuz ist denen, die verloren gehen, Torheit, uns aber, die wir gerettet werden, ist es Gottes Kraft."

[227] Mt 7,24: „Jeder nun, der diese meine Worte hört und sie tut, den werde ich mit einem klugen Mann vergleichen, der sein Haus auf einen Felsen baute."

[228] Thomas von Kempen, De imitatione Christi II,12 (De regia via sanctæ crucis), hg. v. M.J.Pohl, Freiburg i.Br. 1904, 82: „Die nämlich jetzt das Wort vom Kreuz gerne hören und befolgen, werden sich später nicht vor dem ewigen Verdammungsurteil fürchten müssen. Dieses Zeichen des Kreuzes wird am Himmel erscheinen, wenn der Herr kommen wird, um zu richten. Dann werden alle Diener des Kreuzes, die im Leben dem Gekreuzigten gleichförmig wurden, mit großer Zuversicht vor Christus, den Richter, treten." (B. van Haeften, R, 13, hatte die Sätze umgestellt: Den mittleren Satz führte er zuerst an, den letzten danach und den ersten am Schluss).

eine Jüngerin Christi bist, geh den engen und dornigen Weg![229] Halte dies nicht für schwierig und sei nicht kleinmütig! Ohne Kreuz und Bedrängnis kann dieses Leben nicht vergehen.[230] Obwohl dich jetzt plötzlich Furcht umfängt, Staurophila, fliehe nicht vom heilsamen Weg, dessen Anfang immer voller Bedrängnis ist. Wenn jemand jedoch beharrlich und gläubig das begonnene Werk fortführt, dann wird er bereits mit einem willigen Herzen, mit Liebe und unaussprechlicher Freude den Weg der Gebote des Herrn gehen.[231]

Überzeugt von diesen Worten des Engels, rief Staurophila zum Herrn: „Nach dem Wort deiner Lippen, Herr, habe ich

---

[229] Gen 3,18: „Dornen und Disteln wird sie [die Erde] dir aufgehen lassen und du wirst die Grünpflanzen des Feldes essen." Mt 7,14: „Denn eng ist die Pforte und schmal der Weg, der zum Leben führt, und wenige sind es, die ihn finden."

[230] Johannes Chrysostomos, An den Mönch Demetrios über Zerknirschung, erste Homilie, PG 47, 395: „Das ganze gegenwärtige Leben ist wahrhaft eine Zeit der Trauer und der Bedrängnisse, ein solches Unglück erfasste den ganzen Weltkreis, solch Schlimmes traf alle Menschen, dass nicht aufhört zu trauern und zu weinen, wer sie genau erkennen will, falls diese Genauigkeit möglich wäre."

[231] Ps 118,27: „Den Weg deiner Gebote lass mich verstehen, und ich will nachsinnen über deine Wundertaten." Benedikt, Prolog zur Regel 48f, hg. im Auftrag der Salzburger Äbtekonferenz, Beuron ²1996, 70: „Lass dich nicht sofort von Angst verwirren und fliehe nicht vom Wege des Heiles; er kann am Anfang nicht anders sein als eng. Wer aber in der Bekehrung/Lebensweise und im Glauben fortschreitet (processu vero conversationis et fidei), dem wird das Herz weit, und er läuft in unsagbarer Süßigkeit der Liebe (inenarrabili dilectionis dulcedine) den Weg der Gebote Gottes."

mich gehütet vor den Wegen des Bedrängers.[232] Mit guter Hoffnung betrete ich den schmalen Weg des Kreuzes; nur sei du, mein Gott, mein Helfer und Beschützer!"[233]

ENGEL. Habe Mut, Mädchen! Der Herr wird dich nicht verlassen und nicht verschmähen. Er trug den Menschen auf, das Kreuz zu tragen und gab uns selbst ein Beispiel des Kreuztragens;[234] wenn er uns nicht selbst auf diesem Weg vorausgegangen wäre, hätte er uns nicht aufgetragen, ihm zu folgen. Habe Mut! Er wird bei dir sein in jeder Angst und Bedrängnis des Herzens.[235]

---

[232] C, 14 folgte Ps 17,4 (hebräischer Text): „Beim Treiben der Menschen habe ich mich nach dem Wort deiner Lippen gehütet vor den Wegen des Gewalttätigen." R,14; P, 7ᵛ; K, 23 zitierten Ps 16,4 (Vulgata): „Damit mein Mund nicht die Werke der Menschen verkündigt, habe ich aufgrund der Lehre deiner Lippen harte Wege befolgt."

[233] Ps 39,18: „Ich aber bin arm und bedürftig; der Herr wird sich um mich sorgen. Mein Helfer und mein Beschützer bist du; mein Gott, säume nicht!"

[234] 1 Petr 2,21: „Denn hierzu seid ihr berufen worden; denn auch Christus hat für euch gelitten und euch ein Beispiel hinterlassen, damit ihr seinen Fußspuren nachfolgt."

[235] R, 7-14; P, 4-7; V, 8-13; C, 9-14.

Abneget semetipsū, et tollat CRVCEM suam. Luc 9.

Ingenium geniumque tuum, te denique totam,
Baiula rite CRVCIS, si lubet esse, nega.

---

[236] R, 104: „Er verleugne sich selbst und nehme sein Kreuz" (Lk 9,23).
– Ob es deiner Veranlagung und deinem Charakter gefällt [oder nicht], verzichte schließlich auf alles und trage das Kreuz in der richtigen Weise!

Das Kreuz und seine Vielgestaltigkeit

Zahlreich sind die Bedrängnisse der Gerechten (Ps 33,20).[237] Belehrt durch die Worte des Engels, wollte Staurophila noch mehr unterwiesen werden und sagte: Jetzt begann ich zum Engel des Herrn, meines Gottes, zu sprechen, ich bin Staub und Asche.[238] Sage mir, bitte ich dich, Diener Gottes, was bedeuten die Worte: „Er nehme sein Kreuz auf sich"? Muss jeder von uns das Holz des Kreuzes tragen oder an das Holz gekreuzigt sein wie der Herr Jesus Christus?[239]

---

[237] R, 15, Überschrift des 3. Kapitels des I. Buches: „Quid Crux, et quotuplex" (Was das Kreuz und wie vielfältig es ist); P, 7ᵛ, Überschrift des 3. Kapitels des I. Buches: „Čto est' Krest i mnogočastnyj?" (Was ist das Kreuz und wie vielfältig ist es?); C, 14, Überschrift des 3. Kapitels des I. Teiles: „Čto est' krest i kak on mnogoobrazen" (Was ist das Kreuz und wie vielgestaltig es ist). – C, 14, versehentlich „Ps 33,26"; korrigiert in K, 24. – R, 15; P, 7ᵛ, schlossen an das Psalmzitat an: „Nicht das Holz oder das Zeichen des Kreuzes ist durch die Art der Bezeichnung würdig, aber es kann die Seele auf manche Weise peinigen. – Staurophila war durch die Unterweisung, die Jesus gesagt hatte, beruhigt (Johannes: ließ sich durch die von Jesus gesagten Worte bewegen)."

[238] Gen 18,27: „Jetzt habe ich angefangen, zum Herrn zu sprechen, ich aber bin Erde und Asche."

[239] Pseudo - Johannes Chrysostomos, Zur Verehrung des ehrwürdigen Holzes, PG 62, 747: „Die Engel verneigen sich vor diesem sichtbaren Zeichen des Kreuzes, nicht wegen seiner sichtbaren Gestalt als Holz, sondern weil Christus sein Fleisch daran heften wollte. Adam erlitt die Verurteilung, weil er vom Baume aß, während der neue Adam, Christus unser Gott, uns durch das Kreuzesholz stärkte."

ENGEL. „Wie eine der Unverständigen hast du geredet" (Hiob 2,10)., da du die Schrift nicht verstehst. Denn das Kreuz des Christen ist nicht nur das sichtbare Zeichen des Kreuzes, sondern die Entschiedenheit, ein tugendhaftes Leben zu führen. Das ganze Leben des christlichen Menschen ist Kreuz und Leiden, wenn es mit der Lehre des Evangeliums übereinstimmt.[240] Gleich dir, Staurophila, gab es einige eifrige, aber unerfahrene Mönche, die Eifer für Gott hatten, aber nicht gemäß der Erkenntnis.[241] Sie fassten einfach und buchstäblich die Worte des Herrn auf: „Wer nicht sein Kreuz aufnimmt und mir nachfolgt, ist meiner nicht wert" (Mt 10,38), fertigten sich hölzerne Kreuze an und trugen sie ständig auf ihren Schultern, sie dienten den Menschen nicht zur Erbauung, sondern riefen allgemeines Gelächter hervor. Abbas Serenus tadelte sie mit Recht[242] als Menschen, die nicht

---

[240] Pseudo-Augustinus, Homilie 207,3, In natali sancti Laurentii, PL 39, 2129: „Hoc autem dicit, ut intelligas crucem non ligni esse patibulum, sed vitæ virtutisque propositum. Tota igitur vita christiani hominis, si secundum Evangelium vivat, crux est atque martyrium" (Dies aber sagt er, damit du das Kreuz nicht als Querholz verstehst, sondern als Vorsatz des Lebens und der Tugend. Denn das ganze Leben des christlichen Menschen ist Kreuz und Martyrium, wenn er gemäß dem Evangelium lebt). – Das Längsholz war an der Richtstätte im Boden verankert. Der Delinquent trug das Querholz dorthin.

[241] Röm 10,2: „Denn ich gebe ihnen Zeugnis, dass sie Eifer für Gott haben, aber nicht gemäß der Erkenntnis."

[242] Cassian, Collatio 8,3, hg. v. M.Petschenig u. G.Kreuz, Corpus scriptorum ecclesiasticorum latinorum 13, Wien ²2004, 219f: „Einiges aber wird, wenn es nicht durch allegorische Auslegung erklärt wird, [...] mehr Schaden als Nutzen bringen. [...] Einige übertrieben strenge Mönche die zwar Eifer für Gott hatten, aber nicht gemäß der Erkenntis, fassten dies wörtlich auf und machten sich Kreuze aus

dem Leben schaffenden Geist folgen, sondern dem tötenden Buchstaben der Schrift.[243] Das Kreuz, das Gott zu tragen aufträgt, besteht nicht nur darin, an das Holz geheftet zu sein, sondern darin, sich während des ganzen Lebenslaufes in allen Tugenden zu unterrichten und zu üben. Waren denn etwa alle Menschen und Jünger gekreuzigt, die Christus dem Herrn nachfolgten? Waren alle Jungfräulichen an Kreuze geheftet, die nach dem Wort der Offenbarung dem Lamm folgten?[244] War etwa der Apostel Paulus gekreuzigt, der gesagt hatte: „Mir aber sei es fern, mich zu rühmen als nur des Kreuzes unseres Herrn Jesus Christus, durch das mir die Welt gekreuzigt ist und ich der Welt" (Gal 6,14).[245] Die

---

Holz, die sie ständig auf ihren Schultern umhertrugen, und dadurch bei allen, die es sahen, nicht zu deren Erbauung beitrugen, sondern Lachen hervorriefen."

[243] 2 Kor 3,5f: „Nicht, dass wir von uns aus tüchtig wären, etwas als aus uns selbst zu erdenken, sondern unsere Tüchtigkeit ist von Gott, der uns auch tüchtig gemacht hat zu Dienern des Neuen Bundes, nicht des Buchstabens, sondern des Geistes; denn der Buchstabe tötet, der Geist aber macht lebendig."

[244] Offb 14,4: „Sie sind jungfräulich; diese sind es, welche dem Lamme folgen, wohin es auch geht."

[245] Pseudo-Augustinus, Homilie 207,3, In natali sancti Laurentii, PL 39, 2129; R, 17; P, 8.8ᵛ: „Unde et crux Domini non tantum illa dicitur, quæ passionis tempore ligni affixione construitur; sed et illa quæ totius vitæ curriculo cunctarum disciplinarum virtutibus coaptatur [van Haeften: captatur; danach ließ er, ebenso wie P, 8ᵛ, das Zitat von Mt 16,21 aus]. Numquid enim omnes martyres, qui secuti sunt Dominum, crucifixi sunt cum Domino? Numquid omnes virgines, qui [van Haeften: quæ] juxta Apocalypsim sequuntur Agnum Dei, crucifixi sunt ut sequuntur (Apoc. XIV, 4)? Numquid Paulus apostolus crucifixus fuerat, cum dicebat, *Mihi autem absit gloriari, nisi in cruce Domini nostri*

Annahme des Kreuzes bedeutet nichts anderes als die Abtötung fleischlicher Begierden, die Abwendung von bösen Gewohnheiten, die Entfremdung von weltlicher Nichtigkeit und die Entfernung von jeder Sünde.[246]

STAUROPHILA. Mit dem Lichte der Wahrheit erleuchtest du die Finsternis meiner Unwissenheit. Doch ich wage, dich noch einmal zu fragen: Erhielten denn diejenigen keinerlei seelischen Nutzen, welche hölzerne Kreuze trugen?

ENGEL. Im Gegenteil sie erhielten ihn, wenn in ihnen nur eine solch heilige Schlichtheit war, dass sie dies als Erfüllung des Herrengebotes ansahen. „Wenn also dein Auge rein ist, dann ist dein ganzer Körper licht" (Mt 6,22). Wenn die Absicht gut ist, die Hauptsache beim Tun, ist auch alles gut, was aus ihr erwächst.[247] Doch ich wiederhole, was ich

---

Iesu Christi, per quem mihi mundus crucifixus est, et ego mundo (Galat. VI, 14)?"

[246] Leo der Große, Sermo 72,5, de resurrectione Domini II, PL 54, 393A: „Susceptio enim crucis est interfectio cupiditatum, occisio vitiorum, declinatio vanitatis, et abdicatio omnis erroris" (Denn die Annahme des Kreuzes ist die Abtötung der Begierden, die Vernichtung der Laster, die Abkehr von der Eitelkeit und die Absage an jeden Irrtum).

[247] R, 18f; P, 8ᵛ.9 erzählten die Lebensgeschichte von Nikolaus dem Pilger (1075-1094). Er war ein griechischer Hirte und durchzog mit einem Kreuz und dem Ruf: „Kýrie eléēson" Süditalien. Er starb in Trani (Apulien) und ist in der dortigen Kathedrale beigesetzt. Sein Gedenktag ist der 2. Juni. Vgl. Petrus Equilinus (de Natalibus), Catalogus sanctorum, Venedig 1521, Buch 5, Kapitel 78; C.Baronius, Annales ecclesiastici, Bd. 12, Rom 1607, Jahr 1094; M.Rader, Viridarii sanctorum, Bd. 2, Augsburg 1610, 200-202 (De Nicolao peregrino staurophoro); Bibliotheca sanctorum, Bd. 9, Rom 1967, 949f; G.Cioffari, S. Nicola il Pellegrino, patrono di Trani e dell'arcidiocesi.

bereits früher sagte: Wenn der Herr aufträgt, das Kreuz zu tragen, befiehlt er nicht, Holz zu tragen, sondern Bedrängnisse zu erdulden.[248] Das Kreuz zu tragen bedeutet, alles zu ertragen, was bedrängt und Leiden verursacht; das Kreuz zu tragen bedeutet, in der Welt alles zu erdulden, was die Welt auch immer um des Namens Christi willen auferlegt. Sein Kreuz auf sich zu nehmen bedeutet, zum Tod um Christi willen bereit zu sein, die irdischen Glieder abzutöten,[249] eine Verfassung des Geistes, jeder Gefahr um des Namens Christi willen furchtlos zu begegnen und an das gegenwärtige Leben nicht anzuhaften.[250] Wenn du also deinem Retter folgen

---

Vita, critica e messagio spirituale, Barletta 2014; San Nicola folle per Cristo, hg. v. S.Giannotti, Barletta 2017.

[248] R, 19, zitierte Bernhard von Clairvaux, Zur Vigil des [Festes des] heiligen Apostels Andreas 3, Sancti Bernardi opera, Bd. 5, Rom 1968, 425: „Siquidem et festivum solemus nominare quod lætum est, et crux a cruciatu utique dicitur, aut certe cruciatus a cruce" (Wir pflegen auch festlich zu nennen, was freudig ist, und das Kreuz hat seinen Namen von *Kreuzigung*, oder gewiss Kreuzigung von *Kreuz*). Diesen Gedanken hatte Bernhard von Gregor dem Großen übernommen, Evangelienhomilie 37, zu Lk 14,27, hg. v. H.Hurter, Innsbruck 1892; Fontes christiani 28/2, Freiburg i.Br. 1998, 748: „Crux quippe a cruciatu dicitur" (Kreuz wird gesagt, da es von *Kreuzigung* kommt). P, 9ᵛ: „Kreuz wird ja vom Dulden gesagt oder eher, Dulden vom Kreuz."

[249] Kol 3,5: „Tötet nun eure Glieder, die auf der Erde sind: Unzucht, Unreinheit, Leidenschaft, böse Begierde und Habsucht, die Götzendienst ist!"

[250] Basileios der Große, Ausführliche Regeln, PG 31, 925A, Frage 6: Ob es notwendig ist, abgeschieden zu leben (idiázein). 925D.927A, Aus der Antwort: „Denn die Bereitschaft zum Tod um Christi willen, das Abtöten (hē nékrōsis) der Glieder auf der Erde, die Bereitschaft zu jeder Gefahr zu zeigen, die um des Namens Christi willen über uns

willst, wende für dich Drohungen, Schmeicheleien und irgendwelche Verbote zum Kreuz hin, dulde, ertrage und werde nicht mutlos.[251]

Staurophila schwieg und erwog in ihrem Herzen die Worte des weisen Meisters.[252]

Der Engel fuhr fort: „Möchtest du, Tochter des Herrn, vollkommener erkennen, wie mannigfaltig das Kreuz sein kann, das Gott aufträgt zu tragen? Geh auf diesem Pfad hinter mir. Ich zeige dir die große Aufbewahrungsstätte,[253] von welcher der himmlische Vater seinen Erwählten Kreuze verleiht, wie es ihm wohlgefällig ist."

Da Staurophila verschiedene Arten des Kreuzes kennenlernen wollte, folgte sie dem Engel gern. Bald erreichten sie einen hohen Berg, auf dem an allen Seiten Kreuze waren, die wie Bäume aussahen. „Hier ist eine Sammlung von Kreuzen", sagte der Engel, „die zum Heile des Menschengeschlechtes bereitet ist. Sobald du auf diesen hohen Hügel blickst, der mit Kreuzen geschmückt ist, erkennst du natürlich an erster Stelle das Kreuz des Herrn Jesus Christus, an dem die Dornenkrone ist und an den Seiten Lanze und Stab

---

kommt, und an dem gegenwärtigen Leben nicht mit Leidenschaft zu hängen, das heißt, sein Kreuz auf sich zu nehmen."

[251] Augustinus, Ad populum I. De Scripturis, Sermo 96,4, PL 38, 586: „Sive ergo minas, sive blandimenta, sive quaslibet prohibitiones, si sequi vis, in crucem verte; tolera, porta, noli succumbere."

[252] Lk 2,19: „Maria aber bewahrte alle diese Worte und erwog sie in ihrem Herzen."

[253] R, 20: „Staurophylacium" (Kreuz-Aufbewahrungsstätte), von phylákeion – Wachposten. P, 10: „krestochranitel'nica" (Kreuz-Aufbewahrungsstätte).

mit Schwamm. Es kommt dem ehrwürdigen Kreuz zu, den ersten Platz einzunehmen, höher als alle Zedern,[254] an das der Herr angenagelt wurde, das Leben der Welt, und [an dem er] den Tod besiegte."

STAUROPHILA. Ich erkenne das Werkzeug unseres Heiles, das Zeichen des Sieges über die Macht des Teufels und der Beginn seines Verderbens.[255] Doch erkläre, ich bitte dich, von wem dieses andere Kreuz ist, das sich nur wenig von dem Kreuz des Herrn unterscheidet, nur ist es umgedreht.

ENGEL. Es ist das des Apostels Christi Petrus. Er litt ebenfalls am Kreuz, wollte aber nicht wie sein Lehrer an ein Kreuz geheftet sein, das in üblicher Weise aufgestellt wird, sondern bat, dass sie ihn mit den Füßen nach oben

---

[254] Am 2,9: „Ich aber habe den Amorräer vor ihrem Angesicht her entfernt, dessen Höhe wie die Höhe der Zeder war und der stark wie eine Eiche war; ich habe nämlich oben seine Frucht und unten seine Wurzeln ausgerissen."

[255] Pseudo - Ignatios von Antiochien, Brief an die Philipper 3, PG 6, 924AB: „Der Fürst dieser Welt freut sich nämlich, wenn jemand das Kreuz ablehnt; denn er erkennt im Bekenntnis des Kreuzes sein Ende, weil es das Siegeszeichen (tò trópaion) gegen seine Macht ist; was er sieht, erschreckt [ihn], und was er hört, lässt [ihn] fürchten." R, 21; P, 10^v: „Agnosco, inquit Staurophila, instrumentum salutis publicæ, trophæum contra potentiam diaboli, & pricipium condemnationis ejus" (Ich erkenne, sagte Staurophila, das Werkzeug [Johannes: die Ursache] des öffentlichen [allgemeinen] Heiles, das Siegeszeichen gegen die Macht des Teufels und den Beginn seiner Verurteilung [Johannes: seines Verderbens]).

kreuzigten, als wenn er sich von der Erde zum Himmel bewegen würde.[256]

STAUROPHILA. Ich möchte wissen, was die anderen Arten von Kreuzen sind.

ENGEL. Schau! Hier ist das Kreuz, an dem der heilige Apostel Andreas der Erstberufene gekreuzigt wurde,[257] und dort sind verschiedene Arten von Kreuzen, die für die Todesstrafe bei alten und neuen Völkern gebraucht wurden.[258]

STAUROPHILA. Ich möchte von Herzen gern erfahren, was die Kreuze mit verschiedenen Aufschriften und

---

[256] Pseudo - Johannes Chrysostomos, Homilie über die Apostel Petrus und Paulus, PG 59, 494: „Freue dich, Petrus, der du das Kreuzesholz verkostet hast und mit dem Kopf nach unten gekreuzigt wurdest, als würdest du gleichsam während der Kreuzigung von der Erde zum Himmel aufsteigen!"

[257] Joest Lips / Iustus Lipsius (1547-1606), De cruce libri tres. Ad sacram profanamque historias utiles, I, 7, Antwerpen 1593; Wesel 1675, 30: „Hæc illa est quam Andreanam hodie dicimus, validâ & satis veteri famâ divum istum in eâ cruciatum" (Dies ist jenes, das wir heute das Andreas[kreuz] nennen, von gültigem und genügend altem Ruhm, [da] jenes Göttliche an ihm gekreuzigt wurde). R, 21; P, 10ᵛ: „Hanc Andreanam vulgò dicitis, validâ & satis veteri famâ, divum istum in eâ cruciatum" (Dies nennt ihr nach dem allgemeinen Sprachgebrauch das Andreas[kreuz], das von gültigem und genügend altem Ruhm ist, [da] jenes Göttliche an ihm gekreuzigt wurde).

[258] R, 21; P, 10ᵛ: „Jam hinc veterum furcam, inde Japonum CRUCEM spectas: reliqua nota hodieque apud vos patibula" (Dort ist auch das Gabelkreuz der Alten, hier siehst du das Kreuz der Japaner, die übrigen berüchtigten und heute bei euch [in Gebrauch befindlichen] Galgen). Am 5.2.1597 wurden in Nagasaki 26 Christen im Alter zwischen 12 und 64 Jahren gekreuzigt. Der Hinweis auf das Kreuz der Japaner fehlte P, 10ᵛ.

Abbildungen bedeuten, die zweifellos eine geheimnisvolle Bedeutung haben.

ENGEL. Sie bedeuten verschiedene Arten des Leidens, denen der Leib oder die Seele des Menschen oder beide zusammen unterworfen wurden. Hier ist ein Kreuz, daran du ein Herz siehst, das von einem Schwert durchdrungen ist; es bedeutet das innere Kreuz, das die Seele schwer verwundet. Dies ist das Kreuz der überaus gesegneten Mutter Gottes. Ihre Seele wird eine Waffe durchdringen, sagte Simeon voraus.[259] Ein solches Kreuz trug auch der Apostel, der sagte: „Ich habe große Trauer und unablässige Qual in meinem Herzen," das heißt, dass seine Verwandten im Judentum verblieben und nicht an Christus glaubten.[260] Dieses Kreuz kann man als das Kreuz des Mitleidens bezeichnen. Denn wer mit seinem Nächsten in seiner Not Mitleid hat, der trägt in seiner Seele ein Kreuz.[261] Zum inneren Kreuz gehören auch Trauer,

---

[259] Lk 2,34f: „Simeon segnete sie und sprach zu seiner Mutter: Siehe, dieser ist gesetzt zum Fall und Aufstehen vieler in Israel und zu einem Zeichen, dem widersprochen wird – aber auch deine eigene Seele wird ein Schwert durchdringen –, damit Überlegungen aus vielen Herzen offenbar werden."

[260] Röm 9,1-3: „Ich sage die Wahrheit in Christus, ich lüge nicht, wobei mein Gewissen mir Zeugnis gibt im Heiligen Geist, dass ich große Traurigkeit habe und unaufhörlichen Schmerz in meinem Herzen; denn ich selbst, ich habe gewünscht, verflucht zu sein von Christus weg für meine Brüder, meine Verwandten nach dem Fleisch."

[261] Gregor der Große, Evangelienhomilie 37, zu Lk 14,27, hg. v. H.Hurter, Innsbruck 1892; Fontes christiani 28/2, Freiburg i.Br. 1998, 748: „Qui enim dolorem exhibet in aliena necessitate, crucem portat in mente" (Wer nämlich angesichts einer fremden Notlage Schmerz bezeigt, trägt das Kreuz im Sinn).

Sorgen, Herzenskummer, Erkrankungen, Misserfolge, Missverständnisse, Mutlosigkeit und dergleichen.[262] Das schwerste innere Kreuz ist die Bedrängnis der Seele, die von Gewissensvorwürfen gepeinigt wird, wie es derjenige bezeugt, der gesagt hat: „Herr, Gott meiner Rettung, am Tage schreie ich und in der Nacht vor dir; denn meine Seele wurde von Übeln gesättigt und mein Leben näherte sich der Unterwelt" (Ps 87,2.4).

STAUROPHILA. So ist es! Die Seele hält es für ihr größtes Elend, wenn sie meint, den Vater der Barmherzigkeit und den Gott jeden Trostes erzürnt zu haben.[263] Doch ich würde gerne auch die Bedeutung der anderen Kreuze wissen.

Der Engel zeigte auf ein Kreuz mit Schwertern, Lanzen, Geißeln, Fesseln und Ketten und sagte:[264] „Dieses Kreuz

---

[262] R, 22; P, 11: „Ad hanc CRUCEM sollicitudines, curæ, ægrimoniæ, mœrores, angores, scrupulorum aculei, animi dejectio, desolatio spiritualis, tædia, aliaque his similia sine dubio pertinent" (Zu diesem Kreuz gehören ohne Zweifel Sorgen, Kummer, Betrübnisse, Trauer, Ängste, Stacheln der Skrupel, Kleinmut, geistliche Verlassenheit, Überdruss und dergleichen). Vgl. H.Martin, Désolation, in: Dictionnaire de spiritualité 3 (1957), 631-645. Kliment sprach nicht von geistlicher Verlassenheit. Erst Sofronij (Sacharov) setzte sich ausdrücklich mit Johannes vom Kreuz und seiner Lehre von der Dunklen Nacht auseinander, vgl. H.M.Knechten, Der geistliche Vater, Studien zur russischen Spiritualität XV, Kamen 2015, 52f. Ein Anklang an die Dunkle Nacht fand sich bei Makarij von Optina, Brief 151, 18.8.1848, Pis'ma k monašestvujuščim, Bd. 2, Moskau 1862, 275: „Die Dunkelheit des Geistes/Sinnes muss man mit Selbstkritik ertragen."

[263] 2 Kor 1,3: „Gepriesen sei der Gott und Vater unseres Herrn Jesus Christus, der Vater der Erbarmungen und Gott allen Trostes."

[264] R, 22; P, 11.11ᵛ: „Subjunxit ergo Dominus: Illa, quam vides gladiis, fustibus, catenis, laqueis, compedibus, virgis & flagellis decoratam,

bezeichnet verschiedene Leiden der Martyrer Christi, Schau, wie sie die Qual ertrugen, um vertrauensvoll Vergeltung zu erhalten. Sie erfuhren Verhöhnung und Schläge, ebenso Fesseln und Gefängnis, sie wurden gesteinigt, zersägt, der Folter unterworfen, starben durch das Schwert. Was erlitten diese Menschen in der Welt, deren die ganze Welt nicht wert war?[265] Da ist das Kreuz der Krankheiten, das bekanntlich nicht nur nützlich, sondern manchmal auch unerlässlich ist. Die Israeliten dachten nicht an Gott, als es ihnen gut ging, doch als sich ihre Schwächen vermehrten, beeilten sie sich.[266] Als er sie tötete, suchten sie ihn und bekehrten sich und vom frühen Morgen an eilten sie zu Gott.[267] Bei vielen riefen Krankheiten die Nüchternheit des Sinnes hervor; denn eine schwere Krankheit vertreibt den Schlaf[268] und macht die Seele wachsam. Halte daher die Krankheit für nichts

---

varia Martyrum meorum supplicia designat" (Also fügte der Herr hinzu: Jenes [Kreuz], das du mit Schwertern, Stangen, Ketten, Stricken, Fußeisen, Ruten und Geißeln verziert siehst, bedeutet verschiedene Martern meiner Martyrer).

[265] Hebr 11,36-38: „Andere aber wurden durch Verhöhnung und Geißelung versucht, dazu durch Fesseln und Gefängnis. Sie wurden gesteinigt, zersägt, starben den Tod durch das Schwert, gingen umher in Schafspelzen, Ziegenfellen, Mangel leidend, bedrängt, geplagt. Sie, deren die Welt nicht wert war, irrten umher in Wüsten und Gebirgen und Höhlen und in den Klüften der Erde."

[266] Ps 15,4: „Ihre Schwächen sind vermehrt worden, danach wurden sie schneller."

[267] Ps 77,34: „Sooft er sie tötete, suchten sie ihn eifrig und kehrten um und bemühten sich um Gott."

[268] Sir 31,2 (34,2): „Die Sorge der Schlaflosigkeit vertreibt den Halbschlaf, und schwere Krankheit macht dem Schlaf ein Ende."

anderes als einen nützlichen Aufruf, dass der Mensch alles Körperliche[269] und schnell Vorübergehende[270] hasse und sich ganz dem himmlischen Vater übergebe.[271] Da ist ein Kreuz, an dem Stab und Beutel befestigt sind, wie du siehst, das ist das Kreuz der Armut. Armut oder Bedürftigkeit führt auch zur Tugend, wenn man sie nur vernünftig erträgt. Wer weiß nicht, dass der Erwerb von Reichtum mit drückenden und schädigenden Sorgen verbunden ist, sein Bewahren mit Angst und Furcht und sein Verlust mit großem Kummer?[272]

---

[269] 1 Kor 9,26f: „Ich laufe nun so, nicht wie ins Ungewisse, ich kämpfe so, nicht wie einer, der in die Luft schlägt; sondern ich zerschlage meinen Leib und knechte ihn, damit ich nicht, nachdem ich anderen gepredigt, selbst verwerflich werde."

[270] Heraklit, Fragment 65 A 3, hg. v. B.Snell, München u. Zürich ⁸1983, 38: „Pánta rheī" (alles fließt, alles ist im Fluss); Platon, Theaitētos 182 c, hg. v. A.Diès, Paris ³1955; Darmstadt 1990, 124: „Kineītai kaì rheī, hōs phate, tà pánta" (es bewegt sich und fließt, wie ihr sagt, alles).

[271] Gregorios von Nazianz, Brief 31,3, an Philagrios, hg. v. P.Gallay, Bd. 1, Collection des universités de France, Paris ²2003, 39: „Philosophiere hingegen über das Leiden, reinige jetzt den Sinn und erweise dich stärker als die Fesseln und sieh die Krankheit als einen Lehrpfad (paidagōgían) zu deinem Wohl an; das aber heißt, den Körper und alles Körperliche und alles Fließende (pān tò rhéon) sowie schnell Vergehende (tarachōdes), Unruhe und Vergehen gering zu achten, um ganz Teil der oberen Welt zu sein."

[272] Bernhard von Clairvaux, An die Kleriker über die Bekehrung VIII, 14, Sancti Bernardi opera, Bd. 4, Rom 1966, 88: „Sic divitiarum amor insatiabilis longe amplius desiderio torquet animam quam refrigeret usu suo, utpote quarum acquisitio quidem laboris, possessio timoris, amissio plena doloris invenitur" (So quält die unersättliche Liebe zu reichen Besitzungen die Seele weit mehr durch die Gier als sie diese durch dessen Gebrauch erquickt, da sich zeigt: Ihr Erwerb macht Mühe, ihr Besitz verursacht Angst, ihr Verlust schmerzt).

Wenn ein Mensch Reichtum liebt, beschmutzt ihn dieser, wenn er sich vermehrt, wird er beschwerlich, wenn er sich vermindert, erschlägt ihn das."[273]

STAUROPHILA. Und was bedeutet dieses Kreuz, das an einer Bahre ist?

ENGEL. Es bedeutet das Leid beim Verlust der Eltern, der Verwandten, der Freunde. Auch dieses Kreuz soll man wohlgemut tragen. Auch wenn es schwer ist, die Geliebten zu verlieren, soll man doch nicht murren; denn es nimmt sie der gleiche gütige Gott hinweg, der sie auch gegeben hat. Vielen ist es nicht nützlich, Freunde zu haben, vor allem, wenn sie sie in der Zeit ihres Lebens von Gott abgewandt hatten.

Als der Engel sah, dass Staurophila wissbegierig auf ein Kreuz mit der Abbildung eines Toren schaute, sagte er ihr: „Du wunderst dich über diese ungewöhnliche Abbildung und verstehst nicht, was sie darstellt? Das ist das schwere Kreuz der Verhöhnungen, Erniedrigungen und Entehrungen. Diejenigen, welche dieses Kreuz wahrhaft erdulden, schämen sich nicht[274] und fürchten sich nicht, um Christi willen die Bezeichnung von Toren zu tragen. Nichts beunruhigt die menschliche Seele so stark wie der Gedanke, entehrt zu werden. Viele wünschen, Gott zu dienen, doch zugleich wünschen sie Ruhm und menschliche Anerkennung. Viele lieben

---

[273] R, 23; P, 12: „Divitiæ cum amantur, inquinant; cum habentur, onerant; cum minuuntur, cruciant."

[274] Mk 8,38: „Denn wer sich meiner und meiner Worte schämt unter diesem ehebrecherischen und sündigen Geschlecht, dessen wird sich auch der Menschensohn schämen, wenn er kommen wird in der Herrlichkeit seines Vaters mit den heiligen Engeln."

Demut ohne Erniedrigungen, ohne unvernünftige üble Nachrede, ohne Vorwürfe und Verurteilungen.[275] Überreich jedoch ist die Ernte derjenigen, die sich [um die Demut] bemühen, und in dem Maße, wie sie Nutzen empfangen, indem sie die Erniedrigung wahrhaft erdulden, in dem Maße erhalten diejenigen Schaden, die sich über sie lustig machen. Gott aber erwählt, welche die Welt verachtet,[276] weil der Mensch sich durch die Erniedrigung schneller selbst kennenlernt.[277]

---

[275] Cassian, Collatio 4,12, hg. v. M.Petschenig u. G.Kreuz, Corpus scriptorum ecclesiasticorum latinorum 13, Wien ²2004, 106: „Er versucht so sehr, die Leidenschaften des Fleisches zu zügeln (temperare), dass er auf keinen Fall die unumgänglichen Schmerzen aushalten möchte, ohne welche man das Begehren des Geistes nicht beherrschen kann. Ohne Züchtigung (absque castigatione) des Fleisches möchte er die Reinheit des Körpers erlangen, ohne die Mühe der Nachtwachen die Reinheit des Herzens erwerben, mit der Ruhe (cum requie) des Fleisches Überfluss haben an geistlichen Tugenden, ohne jede harsche Schelte die Gnadengabe der Geduld besitzen, die Demut Christi ohne Aufgeben weltlicher Ehren üben, die Einfachheit eines religiösen Lebens gleichzeitig mit weltlicher Ambition betreiben; Christus unter Lob und Beifall der Menschen dienen, die Strenge der Wahrheit betonen, ohne bei jemandem auch nur den geringsten Anstoß zu erregen." R, 24f; P, 12ᵛ: „Aber was bedeutet das Schild jenes Kreuzes, fragte Staurophila, auf dem dargestellt ist, wie sie mit dem Finger aufeinander zeigen und einander bespucken? Dieses Kreuz, antwortete Christus, fehlt meinen Dienern nicht, deren Leben die Welt als Wahnsinn, Schande, Verlust, Schmach, Heuchelei, Unbesonnenheit und anderes dergleichen, deren überreiche Saat überall ist."

[276] 1 Kor 1,28: „Und das Unedle der Welt und das Verachtete hat Gott auserwählt, das, was nicht ist, damit er das, was ist, zunichte mache."

[277] Gregor der Große, Evangelienhomilie 36, zu Lk 14,21, hg. v. H.Hurter, Innsbruck 1892; Fontes christiani 28/2, Freiburg i.Br. 1998, 722: „Hos itaque elegit Deus, quos despicit mundus: quia plerumque ipsa

So lehrt der heilige Apostel mit Recht, Gott in Ehre und Unehre, in Lob und Tadel zu dienen.²⁷⁸ Die Ansammlung vieler aneinander gebundener Kreuze bedeutet eine Menge verschiedener Betrübnisse, die Gott zulässt oder einem Menschen sendet zu seinem Heil."²⁷⁹

---

despectio hominem revocat ad semetipsum" (Gott erwählt daher diejenigen, welche die Welt verachtet, weil meist schon die Verachtung den Menschen zu sich selbst zurückruft).

²⁷⁸ 2 Kor 6,8: Wir empfehlen uns als Diener Gottes „in Ehre und Unehre, durch böse und gute Nachrede, als Verführer und Wahrhaftige."

²⁷⁹ R, 15-25; P, 7ᵛ-12ᵛ; V, 14-20; C, 14-20.

Multæ tribulationes iuſtorum. P. 33, 20.

Non lignū, ſignúmve, CRVCIS modò nomine dignū,
Aſt animum quidquid diſcruciare poteſt.

280

---

[280] R, 16: „Zahlreich sind die Bedrängnisse der Gerechten" (Ps 33,20). – Es gibt kein Holz oder Zeichen, das auch immer der Benennung *Kreuz* würdig ist, welches die Seele in irgendeiner Weise schrecken (quälen) könnte.

Der Engel wies darauf hin, dass Jesus Christus alle Arten von Kreuzen getragen hatte. Es gelte zudem, das Kreuz gemäß dem Beispiel der allgepriesenen Jungfrau Maria zu tragen. Das Kreuz sei zwar für den Christen unerlässlich, doch es werde jedem entsprechend seiner Kraft gesandt. Die Worte Christi: „Wenn jemand mir nachfolgen will" (Mt 16,24) bedeuten, dass man nicht eine schwache, sondern eine tragfähige Entscheidung braucht, das Kreuz zu tragen.[281]

---

[281] Erstes Buch, Kapitel 4-8, R, 25-61; P, 13-31; Erster Teil, Kapitel 4-8, V, 21-49; C, 21-46.

Inimici Crvcis Christi.   *Philip.* 3, 18.

Quid fugis hinc? animo placet haud peritura voluptas?
Nulla, vel huc ducet te CRVCIS *vna* VIA.

282

---

[282] R, 62: „Die Feinde des Kreuzes Christi" (Phil 3,18). – Was fliehst du von hier? Der Seele gefällt eine nicht vergehende Lust? Es gibt keinen [Weg], es sei denn, es führt dich der einzige Weg des Kreuzes dahin (hinauf).

101

Die Flucht vor dem Kreuz

Diejenigen, welche irdische Genüsse suchen, fliehen vor dem Kreuz.[283]

Denn viele wandeln, von denen ich euch oft gesagt habe,
nun aber mit Weinen sage,
(dass sie) die Feinde des Kreuzes Christi (sind);
deren Ende Verderben, deren Gott der Bauch
und deren Ehre in ihrer Schande ist,
die auf das Irdische sinnen (Phil 3,18f)[284]

Die Schwestern Staurophilas machten sich Sorgen und fragten sich beunruhigt, was mit ihr geschehen sei, weil sie so lange wegblieb.[285] Die eine vermutete, sie sei vom Weg abgekommen und irre im Wald umher, die andere sagte, dass Staurophila, als sie allein blieb, wütend geworden und nach Hause zurückgekehrt sei, um sich über sie bei ihrem Vater zu beschweren. Als sie sich auf diese Weise unterhielten, kam Staurophila unerwartet zu ihrem Erstaunen und zu ihrer Freude. Sogleich begannen sie, sie besorgt auszufragen, wo

---

[283] Erstes Buch, Kapitel 9, R, 63: „Voluptati studentes CRUCEM fugere"; P, 31ᵛ: „Slástem poučájuščijsja Krestà bégajut"; Erster Teil, Kapitel 9, C, 46: „Iščuščie zemnych naslaždenij begajut kresta."

[284] R, 63: „Die Feinde des Kreuzes Christi (Phil 3,18). Was fliehst du von hier? Der Seele gefällt diese vergängliche Lust? Es gibt keinen [Weg], es sei denn, es führt dich der einzige Weg des Kreuzes dahin (hinauf)." P, 31ᵛ: „Das Heilige Kreuz fliehen immer die Liebhaber des Genusses. Freudig stimmen mit ihnen überein die Liebhaber der Welt."

[285] R, 63; P, 31ᵛ: „Die Schwestern machten sich Sorgen (wörtlich: wurden in der Seele gepeinigt) vor Angst, es sei Staurophila etwas zugestoßen, da sie schon den ganzen Tag und die Nacht abwesend war."

sie bis jetzt gewesen und was mit ihr geschehen sei, und wie sie jetzt zu ihnen gefunden habe. Staurophila erklärte ihre Verspätung mit vernünftigen Gründen, bemühte sich, bei ihren Schwestern auf Verständnis zu treffen und begann, ihnen ausführlich über die Erscheinung des Engels Gottes zu erzählen, über sein sehr angenehmes Gespräch mit ihr und über den Weg zum ewigen Leben, der ihr gezeigt worden war.[286] Sie sagte ihnen, welche Freuden, welcher Trost, welche Herrlichkeit denen zuteil werde, die mit Eifer den Weg des Kreuzes gehen. „Dazu kam ich hierher," fügte sie an, „damit auch ihr, meine Schwestern, dieser Seligkeit teilhaft werdet." Doch sie wollten damit nichts zu tun haben, wie es ihre Gewohnheit war, und sagten, einem solchen Versprechen dürfe man nicht glauben; die Erscheinung des Engels bezeichneten sie als Täuschung und weigerten sich schließlich entschieden, den vorgeschlagenen Weg zu betreten. Da begann Staurophila sie zu fragen und zu bitten, sich doch wenigstens nicht zu weigern, hinzugehen und sich den anzuschauen, der ihr erschienen sei und seinen Unterweisungen zuzuhören. „Er verkündet Worte des ewigen Lebens,[287] die bis zur Seele selbst vordringen,[288] und die leicht auch

---

[286] R, 63; P, 31ᵛ: „Jene entschuldigte ihr Ausbleiben mit ehrenhaftem Vorwand (Johannes: mit ehrenhaften Worten), [nämlich] mit ihrer mangelnden Wegkenntnis, nahm die Schwestern beiseite, erzählte ausführlich die Erscheinung Christi sowie das süßeste Gespräch (suavissimum colloquium) und legte den gesamten Weg zum ewigen Leben dar."

[287] Joh 6,68: „Da antwortete ihm Simon Petrus: Herr, wohin sollen wir gehen? Du hast Worte des ewigen Lebens."

[288] Hebr 4,12: „Denn das Wort Gottes ist lebendig und wirksam und schärfer als jedes zweischneidige Schwert und durchdringend bis zur

Unwillige bekehren und sie gutwillig machen können", sagte sie. Nach einem langen hin und her erklärten sich die Schwestern Staurophilas schließlich bereit, mit ihr zu gehen, teilweise aus Neugier, teilweise, um Staurophila einen Gefallen zu tun.

Als sie am bezeichneten Ort ankamen, erschien ihnen plötzlich der Engel Gottes, umstrahlt von göttlichem Licht, und erläuterte ihnen in Kürze die Seligkeit des Himmelreiches. Doch der Eingang zu ihm, fügte er hinzu, wird nur durch das Kreuz geöffnet; und daher muss man in diesem kurzfristigen Leben das Kreuz der Betrübnisse ertragen, wodurch man Wonnen erreichen kann, „die kein Auge gesehen, kein Ohr gehört und in keines Menschen Herz gekommen sind.[289] Er sagte ihnen noch vieles Derartiges.

HILARIA. Ich hatte bereits erwartet, dass ich hier nur langweilige und traurige Erzählungen höre. Ich bin nicht so dumm, gutes Kind, um eines unbekannten irgendwie besseren Lebens willen den Genüssen des gegenwärtigen Lebens zu entsagen. Das Kreuz habe ich nie geliebt, außer dem, das auf goldenen und silbernen Münzen funkelt,[290] doch dein

---

Scheidung von Seele und Geist, sowohl der Gelenke als auch des Markes, und ein Richter der Gedanken und Gesinnungen des Herzens."

[289] 1 Kor 2,8f: „Keiner der Fürsten dieses Zeitalters hat sie [Gottes Weisheit] erkannt – denn wenn sie [sie] erkannt hätten, so würden sie wohl den Herrn der Herrlichkeit nicht gekreuzigt haben –, sondern wie geschrieben steht [Jes 64,3]: Was kein Auge gesehen und kein Ohr gehört hat und in keines Menschen Herz gekommen ist, was Gott denen bereitet hat, die ihn lieben."

[290] Der Kreuzer ist eine ab 1271 in Tirol geprägte silberne Münze mit Doppelkreuz, 1458 von Österreich übernommen, wurde dort bis 1892

schweres und leidvolles Kreuz werde ich, eine junge Frau, niemals annehmen.

ENGEL. So möchtest du also, Mädchen, durch das Kreuz kurzfristiger Leiden nicht den ewigen Qualen entgehen? Möchtest du nicht durch wenig andauernde Mühe das ewige Himmelreich erlangen? Möchtest du nicht für das Heil der Seele ein wenig Leiden erdulden? Für die körperliche Gesundheit bist du bereit, Schneiden, Brennen und jegliche andere Entbehrungen auf dich zu nehmen; aber für die seelische Gesundheit möchtest du nichts erdulden? Dabei ist die Seele doch unvergleichlich wertvoller als der Körper.[291] Ist es etwa schwierig, für das seelische Heil das Kreuz zu tragen?

HILARIA. „Welche seltsamen Worte! Wer kann sie hören?" (Joh 6,60).

ENGEL. Doch härter wird es sein, vom gerechten Richter die schrecklichen Worte zu hören: „Gehet von mir, ihr Verfluchten, in das ewige Feuer" (Mt 25,41).[292]

---

und in Deutschland seit dem 15. Jahrhundert bis 1871 geprägt; der Wert entsprach vier Pfennigen.

[291] Ovid, Remedia amoris 229-232, hg. v. N.Holzberg, Stuttgart 2011, 24: „Ut corpus redimas, ferrum patieris et ignes, / arida nec sitiens ora levabis aqua: / ut valeas animo, quicquam tolerare negabis? / At pretium pars hæc corpore maius habet" (Um zu gesunden am Leib, wirst Schneiden und Brennen du dulden, nicht dem trockenen Mund stillen durch Wasser den Durst: Um zu gesunden im Innern, willst du nicht etwas erdulden? Dieser Teil hat ja doch größeren Wert als der Leib).

[292] Thomas von Kempen, De imitatione Christi II,12 (De regia via sanctæ crucis), hg. v. M.J.Pohl, Freiburg i.Br. 1904, 82: „Hart erscheint vielen das Wort: Verleugne dich selbst, nimm dein Kreuz und

HILARIA. Ich erwarte Besseres; denn nicht umsonst glaube ich an Gott und gehöre zur christlichen Kirche.[293]

ENGEL. Das allein ist nutzlos. „Der Glaube ohne Werke ist tot" (Jak 2,20). Und wenn du eine Christin bist, warum fliehst du dann vor dem Kreuz Christi? Es gibt keinen Diener Christi ohne Bedrängnis, und wenn du keine Bedrängnisse haben möchtest, hast du noch nicht begonnen, Christin zu sein.[294]

„Das ist aber schrecklich", rief Hilaria aus, „Krankheiten, Kreuze, Leiden!"

ENGEL. Im Gegenteil, du bist sehr kleinmütig und möchtest nichts ertragen.

HILARIA. Nicht ich allein, sondern es gibt wenige, die Leiden ertragen können.

ENGEL. Sei auch du in der Zahl der wenigen: „Es sind viele berufen, aber wenige auserwählt" (Mt 20,16). Klein ist die

---

folge Jesus. Aber viel härter wird es sein, jenes letzte Wort zu hören: Weichet von mir, Verfluchte, in das ewige Feuer!"

[293] R, 65; P, 33: „Meliora spero, regerebat Hilaria, neque enim frustrà in Deum credo, & Christianis initiata sum sacris" (Besseres erwarte ich, erwiderte Hilaria, denn nicht umsonst glaube ich an Gott und bin in die heiligen christlichen [Sakramente] initiiert worden).

[294] Augustinus, Zu Psalm 55,2, Nr. 4, PL 36, 649: „Si putas te non habere tribulationes (van Haeften: persecutiones), nondum cœpisti esse christianus (van Haeften: Christiana)" (Wenn du meinst, keine Trübsale/Verfolgungen haben zu müssen, hast du noch nicht begonnen, Christ/Christin zu sein).

Herde, welcher der himmlische Vater das Himmelreich zu geben Wohlgefallen hatte.[295]

Hilaria fuhr fort wie vorher: „Ich bin schwach, während die Bedrängnis auch ein mutiges Herz überwältigen kann.[296] Was soll ich tun? So bin ich von Natur aus."

ENGEL. Beschuldige nicht die Natur; denn der Mensch ist seit der Erschaffung mit Mut ausgestattet worden. Doch besiege auch deine Veranlagung selbst, um den Wunsch wachzurufen, nach dem Himmel zu streben. Warum sagst du: Ich kann nicht? Besser ist es zu sagen: Ich will nicht. Denn du kannst Bedrängnisse ertragen, und das wird dir nicht schwer werden, wenn du dich nur entscheidest, sie zu ertragen.[297] „Alles vermag ich in Jesus Christus, der mich stärkt" (Phil 4,13). Wie viele junge Männer und Frauen, wie viele Jungen und Mädchen, Alte und Kinder, verließen alles, nahmen das Kreuz und gingen mit vielen Drangsalen in das Himmelreich

---

[295] Lk 12,32: „Fürchte dich nicht, du kleine Herde! Denn es hat eurem Vater wohlgefallen, euch das Reich zu geben."

[296] Pseudo-Tibull, Elegiarum liber III, Elegie 2, Zeile 5f, hg. v. F.G.Pottier, Paris 1825, 179: „Non ego firmus hoc (van Haeften: Non ego firma satis), non hæc patientia nostro ingenio; frangit fortia corda dolor" (Nicht bin ich stark darin [Nicht bin ich genügend stark], nicht habe ich Begabung für diese Geduld; der Schmerz bricht auch starke Herzen).

[297] Ovid, Remedia amoris 521f, hg. v. N.Holzberg, Stuttgart 2011, 46: „Posse pati facile est, ubi, si patientia desit, protinus ex facili gaudia ferre licet" (Leiden zu können, ist leicht; falls die Geduld fehlt, kann man mit Leichtigkeit Lust sich verschaffen zugleich). R, 66: „Posse pati facile est, tibi ni patientia desit" (Leiden zu können, ist leicht, dir wird es an Geduld nicht fehlen).

ein.[298] Vermochten es denn auch diese mit ihrer eigenen Kraft und nicht vielmehr durch Gott den Herrn, der sie stärkte?[299]

HILARIA. Ich weiß nicht, mit welchem Gedanken sie das Kreuz auf sich nahmen und welche Herzensstärke sie besaßen. Ich jedoch habe mich entschlossen, das Kreuz auf jede Weise zu vermeiden; für mich ist es bereits unangenehm, überhaupt vom Kreuz zu hören.

ENGEL. Sorgst du dich etwa so wenig um dein Heil, dass du auf den Weg dahin verzichten möchtest? Ist etwa das Kreuz für dich so furchtbar, dass dich bereits ein Wort darüber zur Flucht veranlasst? Doch höre, was der heilige Apostel Andreas tat, als sie ihn kreuzigen wollten, achte darauf, was er sagte und wie willkommen ihm das Kreuz war. Als er von ferne das ihm bereitete Kreuzesholz erblickte, veränderten sich seine Gesichtszüge nicht, wie es der menschlichen Schwäche entspricht,[300] seine Haare standen ihm nicht vor

---

[298] Apg 14,21: „Durch viele Drangsale müssen wir in das Reich Gottes eingehen."

[299] Augustinus, Confessiones 8, 27, Pl 32, 761: „Tu non poteris, quod isti, quod istæ? An vero isti et istæ in se ipsis possunt ac non in domino deo suo?" (Du solltest es nicht vermögen wie diese und jene? Können es diese und jene aber aus sich und nicht im Herrn, ihrem Gott?). R, 66 hatte als Fundort das 11. Buch der Bekenntnisse angegeben.

[300] Bernhard von Clairvaux, Zum Geburtsfest des heiligen Andreas 3, Sancti Bernardi opera, Bd. 5, Rom 1968, 435; R, 67; P, 33ᵛ: „Videns ergo paratam eminus crucem, nequaquam, ut exigere videtur mortalis infirmitas, facies eius expalluit, nequaquam sanguis eius gelatus est" (Als er aus der Ferne das bereitete Kreuz sah, wurde sein Antlitz keineswegs bleich, wie es die menschliche Schwäche zu fordern scheint, keineswegs gefror/erstarrte sein Blut).

Angst zu Berge, es verschlug ihm nicht die Stimme,[301] sein Körper zitterte nicht, und er verlor nicht das Bewusstsein. Seine Lippen sprachen aus dem Überfluss des Herzens,[302] und aus Liebe, die in seinem Herzen brannte, wie Funken aus der Flamme sprühten die Worte hervor: „O Kreuz, seit langem ersehnt," rief er aus, „freimütig und freudig geht man zu dir. Nimm auch mich freudig auf, den Jünger dessen, der an dir gekreuzigt worden war; denn ich liebte dich immer und sehnte mich danach, dich zu umfassen."[303]

HILARIA. Sage mir doch, war das ein Mensch, der so gesprochen hat, oder ein Engel oder irgendein anderes unzugängliches Wesen?[304]

---

[301] Vergil, Æneis II, 774, hg. v. J. u. M.Götte, Düsseldorf u. Zürich ⁹1997, 92: „Opstipui steteruntque comæ et vox faucibus hæsit (Starr stand ich, die Haare gesträubt, mir stockte die Stimme).

[302] Mt 12,34: „Otternbrut! Wie könnt ihr Gutes reden, da ihr böse seid? Denn aus der Fülle des Herzens redet der Mund."

[303] Passio Andreae, Codex Sinaiticus graecus 526, f. 121ᵛ-132ᵛ; Codex Jerusalem Sankt Sabas 103, f. 155-168ᵛ, hg. v. Th.Detorakis, in: Acts of the Second International Congress of Peloponnesian Studies 1, Athen 1981f, 325-352; Bernhard von Clairvaux, Zum Geburtsfest des heiligen Andreas 3, Sancti Bernardi opera, Bd. 5, Rom 1968, 435: „O crux", inquit, „diu desiderata, et iam concupiscenti animo præparata! Securus et gaudens venio ad te; ita ut et tu exsultans suscipias me, discipulum eius qui pependit in te, quia amator tuus semper fui, et desideravi amplecti te." (O lang ersehntes Kreuz, rief er, bereit für die Seele, die schon nach dir verlangt! Furchtlos und freudig komme ich zu dir, sodass auch du mich mit Frohlocken aufnehmen magst als einen Jünger dessen, der an dir gehangen hat; denn ich habe dich immer geliebt und mich danach gesehnt, dich zu umfassen).

[304] Bernhard von Clairvaux, Zum Geburtsfest des heiligen Andreas 3, Sancti Bernardi opera, Bd. 5, Rom 1968, 435f; R, 67; P, 34: „Obsecro,

ENGEL. Nicht von sich selbst.[305] „Jede vollkommene Gabe kommt von oben herab, vom Vater der Lichter" (Jak 1,17), von dem, der allein große Wunder tut.[306] Der Geist Gottes, der ihn, den Schwachen, stärkt[307] und sich in sein Herz ergoss, machte wirklich seine Liebe stark wie der Tod,[308] noch viel stärker als der Tod. Der Geist Gottes ist süßer als

---

    fratres, homo est qui loquitur hæc? Annon est homo, sed angelus aut nova aliqua creatura? (Ich beschwöre euch, Brüder, ist es ein Mensch, der das sagt? Ist es vielleicht nicht ein Mensch, sondern ein Engel oder irgendein neues Geschöpf?).

[305] Bernhard von Clairvaux, Zum Geburtsfest des heiligen Andreas 3, Sancti Bernardi opera, Bd. 5, Rom 1968, 436; R, 67; P, 34: „Homo plane similis nobis, passibilis. Nam passibilem eum passio ipsa testatur, qua appropinquante tam lætabundus exultat" (Ein Mensch gleich uns, leidensfähig. Das Leiden selbst, über dessen Nahen er so freudig frohlockte, bezeugt seine Leidensfähigkeit).

[306] Ps 135,3f: „Bekennt euch zum Herrn der Herren, weil seine Barmherzigkeit in Ewigkeit [währt], der allein große Wunder tut, weil seine Barmherzigkeit in Ewigkeit [währt]."

[307] Röm 8,26: „Ebenso nimmt auch der Geist sich unserer Schwachheit an; denn wir wissen nicht, was wir beten sollen, wie es sich gebührt, aber der Geist Gottes selbst verwendet sich (für uns) in unaussprechlichen Seufzern."

[308] Hld 8,6: „Präge mich wie ein Siegel auf dein Herz, wie ein Siegel auf deinen Arm; denn stark wie der Tod ist die Liebe, unnachgiebig wie der Hades ist die Leidenschaft. Was sie umgibt ist ein Ring von Feuer, (es sind) ihre Flammen."

Honig,[309] und stärker als seine Süßigkeit kann keine Bitterkeit des Todes sein.[310]

HILARIA. Doch ich bin diesem Geist fremd; und es ist nicht erstaunlich, dass der Kreuzweg mir trübselig und unangenehm erscheint.

ENGEL. Mit allem Eifer suche diesen Geist; denn wer sucht, wird finden.[311] Man soll sich auf jede Weise mit diesem Geist schmücken; wenn jemand den Geist Christi nicht hat, gehört er nicht zu ihm.[312]

HILARIA. Ich verstehe diesen Geist nicht und suche ihn nicht, der zwingt, Leiden zu suchen, Kreuze und Drangsale. Wer will, möge diesen Geist suchen und erwarten, ich aber sehe

---

[309] Sir 24,27: „Denn mein Geist ist süßer als Honig und mein Erbe (süßer) als Honig und Honigwabe."

[310] Vgl. Bernhard von Clairvaux, Zum Geburtsfest des heiligen Andreas 3f, Sancti Bernardi opera, Bd. 5, Rom 1968, 436; R, 67f; P,34.34ᵛ: „Plane spiritus erat, dilectissimi, qui adiuvabat infirmitatem eius, per quem diffundebatur in corde ipsius caritas fortis ut mors, immo et fortior morte. [...] SPIRITUS ENIM MEUS, ait Dominus, SUPER MEL DULCIS, ita ut ne ipsa quidem dulcedini eius prævalere queat, amarissima licet, mortis amaritudo." (Ja, Geliebte, es war der Geist, der seiner Schwachheit zu Hilfe kam. Durch ihn breitete sich in seinem Herzen die Liebe aus, die stark ist wie der Tod, ja sogar stärker als der Tod. [...] Denn mein Geist, spricht der Herr, ist süßer als Honig, sodass nicht einmal die Bitterkeit des Todes, und mag sie noch so groß sein, seine Süßigkeit überwiegen kann).

[311] Mt 7,7: „Bittet, und es wird euch gegeben werden; suchet, und ihr werdet finden; klopfet an, und es wird euch geöffnet werden!"

[312] Röm 8,9: „Ihr aber seid nicht im Fleisch, sondern im Geist, wenn wirklich Gottes Geist in euch wohnt. Wenn aber jemand Christi Geist nicht hat, der ist nicht sein."

in ihm keinerlei Freude, im Gegenteil, viel Betrübliches, daher bin ich nicht gewillt, mehr von ihm zu hören.

Nach diesen Worten ging Hilaria weg.

„Da ist eingetroffen," sagte der Engel zu Staurophila, was ich vorhergesagt habe; denn ich weiß, wie wenige das Kreuz tragen und den schmalen Weg gehen wollen. Als der junge Mann guten Mutes zum Herrn Jesus Christus kam und ihn fragte: „Guter Lehrer, was muss ich Gutes tun, um ewiges Leben zu haben?", war er nicht dankbar für dessen Antwort: „Wenn du vollkommen sein willst, gehe hin, verkaufe deine Habe und verteile sie an die Armen, und du wirst einen Schatz im Himmel haben, dann komm, und folge mir nach."[313]

STAUROPHILA. So wird also meine Schwester wegen der Zurückweisung des Kreuzes auf ewig verurteilt sein und es gibt für sie keine Hoffnung auf Heil?

ENGEL. Was fragst du mich? Weißt du etwa nicht vom Apostel Christi, wie man über Derartige denken soll? Hörtest du nicht, wie er mit Tränen sagte: Viele, über die ich oft gesprochen habe, nun aber sogar mit Weinen sage, handeln wie Feinde des Kreuzes Christi; ihr Ende ist Verderben, ihr Gott der Bauch, ihr Ruhm in der Schande: sie denken an Irdisches.[314] Warum werden sie Feinde des Kreuzes Christi

---

[313] Mt 19,16: „Siehe, einer trat herbei und sprach zu ihm: Lehrer, was soll ich Gutes tun, damit ich ewiges Leben habe?" Mt 19,21: „Jesus sprach zu ihm: Wenn du vollkommen sein willst, so gehe hin, verkaufe deine Habe und gib (den Erlös) den Armen! Und du wirst einen Schatz im Himmel haben. Und komm, folge mir nach."

[314] Phil 3,18f: „Denn viele wandeln, von denen ich euch oft gesagt habe, nun aber auch mit Weinen sage, (dass sie) die Feinde des Kreuzes

genannt? Weil sie nach Genüssen streben, wird der Bauch ihr Gott, und weil sie das Himmlische vernachlässigen, denken sie an Irdisches. Was folgt daraus? Ihr Ende wird Verderben sein und ewige Verurteilung. Wer das Geschöpf vergöttlicht, wird nie das Antlitz des Schöpfers schauen,[315] des wahren Gottes.[316]

Christi (sind); deren Ende Verderben, deren Gott der Bauch und deren Ehre in ihrer Schande ist, die auf das Irdische sinnen."

[315] R, 69; P, 35: „Sic nimirum qui creaturam sibi facit Deum, numquam fruetur Creatore, & vero Deo" (So ist es zweifellos, wer sich das Geschöpf zum Gott macht (bei Johannes Druckfehler: blagotvorjaščich statt bogotvorjaščich), wird sich niemals des Schöpfers und wahren Gottes erfreuen).

[316] R, 63-69; P, 31ᵛ-35; V, 50-55; C, 46-51.

Verbum Crucis pereuntibus stultitia
est.   1.Corinth. 1, 18.

Crux humilis sapit haud altum sapientibus; illam
Ast auide, cęlum cui sapit, ille capit.

317

---

[317] R, 70: „Das Wort des Kreuzes ist denen, die verloren gehen, Torheit" (1 Kor 1,18). – Das demütige Kreuz weiß mehr als die Wissenden; nach jenem trage heißes Verlangen, wem der Himmel zusagt, der wird ihn ergreifen.

Wer Ehre liebt, achtet nicht das Kreuz

Das Wort vom Kreuz ist denen, die verloren gehen, Torheit (1 Kor 1,18)[318]

Erstaunt und betroffen achtete Staurophila auf die Worte des Engels. Sie wandte sich an ihre andere Schwester und sagte ihr: „Ich bitte dich, Honoria, folge nicht dem Beispiel der Schwester, die sich vom Kreuz entfernte und damit von Christus und dem ewigen Heil. Denke an die Frömmigkeit unserer Eltern und nimm mutig das Kreuz auf dich, damit es dich zu den ewigen Wohnungen führe, zu denen es hinleitet."[319]

Schwer atmend vor verletztem Stolz, antwortete Honoria: „Ich, ein adliges Mädchen, soll das Kreuz auf mich nehmen, das Zeichen einer ehrlosen Todesstrafe für Sklaven?[320]

---

[318] Erstes Buch, Kapitel 10, R, 71: „Honoris cupidos CRUCEM spernere" (Wer begierig nach Ehre ist, verachtet das Kreuz); P, 35ᵛ: „Čésti voždeléjuščij Krestà nepočitájut" (Wer Ehre begehrt, achtet nicht das Kreuz); Erster Teil, Kapitel 10, C, 51: „Ljubjaščie čest' ne počitajut kresta". R, 71: „Das Wort des Kreuzes ist denen, die verloren gehen, Torheit" (1 Kor 1,18). – „Das demütige Kreuz weiß mehr als die Wissenden; nach jenem trage heißes Verlangen, wem der Himmel zusagt, der wird ihn ergreifen."

[319] R, 71; P, 35ᵛ: „Handle nun, eingedenk deiner vornehmen Herkunft, und nimm großherzig (Johannes: mutig) das Kreuz auf dich, damit es dich in die ewigen Zelte/Wohnungen führt und du dort aufgenommen werdest."

[320] R, 71; P, 35ᵛ: „Ich, eine adlige Jungfrau, soll den entehrenden Block, der zur Hinrichtung eines Sklaven dient, den verhängnisvollen Baum, jenes unglückselige Holz, den verrufenen Balken auf die Schultern nehmen?" Valerius Maximus, Dicta factaque memorabilia II, 7, 12, Amsterdam 1671, 61, schrieb über die Kreuzigung der römischen

Bekannte Redner sagen, das Kreuz dürfe nicht nur kein Anteil eines adligen Menschen sein, sondern der Begriff *Kreuz* müsse auf immer von seinem Gedächtnis, Sehen und Hören entfernt sein. Nicht nur die Erfahrung der Leiden am Kreuz, sondern auch ihre Erwartung und ihr Gedenken sind eines

---

Überläufer durch Scipio Africanus maior in Afrika: „Non prosequar hoc factum ulterius, & quia Scipionis est, & quia Romano sanguini, quamvis merito perpesso, servile supplicium insultare non adtinet." Tacitus, Historiæ II, 72, hg. v. J.Borst unter Mitarbeit v. H.Hross u. H.Borst, München u. Zürich [5]1984, 216: „Postquam nulla dictis fides et a domino noscebatur condicione fugitivus nomine Geta, sumptum de eo supplicium in servilem modum" (Als man jedoch seinen Worten keinen Glauben schenkte, sein früherer Herr ihn überdies als das, was er tatsächlich von Stand war, nämlich als einen entlaufenen Sklaven namens Geta erkannte, wurde an ihm die bei Sklaven übliche Todesstrafe vollzogen). Tacitus, Historiæ IV, 11, München u. Zürich [5]1984, 386: „Asiaticus (is enim libertus) malam potentiam servili supplicio expiavit" (Asiaticus – er war nämlich Freigelassener [obgleich er Freigelassener war] – büßte den Missbrauch seiner Macht mit dem Sklaventod).

freien Menschen unwürdig.³²¹ Warum soll ich das Kreuz wie eine Ehrenauszeichnung tragen?"³²²

STAUROPHILA. Was sagst du, Schwester? Weißt du etwa nicht, dass das Kreuz vom Herrn verherrlicht wurde, der an ihm litt, sodass es jetzt kein ehrloses oder todbringendes Holz ist, sondern das würdigste und gepriesenste aller Hölzer, ein überaus schönes und hell leuchtendes Holz, da es die

---

³²¹ R, 71; P, 35ᵛ.36: Cicero, pro Rab. (Diese Quellenangabe fehlte in C, 52.) Pro C. Rabirio perdvellionis reo oratio ad quirites oratio 5,16, hg. v. A.C.Clark, Oxford 1909; Oxford ¹³1986, 187: „Mors denique si proponitur, in libertate moriamur, carnifex vero et obductio capitis et nomen ipsum crucis absit non modo a corpore civium Romanorum, sed etiam a cogitatione, oculis, auribus. Harum enim omnium rerum non solum eventus atque perpessio, sed etiam conditio, expectatio, mentio denique indigna cive Romanorum atque homine libero est." (Wenn schließlich der Tod in Aussicht steht, sterben wir in Freiheit, der Henker jedoch, das Verhüllen des Hauptes und der Name des Kreuzes selbst soll nicht nur vom Körper der Römer entfernt sein, sondern auch vom Denken, den Augen und Ohren. Denn nicht nur das Ereignis und das Erdulden all dieser Dinge, sondern auch die Möglichkeit, Erwartung und schließlich Erwähnung sind eines römischen Bürgers und eines freien Menschen unwürdig).

³²² R, 72; P, 36: „Wie kann ich denn das Kreuzesholz wie ein wertvolles Halsband tragen, da, wie ich genau weiß, Caecilius dem Octavianus dies als todbringendes Kreuzesholz herabgesetzt hat?" Minucius Felix, Octavius IX, 5, PL 3, 262A: „Et qui hominem, summo supplicio pro facinore punitum, et crucis ligna feralia, eorum cærimonias fabulantur, congruentia perditis sceleratisque tribuit altaria, ut id colunt quod merentur" (Und wer einen Menschen, der für ein Verbrechen zur härtesten Strafe verurteilt wurde, sowie das todbringende Kreuzesholz als Gegenstand ihrer Verehrung anführt, schreibt ihnen Altäre zu, wie sie für verlorene und verkommene Existenzen passen; sie würden verehren, was sie eigentlich verdienen).

allheiligen Körperglieder des Herrn berührt hat?[323] Warum hältst du das Holz für nicht gesegnet, das wahrhaft selig und gesegnet ist, an dem der Preis der ganzen Welt angeheftet war? Ist es nicht besser für dich, mit dem weisesten Heiden zu sagen:[324] „O überaus seliges Holz, an dem Gott ausgestreckt war"[325] und mit der allheiligen Kirche das überaus selige Kreuzesholz zu preisen?[326] Das Kreuzesholz ist

---

[323] Vgl. Martyrium sancti apostoli Andreæ, hg. v. M.Bonnet, in: Analecta Bollandiana 13 (1894), 353-372; Dimitrij von Rostov, Žitija svjatych, Bd. 3, Moskau ²1905, 817.

[324] R, 72; P, 36: „Weißt du denn wirklich nicht, dass das Kreuzesholz seinen Schmuck von den Gliedern des Herrn empfangen hat, sodass es kein entehrender Block und kein verhängnisvoller Baum ist, sondern der einzig edle unter allen [Bäumen]? [Venantius Fortunatus: „Crux fidelis, inter omnes / arbor una nobilis", Breviarium, Bd. 4, Kempten 1851, 359]. „O Baum, an Schmuck und Glanz so groß, / da Königspurpur dich umfloss, / aus würd'gem Stamm hervorgetan, / solch heil'ge Glieder zu umfah'n" (Venantius Fortunatus, Hymnus: Vexilla Regis prodeunt, Breviarium, Bd. 4, Kempten 1851, 348). Was nennst du den Baum unglückselig, der „selig ist, zur Waage aufgestellt / des Leibes, der der Preis der Welt" (Venantius Fortunatus; christliche Interpolation in Brief 121 Senecas und in Livius I,4). Unglücklich nennst du das Holz, von dem du besser mit Seneca und Livius sowie mit der Sibylle sagen solltest."

[325] Die Oracula Sibyllina 6,26, hg. v. J.Geffcken, Die griechischen christlichen Schriftsteller 8, Leipzig 1902, 132; Sozomenos, Kirchengeschichte 2,1,10, hg. v. J.Bidez u. G.C.Hansen, Die griechischen christlichen Schriftsteller Neue Folge 4, Berlin ²1995; Fontes christiani 73/1, Turnhout 2004, 200: „ō xýlon makaristòn eph' hoū theós exethanýsthē."

[326] R, 72; P, 36ᵛ: „Dulce lignum, dulces clavos, / dulce pondus sustinens" (Süßes Holz, o süße Nägel! Süße Last beschweret euch; Venantius Fortunatus, Breviarium, Bd. 4, Kempten 1851, 359).

denen, die zugrunde gehen, Torheit, für uns aber, die gerettet werden, ist es Kraft Gottes.[327] Was überhöhst du deinen Adel? Wahrer Adel besteht darin, Diener Christi zu sein, wie die heilige Agatha sagte.[328] Diese selige Jungfrau stammte von adligen Eltern, übergab sich aber freudig dem ehrlosen Einschließen in das Gefängnis und sagte dem, der sie folterte: „Ich bin eine Sklavin Christi und erscheine daher im Gewand einer Sklavin."[329] Achte darauf, wem du dienst: Christus oder dem Satan, der Tugend oder der Sünde?[330]

Kreuzerhöhung, 14. September, Große Vesper, 2. Sticherón, Miníia. Mesjac Septembrij, Moskau 1901, f. 129: „Das allreine Kreuz, das die Ränge der Engel voller Freude umstehen, wird heute erhöht."

[327] 1 Kor 1,18: „Denn das Wort vom Kreuz ist denen, die verloren gehen, Torheit, uns aber, die wir gerettet werden, ist es Gottes Kraft." R, 72; P, 36ᵛ: „Wenn die Feinde des Kreuzes das ehrenvolle Holz sehen, halten sie es für schmachvoll (Johannes: Torheit), denen aber, die gerettet werden, ist es Gottes Kraft."

[328] Agatha starb während der Decischen Verfolgung (Decius regierte von 249-251), vgl. Acta sanctorum, 1. Bd., 2. Februar, Antwerpen 1658, 585-656; Dimitrij von Rostov, Žitija svjatych, Bd. 6, 5. Februar, Moskau 1905, 71: „Warum nennst du dich Sklavin, da du doch frei bist als Tochter adliger Eltern?" – „Unser Adel und unsere Freiheit bestehen darin", antwortete die Heilige, „Christus zu dienen."

[329] Breviarium, Bd. 1, Kempten 1849, 603: „Nonne, inquit, te pudet nobili genere natam, humilem et servilem Christianorum vitam agere? Cui Agatha: Ancilla Christi sum, ideo me ostendo servilem habere personam. Multo præstantior est Christiana humilitas et servitus, Regum opibus ac superbia."

[330] Dimitrij von Rostov, Žitija svjatych, Bd. 6, 5. Februar, Moskau 1905, 71: „Sind wir etwa unfrei, die wir nicht eurem Christus dienen und ihm widersagen?" Agatha antwortete: „Ihr befindet euch in einer solchen Gefangenschaft und Sklaverei, dass ihr nicht nur Sklaven der Sünde wurdet, sondern ihr verehrt auch schändliche und gefühllose

„Denn jeder, der Sünde tut, ist Sklave der Sünde" (Joh 8,34). Wenn niemand ohne Sünde ist, „da wir alle viel sündigen" (Jak 3,2), warum fliehst du das Kreuz unter dem Vorwand, es sei ein Sklavenzeichen?[331]

HONORIA. Du bist eine sehr eifrige Predigerin, Staurophila, doch wirst du keinerlei Erfolg haben. Wenn es dir gefällt, kannst du Kreuzesdulderin, Kreuzesträgerin und Kreuzesjüngerin sein, doch ich werde eine solche Unehre niemals annehmen.[332]

Da der Engel die Törichte zur Einsicht bringen wollte, sagte er beiden in sanftem Ton:[333] „Versteht doch das große

---

Idole, indem ihr Baum und Stein für Götter haltet." Ez 20,32: „Wir wollen sein wir die Nationen und wie die Geschlechter der Länder, um im Dienst von Holz und Stein zu stehen."

[331] R, 73; P, 36ᵛ berichteten von geflohenen Sklaven sowie von Verbrechern, denen ein Kreuz auf die Kleider genäht oder gemalt wurde, zum Zeichen dafür, dass ihnen die verdiente Todesstrafe erlassen worden war. Sie wurden Kreuzträger (cruciferi) genannt. (Vgl. Daniel Malloni († 1616), Historia admiranda de Iesu Christi stigmatibus sacræ Sindoni impressis IV, 5, Douai 1607, 65). „Warum weigerst du dich, ein zeitliches Kreuz zu tragen, da du doch das ewige nicht nur einmal verdient hättest, wenn dir dieses für jenes nachgelassen würde?"

[332] R, 73f; P, 37: „Du bist doch eine ungelegene Werberin (Johannes: eine übereifrige Predigerin), warf Honoria indigniert ein, mich aber wirst du nicht überzeugen. Wenn es dir gefällt, kannst du Kreuzträgerin, Gekreuzigte und Jüngerin des Kreuzes sein, ich aber werde diese Schmach niemals zulassen. Nachdem sie dies gesagt hatte, trat sie überaus mutwillig auf das am Boden liegende Kreuz, versah es mit Schimpfworten, fing an zu keifen und bespuckte es sogar."

[333] R, 74; P, 37: „Christus aber gedachte nicht der Beleidigung, sondern seiner Güte und wandte sich an die Beiden."

Geheimnis der Frömmigkeit[334] und sinnt darüber nach, was der eingeborene Sohn Gottes für die Rettung des Menschengeschlechtes getan hat; denn in uns muss das gleiche Fühlen sein, das auch in Christus Jesus war.[335] Die Demut Christi darf keinem Reichen anstößig sein und keinen Adligen mit Scham erfüllen. Nie kann sich die menschliche Würde zu solcher Höhe erheben, dass der Mensch sich dessen schämt, was der Herr Jesus Christus, der in Gestalt Gottes war und unser Gott ist, nicht für Unehre hielt.[336] Was rühmst du dich deines Adels? Er ist der König der Könige, der Herr der Herren,[337] doch er wählte das Kreuz, um mit ihm die Herrschaft

---

[334] 1 Tim 3,16: „Und anerkannt groß ist das Geheimnis der Gottesverehrung: Der offenbart worden ist im Fleisch, gerechtfertigt im Geist, gesehen von den Engeln, gepredigt unter den Nationen, geglaubt in der Welt, aufgenommen in Herrlichkeit."

[335] Phil 2,5: „Das sinnet (phroneīte – habet im Sinn, im Willen und in den Gefühlen) in euch, was auch in Christus Jesus (war)."

[336] Phil 2,6-8: „Der in Gestalt Gottes war und es nicht für einen Raub hielt, Gott gleich zu sein. Aber er machte sich selbst zu nichts und nahm Knechtsgestalt an, indem er den Menschen gleichgeworden ist, und der Gestalt nach wie ein Mensch befunden, erniedrigte er sich selbst und wurde gehorsam bis zum Tod, ja zum Tod am Kreuz." Leo der Große, Sermo 72, De resurrectione Domini II, 4, PL 54, 392C: „Si magnæ, inquit, pietatis sacramentum intelligitis, et quod pro salute humani generis unigenitus Dei filius gessit advertitis, hoc sentite in vobis quod et in Christo Jesu, cujus humilitas nulli aspernenda divitum, nulli est erubescenda nobilium. Nec enim in tantum provehi potest quælibet felicitas humana fastigium, ut æstimet sibi pudendum quod manens Deus in forma Dei, formam servi suscipere non est arbitratus indignum."

[337] Offb 19,16: „Er trägt auf seinem Gewand und an seiner Hüfte einen Namen geschrieben: König der Könige und Herr der Herren."

und alle Anschläge des Teufels zu zerstören, damit die Demut siege über die Überheblichkeit des Stolzes.[338] Er selber nahm das Kreuz auf seine Schultern und trug es vor dem Angesicht der ganzen Welt, um denen, die ihm nachfolgen, ein Beispiel zu geben.[339] Dieses Schauspiel ist wahrhaftig großartig![340] Doch wenn Ungläubige darauf schauen, ist es für sie ein großes Zeichen der Unehre, für die Frommen dagegen ist es eine große Bekräftigung des Glaubens. Wenn Ungläubige darauf schauen, sehen sie einen König, der das Holz seines Lebens statt des Königszepters trägt; wenn aber Fromme darauf schauen, sehen sie den König, der das Holz für seine eigene Kreuzigung trägt, das Zeichen, welches später auf den Königskronen emporragte; sie sehen einen König, der in den Augen der Ungläubigen durch das Gleiche erniedrigt wird, dessen sich in der Folgezeit die Herzen der Gläubigen rühmten.[341] Wem kann das Kreuz unerträglich

---

[338] Leo der Große, Sermo 55, De passione Domini IV, 3, PL 54, 324B: „Ibi tota diabolicæ dominationis conterebatur adversitas, et de elatione superbiæ victrix humilitas triumphabat" (Dort [am Kreuz] wurde die ganze Gegnerschaft der teuflischen Herrschaft zertreten und die Demut triumphierte als Siegerin über die aufgeblasene Hochmut).

[339] 1 Petr 2,21: „Hierzu seid ihr berufen worden; denn auch Christus hat für euch gelitten und euch ein Beispiel hinterlassen, damit ihr seinen Fußspuren nachfolgt."

[340] 1 Kor 4,9: „Denn mir scheint, dass Gott uns, die Apostel, als die Letzten hingestellt hat, wie zum Tod bestimmt; denn wir sind der Welt ein Schauspiel geworden, sowohl Engeln als (auch) Menschen."

[341] Vgl. Augustinus, Tractatus 117,3 zum Johannesevangelium, PL 35, 1945f: „Ein großes Schauspiel (Grande spectaculum)! Aber wenn die Gottlosigkeit (impietas – Pflichtvergessenheit, Ruchlosigkeit) es ansieht, ist es ein großer Hohn; wenn die Frömmigkeit (pietas), ein großes Geheimnis; wenn die Gottlosigkeit es ansieht, ist es ein großer

erscheinen, das der König der Herrlichkeit nicht für ehrlos hielt? Ist die Schamlosigkeit nicht unerträglich, mit welcher der Mensch, der nichtige Wurm,[342] sich dort brüstet, wo sich der König der Herrlichkeit entäußerte?"

Beide Schwestern hörten zu, doch sie nahmen die Worte des Engels nicht in gleicher Weise auf. Außer sich vor Zorn, ging Honoria weg. Staurophila aber hörte die Unterweisung des Engels; ihr Herz war sehr aufgewühlt und sie konnte nichts anderes entgegnen, als hinzuweisen auf die menschliche Schwäche und die sichtbare Unehre. „Gibt es einen Menschen," fragte sie den Engel, „der in einer adligen Familie geboren wurde und geduldig Schmähungen ertrug?"

ENGEL. Hast du nicht gehört, wie David von Michal verlacht wurde, als er vor der Lade des Herrn tanzte und was er daraufhin Michal sagte?[343] „Vor dem Herrn will ich spielen und tanzen und mich noch mehr erniedrigen und ich werde

---

Erweis der Schmach; wenn die Frömmigkeit, eine große Stütze des Glaubens; wenn die Gottlosigkeit es ansieht, so lacht sie, dass ein König statt des Zepters der Herrschaft das Holz seiner Hinrichtung trägt; wenn die Frömmigkeit, so sieht sie den König zu seiner eigenen Anheftung das Holz tragen, das er [später] sogar auf die Stirne der Könige heften sollte; darin verächtlich den Augen der Gottlosen, worin die Herzen der Heiligen sich einst rühmen sollten."

[342] Hiob 25,6: „Aber ach, ein Mensch ist Moder, und ein Menschensohn ist Gewürm."

[343] Ambrosius, Epistola 58,4, an Bischof Sabinus von Piacenza († nach 393), PL 16, 1179B, verteidigte die Nacktheit Davids und wies darauf hin, dass der Prophet Jesaja drei Jahre lang nackt umherging (vgl. Jes 20,3).

noch nichtswürdiger in meinen Augen."[344] Das war ein wunderbarer Tanz, über den sich Michal empörte, an dem Gott aber Gefallen hatte; ein wunderbares Spiel, das den Menschen lächerlich vorkam, doch für die Engel ein sehr angenehmes Schauspiel darstellte. Gut ist die Erniedrigung, durch welche die Diener Gottes den Reichen zum Vorwurf und den Stolzen zur Verachtung werden. Denn es kommt denen, welche die Welt lieben, wie eine Torheit vor, dass die Diener Gottes das fliehen, was sie (die Weltliebenden) in dieser Welt suchen, und im Gegenteil danach streben, was diese fliehen.[345] Der heilige Apostel sagte: Das Wort vom

---

[344] So lauten der masoretische Text und die Vulgata (2 Sam 6,21f). Die Septuaginta übersetzte: „Und ich werde spielen und tanzen vor dem Herrn und mich weiterhin so entblößen und unschicklich sein in deinen Augen" (2 Kön 6,21f).

[345] Bernhard von Clairvaux, Brief 87,12, an den Regularkanoniker Oger, 1140, Sancti Bernardi opera, Bd. 7, Rom 1974, 231: „LUDAM, ET VILIOR FIAM. Ludam scilicet ut illudar. Bonus ludus, quo Michol irascitur et Deus delectatur. Bonus ludus, qui hominibus quidem ridiculum, sed angelis pulcherrimum spectaculum præbet. Bonus, inquam, ludus, quo efficimur OPPROBRIUM ABUNDANTIBUS ET DESPECTIO SUPERBIS. Nam revera quid aliud sæcularibus quam ludere videmur, cum, quod ipsi appetunt in hoc sæculo, nos per contrarium fugimus, et quod ipsi fugiunt, nos appetimus." R, 74-76; P, 38.38ᵛ.39: Staurophila antwortete, dieses Beispiel sei schön und alt. In der heutigen Zeit fänden sich aber wohl mehr, die Michal nachahmten als David. Darauf erzählte Christus ein Beispiel aus späterer Zeit, und zwar von einem Gelähmten namens Gillemichel, der aus Spanien stammte. Dieser bat König Eduard, als er in Rom weilte, ihn auf seinem Rücken zur Peterskirche zu tragen. Der König tat es wie ein geistiger Esel (Rex ut spiritalis ille asinus), der innerhalb seiner Grenzen lagert (Gen 49,14). Unterwegs wurde er verlacht, doch der Gelähmte war schließlich geheilt. (Vgl. Aelred/Ethelred von Rievaulx

Kreuz ist denen, die verloren gehen, Torheit. Doch das Weise Gottes ist weiser als die Menschen, und daher sind nicht viele von euch dem Fleische nach weise, nicht viele adlig, doch Gott erwählte das Unweise der Welt, um die Weisen zu beschämen, und das Schwache der Welt erwählte Gott, um das Starke zu beschämen.[346] Deswegen weigere auch du dich nicht, Staurophila, das Kreuz Christi auf dich zu nehmen, weil die Welt dies verurteilt; denn es ist große Weisheit, um Gottes willen als töricht zu gelten und mit dem Apostel zu sprechen: Wir sind Toren um Christi willen. Wir wurden ein Schauspiel für die Welt, die Engel und die Menschen.[347] Moses hätte auch König in Ägypten sein können,

---

[Yorkshire; 1110-1167], Vita sancti Edwardi regis et confessoris, PL 195, 754f. König Eduard der Bekenner [† 1066] gründete die Abtei Westminster und wurde auch dort bestattet.) „Was meinst du, Staurophila über diesen König? Ich lobe, antwortete sie, die Demut und den Eifer für die Erniedrigung; dennoch weiß ich, dass die Menschen der Welt dies als Dummheit und Schande ansehen."

[346] 1 Kor 1,18: „Denn das Wort vom Kreuz ist denen, die verloren gehen, Torheit, uns aber, die wir gerettet werden, ist es Gottes Kraft." 1 Kor 1,25-27: „Denn die Torheit Gottes ist weiser als die Menschen, und die Schwäche Gottes ist stärker als die Menschen. Denn seht eure Berufung, Brüder, dass es nicht viele Weise nach dem Fleisch, nicht viele Mächtige, nicht viele Edle gibt. Aber was in der Welt töricht ist, hat Gott auserwählt, um die Weisen zu verwirren; und was schwach ist in der Welt, hat Gott auserwählt, um das Starke zu verwirren. Und was in der Welt schändlich und verächtlich ist, hat Gott auserwählt, und was nicht ist, damit er zerstöre, was ist."

[347] 1 Kor 4,9f: „Denn mir scheint, dass Gott uns, die Apostel, als die Letzten hingestellt hat, wie zum Tod bestimmt; denn wir sind der Welt ein Schauspiel geworden, sowohl Engeln als (auch) Menschen. Wir

doch er wollte das nicht und hielt die Schmach Christi für sich für einen größeren Reichtum als alle Schätze Ägyptens,[348] er verzichtete daher auf die Macht und wurde unvergleichlich mächtiger.[349] Halte also auch du die Leiden und Schmähungen deines Herrn für wertvoller als alle Schätze, indem du alles verachtest, was in der Welt ist.[350] Mögen

---

sind Toren um Christi willen, ihr aber seid klug in Christus; wir schwach, ihr aber stark; ihr geehrt, wir aber verachtet."

[348] Hebr 11,24-26: „Durch Glauben weigerte sich Moses, als er groß geworden war, ein Sohn der Tochter Pharaos zu heißen, und zog es vor, (lieber) zusammen mit dem Volk Gottes geplagt zu werden, als den zeitlichen Genuss der Sünde zu haben, indem er die Schmach Christi für größeren Reichtum hielt als die Schätze Ägyptens; denn er schaute auf die Belohnung."

[349] Ambrosius, In psalmum David CXVIII Expositio, Homilie 8, Nr. 15, PL 15, 1299C: „Utique et Moyses potuit regis esse successor, nutritus a regis filia. Potuit ergo esse non solum quasi Pharao, sed etiam Pharao, et Pharao potuit esse sicut Moyses; uterque enim homo: sed omnis potentia hominis in affectu est. Moyses noluit rex esse, cum posset: sed opprobrium Christi thesauris Ægypti arbitratus est præferendum: sed fugiendo potentiam, potentior factus est" (Da Moses von der Königstochter genährt worden war, hätte er auch Nachfolger des Königs werden können. Er hätte also nicht nur wie der Pharao sein können, sondern Pharao selbst, und der Pharao hätte wie Moses sein können; beide sind ja Mensch, aber jede Macht des Menschen ist in der Leidenschaft. Moses wollte nicht König sein, als er es hätte sein können, sondern glaubte, für sich die Schmach Christi den Schätzen Ägyptens vorziehen zu müssen; indem er die Macht floh, wurde er mächtiger).

[350] 1 Joh 2,15: „Liebt nicht die Welt noch was in der Welt ist! Wenn jemand die Welt liebt, ist die Liebe des Vaters nicht in ihm." R, 78; P, 39ᵛ: „Auch du verachte, was zur Welt gehört, und bescheide dich damit, die Schmach des Herrenleidens allen Reichtümern

doch diejenigen, welche die Welt lieben, sich über die Kreuzträger lustig machen;[351] doch es wird eine Zeit kommen, in welcher sie eure weise Torheit preisen und ihre eigene beweinen, auch wenn es dafür zu spät ist. Wenn die Törichten und Ungläubigen nämlich am Tage des Jüngsten Gerichtes die Herrlichkeit der Gerechten sehen, „werden sie in entsetzlicher Furcht verwirrt werden und außer sich geraten über die unerwartete Rettung, sie werden umdenken und zueinander sagen und in Geistesbedrängnis werden sie stöhnen: diese[352] waren es, die wir einst auslachten und verhöhnten, wir Toren. Ihr Leben hielten wir für Wahnsinn und ihr Ende für ehrlos. Wie wurden sie zu den Söhnen Gottes gezählt und wie ist bei den Heiligen ihr Erbe?" (Weish 5,2-5).[353]

---

vorzuziehen." Pseudo-Ambrosius, Brief 4, 9, an Bischof Florianus, PL 17, 829A: „Sicut sepultus, nullam habeas curam de hoc sæculo: tanquam defunctus, ab omni terreno te priva negotio. Contemne vivens quæ post mortem habere non poteris" (Wie ein Begrabener sorge dich nicht um diese Welt; einem Verstorbenen gleich halte dich von jeder irdischen Unternehmung fern. Verachte als Lebender, was du nach dem Tode nicht haben kannst).

[351] R, 78; R, 39ᵛ: „Die Spötter verlachen meine Kreuzesträger, welche die Heiden Kreuzesverehrer zu nennen pflegen." Tertullian, Apologeticum 16, 6, hg., übersetzt u. erläutert v. C.Becker, München ²1961, 116: „Sed et qui crucis nos religiosos putat consecraneus erit noster" (Auch wer uns für Kreuzesverehrer hält, kann unser Glaubensgenosse sein).

[352] Septuaginta durchgehend Singular.

[353] R, 71-79; P, 35ᵛ-40; V, 56-60; C, 51-56.

Tollat Crvcem suam. *Matth. 16, 24.*

Non tua, sponte tuâ, CRVX est, quam deligis; ast hęc,
Dius ab ęterno quam tibi struxit amor.

354

---

[354] R, 128: „Er nehme sein Kreuz." (Mt 16,24). – Es ist nicht dein, nicht dein Wille, es ist das Kreuz, an das du dich bindest; aber dies hat die göttliche Liebe von Ewigkeit her für dich vorgesehen.

Staurophila konnte die Flucht ihrer Schwestern nicht vergessen, doch der Engel belehrte sie, dass auch die Sünder ein schweres Kreuz tragen: Wer genusssüchtig, habsüchtig, ehrsüchtig und herrschsüchtig ist, hat auch ein Kreuz. Ebenso hat das Familienleben sein Kreuz. Selbstverleugnung ist die beste Vorbereitung zum Tragen des Kreuzes. Es ist notwendig, das Kreuz ohne Verzögerung auf sich zu nehmen. Jeder muss das Kreuz tragen, das ihm gesandt wird und kann sich nicht ein Kreuz nach eigenem Gutdünken wählen. Man soll das Kreuz wohlgemut tragen und sich nicht wegen der Schmach schämen, die einen dafür trifft.[355] Es ist nicht gut, auf das Tragen des Kreuzes stolz zu sein, auch wenn andere einen loben oder rühmen. Auch sollte jemand nicht zerstreut seinen Weg gehen. Um sich nicht zu verirren, gilt es, Christus zu folgen und das Kreuz zu tragen, wie er es tat. Auch geht es nicht an, sich Sorgen zu machen, als sei das eigene Kreuz zu groß oder zu schwer. Das Kreuz kann nicht abgelegt werden, sondern ist täglich zu tragen,[356] und zwar wegen der eigenen Sünden und um ewigen Qualen zu entgehen: Dies ist der Weg der *Furcht*.[357] Man soll das Kreuz in der Hoffnung auf Vergeltung tragen: Dies ist der Weg der *Hoffnung*.

---

[355] Hebr 13,12f: „Darum hat auch Jesus, um das Volk durch sein eigenes Blut zu heiligen, außerhalb des Tores gelitten. Deshalb lasst uns zu ihm hinausgehen außerhalb des Lagers, und seine Schmach tragen!"

[356] Lk 9,23: „Er sprach aber zu allen: Wenn jemand mir nachfolgen will, verleugne er sich selbst und nehme täglich sein Kreuz auf sich und folge mir nach!"

[357] 1 Kor 11,32: „Wenn wir aber vom Herrn gerichtet werden, so werden wir gezüchtigt, damit wir nicht mit der Welt verurteilt werden."

Exeamus ad eum extra castra, improperium eius portantes. *Hebr. 13, 13.*

Hanc CRVCIS ipse viam, populo plaudente, præiui, Et pudor est Domini ponè subire pedes?

358

---

[358] Hoffnung auf Vergeltung: Röm 8,18: „Denn ich denke, dass die Leiden der jetzigen Zeit nicht ins Gewicht fallen gegenüber der zukünftigen Herrlichkeit, die an uns offenbart werden soll." Erstes Buch, Kapitel 11-15; Zweites Buch, Kapitel 1-11, R, 81-209; P, 40-102; Erster Teil, Kapitel 11-15; Zweiter Teil, Kapitel 1-11, V, 61-161; C, 56-142.

Das Kreuz aus Liebe zu Christus tragen

In dieser Weise ging Staurophila fröhlich und vergnügt mit großer Freude im Herzen den Weg der Hoffnung, und sie näherte sich bereits dem Weg der Liebe.[359] Daher begann der Engel Gottes folgendermaßen zu ihr zu sprechen: Jetzt zeige ich dir, Staurophila, den hervorragendsten Weg.[360] Es ist gut, aus Furcht oder aus Hoffnung auf Lohn zur Annahme des Kreuzes zu eilen. Doch besser ist es für beide Wege, wenn die Liebe hinzugefügt wird, wie dies den Söhnen zukommt, deren ganzer Wunsch darin besteht, in allem ihrem Vater zu gefallen, nur aus Liebe zu ihm,[361] während die Ersteren den

---

– R, 136: „Deshalb lasst uns zu ihm hinausgehen außerhalb des Lagers, und seine Schmach tragen!" (Hebr 13,13). – Diesen Weg des Kreuzes bin ich unter dem Beifall des Volkes selbst vorausgegangen; kann es da Scham geben, den Fußspuren des Herrn zu folgen?

[359] 2. Buch, Kapitel 12, R, 211: Christi amore CRUX ferenda. Dilectus meus mihi, & ego illi. Cant. 2,16. Non pœnas fugio, nec pro CRUCE præmia posco, / Sat mihi Dilecto posse placere meo." (Aus Liebe zu Christus ist das Kreuz zu tragen. Mein Geliebter ist mein, und ich bin sein. Hld 2,16. Nicht die Strafen fliehe ich und für das Kreuz fordere ich auch keine Belohnungen; es genügt mir, meinem Geliebten gefallen zu können); P, 102: „Za ljubóv Christóvu Krést nosíti" (Aus Liebe zu Christus das Kreuz tragen); 2. Teil, Kapitel 12, C, 142: „Dolžno, v-tret'ich, nesti krest iz ljubvi ko Christu (Drittens soll man das Kreuz aus Liebe zu Christus tragen).

[360] 1 Kor 12,31: „Ich zeige euch einen Weg noch weit darüber hinaus."

[361] Mt 21,28-31: „Ein Mensch hatte zwei Söhne, und er trat hin zu dem ersten und sprach: Mein Sohn, geh heute hin, arbeite im Weinberg! Der aber antwortete und sprach: Ich will nicht. Danach aber gereute es ihn und er ging hin. Und er trat hin zu dem zweiten und sprach ebenso. Der aber antwortete und sprach: Ich (gehe), Herr; und er ging

Sklaven³⁶² oder Lohnarbeitern gleichen.³⁶³ In deinem Sinn sollte vor allem der Gedanke herrschen, dass es der Vater ist, der dir das Kreuz auferlegt, gehe daher voller Hoffnung und sei überzeugt, dass du nicht erdulden wirst, wovon er nicht will, dass du es erduldest; was er aber zulässt für dich, das nimm an wie einen strafenden Stab, aber nicht wie ein vernichtendes Urteil.³⁶⁴

STAUROPHILA. Seine Lippen sind süß und er ist ganz liebenswürdig (Hld 5,13).³⁶⁵ Du predigst mir einen Vater, der bestraft, schlägt, quält; darin ist wenig Liebe, aber viel Strenge. Ich aber glaubte, dass der Herr „der Vater der

---

nicht. Wer von den beiden hat den Willen des Vaters getan? Sie sagten: Der erste."

[362] Gal 4,4-7: „Als aber die Fülle der Zeit kam, sandte Gott seinen Sohn, geboren von einer Frau, geboren unter dem Gesetz, damit er die unter dem Gesetz loskaufte, damit wir die Sohnschaft empfingen. Weil ihr aber Söhne seid, sandte Gott den Geist seines Sohnes in unsere Herzen, der da ruft: Abba, Vater. Also bist du nicht mehr Sklave, sondern Sohn; wenn aber Sohn, so auch Erbe durch Gott."

[363] Joh 10,12: „Wer Lohnarbeiter und nicht Hirte ist, wer die Schafe nicht zu eigen hat, sieht den Wolf kommen, verlässt die Schafe und flieht, und der Wolf raubt und zerstreut sie."

[364] Augustinus, Tractatus 7,7, zum Johannesevangelium, PL 35, 1441f: „Certus esto, quod te non vult pati, non pateris; quod te permiserit pati, flagellum corrigentis est, non pœna damnantis" (Sei sicher, was er dich nicht leiden lassen will, leidest du nicht; was er [für] dich zulässt zu leiden, ist die Geißel dessen, der verbessert, nicht die Strafe dessen, der verdammt).

[365] R, 212; P, 102ᵛ, zitierten richtig: „Labia tua, clementissime Domine, velut lilia distillantia myrrham primam", entsprechend Hld 5,13: „Labia ejus velut lilia distillantia myrrham primam" (Seine Lippen sind wie Lilien, die vorzügliche Myrrhe herabtropfen lassen).

Barmherzigkeit und der Gott allen Trostes ist, der uns tröstet in all unserer Trübsal" (2 Kor 1,3f).

ENGEL. Du irrst dich sehr, Staurophila, wenn du denkst, dass es in Kreuz und Leid keinen Trost gibt. Hast du denn noch nicht gelernt,[366] durch Geduld und Trost aus den Schriften die Hoffnung zu bewahren? (Röm 15,4).[367] Hast du denn nicht gelesen, was der Apostel an die Hebräer schreibt: „Habt ihr den Trost[368] vergessen, der zu euch als Söhnen spricht: Mein Sohn, schätze die Züchtigung[369] des Herrn nicht gering und ermatte[370] nicht, wenn du von ihm gestraft wirst; denn wen der Herr liebt, den züchtigt er, er schlägt aber jeden Sohn, den er aufnimmt" (Hebr 12,5f).

STAUROPHILA. Wirklich jeden?

ENGEL. Unbedingt jeden, den er annimmt. Niemand ist davon ausgenommen, niemand ist ohne Züchtigung. Möchtest du dich davon überzeugen? Wenn der Vater den Einzigen,

---

[366] Mt 9,13: „Geht aber hin und lernt, was das ist: Ich will Barmherzigkeit und nicht Schlachtopfer [Hos 6,6];" denn ich bin nicht gekommen, Gerechte zu suchen, sondern Sünder."

[367] Röm 15,4: „Denn alles, was früher geschrieben ist, ist zu unserer Belehrung geschrieben, damit wir durch das Ausharren und durch die Ermunterung der Schriften die Hoffnung haben."

[368] Ermahnung, Ermutigung, Ermunterung, Trost, Zuspruch, Ersuchen, Bitte – paráklēsis.

[369] Spr 3,11: Erziehung, Zucht, Mahnung, Warnung – mûśār; Hebr 12,6: Erziehung, Unterweisung, Bildung, Zurechtweisung, Züchtigung – paideía.

[370] Spr 3,11: Ekel empfinden, verabscheuen, etwas überdrüssig sein, Grauen empfinden – qûṣ; Hebr 12,6: ermatten, schwach werden, mutlos werden, erschlaffen – eklýō.

der ohne Sünde ist, nicht schonte, sondern ihn für uns alle dahingegeben hat (Röm 8,32),[371] welche Bestrafung verdienen dann jene, die Böses getan haben, für das sie bestraft werden?[372] So sei von jetzt an die Hand des Vaters über dir, und wenn du eine gute Tochter bist, dann lehne die Züchtigung deines himmlischen Vaters nicht ab. Er mag strafen, wenn er nur seine Barmherzigkeit nicht von dir entfernt, er mag denjenigen schlagen, der sich widersetzt, wenn er ihn nur nicht des Erbes entsetzt. Wenn du die Verheißungen des Vaters gut verstanden hast, dann fürchte dich nicht, gezüchtigt zu werden, sondern fürchte dich, das Erbe zu verlieren. Weigert sich eine Tochter, die gesündigt hat, Züchtigung zu ertragen, wenn sie sieht, dass auch der einzig Sündlose gezüchtigt wurde?[373] Sagte nicht über ihn der himmlische

---

[371] Augustinus, Enarratio in psalmum 31, Teil 2, Nr. 26, PL 36, 274: „Flagellat omnem filium quem recipit. Itane omnem? Ubi te volebas abscondere? Omnem: et nullus exceptus, nullus sine flagello erit. Quid? ad omnem? Vis audire quam omnem? Etiam Unicus sine peccato, non tamen sine flagello." (Er schlägt jeden Sohn, den er annimmt. Wirklich jeden? Wo willst du dich verbergen? Jeden; und keiner ist ausgenommen, keiner wird ohne Heimsuchung sein. Was? Alle? Möchtest du hören, inwiefern alle? Auch der Einzige ohne Sünde war dennoch nicht ohne Heimsuchung).

[372] Augustinus, Enarratio in psalmum 122, Nr. 10, PL 37, 1637: „Et si Unicum sine peccato flagellavit, et pro omnibus tradidit eum (Rom. VIII, 32), quomodo debemus nos flagellari, qui fecimus quare flagellamur?" (Und wenn er den Einzigen ohne Sünde geschlagen und ihn für alle hingegeben hat [Röm 8,32], müssen nicht wir umso mehr geschlagen werden, die wir getan haben, weswegen wir geschlagen werden?).

[373] Augustinus, Enarratio in psalmum 88, zweiter Teil, Nr. 2, PL 37, 1151: „Sit itaque manus paterna super te, et si filius bonus es, noli

Vater auf dem Berge Thabor: „Dieser ist mein geliebter
Sohn, an dem ich Wohlgefallen habe" (Mt 17,5)? Beachte,
Staurophila, der geliebte Sohn, jedoch geschlagen und ge-
kreuzigt. Verstehe daher, dass auch den Geliebtesten von
Gott ein Kreuz gesandt wird, und urteile daher auch über die
Würdigkeit des Kreuzes. Kreuz, das heißt, Bestrafung,
Krankheiten und Leiden, ist das wahre Kennzeichen und die
Auszeichnung der Söhne Gottes; die aber des Kreuzes nicht
teilhaft sind,. werden verworfen, wie Bastarde. Achte wie-
derum darauf, was der Apostel Paulus sagt: „Wenn ihr Be-
strafung erduldet, geht Gott mit euch wie mit Söhnen um.
Gibt es nämlich einen Sohn, den der Vater nicht züchtigt?
Wenn ihr ohne Züchtigung seid, die allen gemeinsam ist,
dann seid ihr gesetzlose Kinder, aber keine Söhne" (Hebr
12,7f). Schuldige Kinder strafen die Väter, aber schuldige

---

repellere disciplinam: quis est enim filius, cui non dat disciplinam pa-
ter ejus? Det disciplinam, dum non auferat misericordiam; cædat con-
tumacem, dum tamen reddat hæreditatem. Tu si promissa Patris bene
agnovisti, non timeas flagellari, sed exhæredari: quem enim diligit
Dominus, corripit; flagellat autem omnem filium quem recipit (Hebr.
XII, 5-7). Peccator filius dedignatur flagellari, cum sine peccato vi-
deat Unicum flagellatum?" (Daher sei die väterliche Hand über dir,
und wenn du ein guter Sohn bist, weise die Erziehung/Unterwei-
sung/Zucht/Geißel nicht zurück; denn wer [wo] ist ein Sohn, dem der
Vater nicht die Geißel gibt? Er möge die Geißel geben, solange er
nicht seine Barmherzigkeit abwendet; er schlage den Widerspensti-
gen, wenn er nur das Erbe als Entgelt gibt. Wenn du die Verheißungen
des Vaters gut kennst, fürchte nicht, geschlagen, sondern enterbt zu
werden; denn wen der Herr liebt, den züchtigt er, er schlägt aber jeden
Sohn, den er annimmt [Hebr 12,6]. Weist es der sündige Sohn ab, geschlagen zu werden, wenn er sieht, dass der Einzige ohne Sünde geschlagen wurde?).

Sklaven vertreiben sie aus dem Haus. Der Stab der Züchtigung ist das Erkennungszeichen des Sohnes.

STAUROPHILA. Wenn doch auch ich der Teilhabe am Kreuz gewürdigt würde, um würdig zu werden, zur Schar seiner Töchter hinzugezählt zu werden! Hätte ich doch Anteil an den Leiden, zugleich aber auch am ewigen Erbe! Der Herr möge mich würdigen, in der Zahl derer zu sein, welche die Wellen des Meeres wie Milch einsaugen werden.[374] Meereswogen bedeutet eine Überfülle an Leiden. Sie trinken sie dann wie Milch, wenn sie sie mit Freude annehmen.[375]

ENGEL. Du hast einen guten Wunsch, Staurophila! Von nun an trage das Kreuz aus Liebe zum Herrn allein; denn wahre Liebe fühlt keine Bitterkeit, sondern Süßigkeit, die so

---

[374] Dtn 33,19: „Völker werden sie zum Berg rufen. Dort werden sie Opfer der Gerechtigkeit darbringen. Sie werden die Wellenflut des Meeres wie Milch [hebräischer Text: den Überfluss der Meere] einsaugen und die verborgenen Schätze des Sandes."

[375] R, 213f; P, 103ᵛ: „Denn die Wellenflut des Meeres bedeutet eine Überfülle an Leiden, die dann eingesaugt wird, wenn sie als süß empfunden wird. Milch ist die Nahrung der Kleinen, das Leiden ist die Speise der Erwählten." Stephan von Baugé/Bâgé/Eduensis († 1139/1140), Bibliotheca patrum, Bd. 6, Paris 1589, 2; zitiert von: Serafino a Vicenza (1702-1749), Raggionamenti morali detti in vari occasioni, 13. Predigt, Bd. 1, Venedig ³1712; Lehrreiche Sitten-Gedanken oder auserlesene Predigten, 1. Theil, Von der Süßigkeit des Gesatz Gottes, München 1767, 75. 1 Kor 3,1f: „Und ich, Brüder, konnte nicht zu euch wie zu Geistigen sprechen, sondern wie zu Fleischlichen. Wie Kindern in Christus habe ich euch Milch zu trinken gegeben und keine [feste] Speise; denn ihr konntet es noch nicht [vertragen]; aber ihr könnt es noch nicht einmal jetzt; denn noch seid ihr fleischlich."

untrennbar mit der Liebe verbunden ist.[376] Wer liebt, hat keine Mühe; denn den Liebenden ist jede Anstrengung angenehm.[377] Wer Gott mit einer solchen Liebe dient, welche die Furcht vertreibt,[378] der spürt die Mühen nicht, er empfindet nicht die Bedrängnisse, er sucht keinen Lohn, obwohl er mehr als andere arbeitet.[379] Es gibt nichts Wunderbareres

---

[376] R, 214; P, 104: „Verus enim amor non sentit amaritudinem, sed dulcedinem; quia soror amoris dulcedo, sicut soror odii amaritudo" (Denn die wahre Liebe fühlt keine Bitterkeit, weil die Schwester der Liebe die Süßigkeit ist, wie die Schwester des Hasses die Bitterkeit ist). Augustinus, Enarratio in psalmum 137, Nr. 7, PL 37, 1777: „Nam unde Deus miscet tribulationes gaudiis terrenis, nisi ut tribulationem sentientes et amaritudinem, discamus æternam desiderare dulcedinem?" (Denn wo Gott Bedrängnisse mit irdischen Freuden mischt, damit wir nicht die Bitterkeit zugleich mit der Bedrängnis spüren, lernen wir dann nicht, die ewige Süßigkeit zu ersehnen?).

[377] Augustinus, De bono viduitatis liber 21, Nr. 26, PL 40, 448: „Nam in eo quod amatur, aut non laboratur, aut et labor amatur" (Denn in dem, was geliebt wird, ist entweder keine Mühe oder die Mühe wird geliebt). R, 214 hatte als Quelle für beide Zitate das 13. Buch der Bekenntnisse angegeben.

[378] 1 Joh 4,18: „Furcht findet sich nicht in der Liebe, vielmehr schickt die vollkommene Liebe die Furcht weg, weil die Furcht ja Strafe in sich trägt. Wer aber fürchtet, ist nicht vollkommen in der Liebe."

[379] 1 Kor 15,10: „Durch die Gnade Gottes aber bin ich, was ich bin, und seine Gnade an mir war nicht nutzlos, sondern ich habe reichlicher als alle jene gearbeitet, – nicht ich aber, sondern die Gnade Gottes gemeinsam mit mir." Pseudo - Bernhard von Clairvaux, Tractatus De Charitate V, 26, PL 184, 597C: „Quid enim ita Dei ut charitas? Nempe et Deus est, Charitas libertatem donat, timorem pellit (1 Joann. 16, 18), laborem non sentit, meritum non intuetur, præmia non requirit; et tamen plus omnibus urget" (Was ist denn so [Sache] Gottes wie die Liebe? Sie ist ja doch Gott selbst, die Liebe schenkt Freiheit, vertreibt

und Ergreifenderes als Menschen, die von Bedrängnis und Elend gebeugt, dennoch nicht zusammenbrechen, da sie vor göttlicher Liebe glühen; wer nämlich Gottesliebe erlangt hat, dem wird weder Feuer noch Schwert, weder Armut noch Krankheit, weder der Tod noch sonst irgendetwas dergleichen bedrückend erscheinen.[380] Daher sagte der Apostel

---

die Furcht [1 Joh 16,18], sie fühlt die Anstrengung nicht, hat kein Verdienst im Auge; und sorgt sich dennoch mehr als alle). R, 214 hatte als Quelle dieses Zitates: „De præcepto et dispensatione" (Über Gebot und Entpflichtung) angegeben.

[380] Johannes Chrysostomos, Homilie über die Geduld und die Großmut, PG 63, 712: Gott lässt die Bedrängnisse der Menschen zu, „damit ihre Geduld deutlicher werde, als Menschen, die Gott nicht um Lohn dienen, sondern von einem solchen Gefühl der Liebe zu ihm durchdrungen sind, dass sie sogar nach solchem Elend ihre Hingabe an ihn zeigen." Johannes Chrysostomos, Expositio in psalmum 41, Nr. 5, PG 51, 163: „Sie schauen nicht auf die Vorspiegelungen (phantasías) des gegenwärtigen Lebens, sodass sie auf sie ihre Zuneigung richten würden, sondern verlachen die glücklichen Tage und übersehen jedes Missgeschick, da sie Gott gänzlich hingegeben sind und auf nichts anderes achten, als allein auf ihn." Johannes Chrysostomos, Kommentar zum Matthäusevangelium, Homilie 49, Nr. 1, PG 58, 497: „Eine solche Sehnsucht (póthos), eine solche Liebe! Sie besiegt auf diese Weise alles und überwindet die Schwierigkeiten." Johannes Chysostomos, Homilie 52 zur Apostelgeschichte, PG 59, 364: „Tatsächlich, wer vom Feuer Christi erfasst ist, verhält sich wie ein Mensch, der allein auf der Erde lebt, so wenig kümmert er sich um Ehre und Unehre! Wie ein Mensch, der allein auf der Erde lebt, sich um nichts sorgt, so sorgt er sich um nichts. Heimsuchungen, Bestrafungen, Fesseln verachtet er so, als wenn sie einen fremden Körper träfen oder als wenn er einen Körper aus Diamant hätte. Die Annehmlichkeiten des Lebens verlacht er und verhält sich so fühllos ihnen gegenüber wie wir zu toten Körpern oder als wenn wir selber tot wären."

Paulus: „Wer wird uns trennen von der Liebe Christi? Bedrängnis oder Not? Oder Verfolgung? Oder Hunger? Oder Blöße? Oder Gefahr? Oder das Schwert? […] Ich bin nämlich sicher, dass weder Tod noch Leben, weder Engel noch Herrschaft, weder Gegenwärtiges noch Zukünftiges, auch nicht Kräfte, weder Höhe noch Tiefe, noch ein anderes Geschöpf uns wird trennen können von der Liebe Gottes, die in Christus Jesus ist unserem Herrn" (Röm 8,35.38f).

STAUROPHILA. Doch wodurch kann ich zu einer solchen Liebe gelangen?

ENGEL. Durch das Beispiel des Herrn Jesus Christus. Liebe allein führte ihn vom Himmel zur Erde, Liebe legte ihn in die Krippe, Liebe führte ihn zu allen Leiden „wegen seiner übergroßen Liebe, mit der er uns geliebt hat" (Eph 2,4). „Er hat sich selbst erniedrigt und wurde gehorsam bis zum Tod und zwar dem Tod am Kreuz" (Phil 2,8). Der Herr hätte uns auch ohne Kreuzestod erlösen können, doch er wollte es nicht, um auf diese Weise seine Liebe zu uns zu zeigen und auf alle den Reichtum seiner Güte zu ergießen. Was wird jetzt von dir gefordert? Nur das, dass du den liebgewinnst, der dich mit einer solchen Liebe liebt.

STAUROPHILA. Wie sehr ich das wünsche! Doch erkläre, ich bitte dich, auf welche Weise ich das bewerkstelligen kann?

ENGEL. Nimm das Kreuz der Bedrängnisse von jedem an, der es dir auferlegt, sei es ein Gerechter oder ein Gottloser, ein Guter oder Böser, ein Fremder oder Nahestehender. Nimm es frohen Herzens an, sage ich, wie aus der rechten Hand Gottes des Vaters und denke nur an eines, dass es der Wille des Herrn ist, dieses Kreuz zu tragen, dem du wegen seiner Liebe zu dir gehorchen möchtest.

STAUROPHILA. Das wird eine große Vollkommenheit sein, doch ist es schwer, sie zu erlangen. Wenn ich Menschen sehe, die mich beleidigen und mich böswillig verhöhnen, dann ist es schwer davon überzeugt zu sein, dass sie dies gemäß dem Willen Gottes tun, dass der Höchste damit einverstanden ist, dass sie mich so beleidigen.

ENGEL. Schau auf deinen Erlöser. Als er in die Hände der Sünder übergeben wurde,[381] zog der Apostel Petrus wie ein mutiger Soldat das Schwert, um seinen Herrn zu beschützen, doch der Herr sagte ihm: „Stecke dein Schwert in die Scheide! Soll ich den Kelch, den mir der Vater gegeben hat, nicht trinken?" (Joh 18,11). Der Erlöser achtete nicht darauf, dass ihm dieser sehr bittere Kelch von dem Verräter Iskariot, von den Anklagen der Juden und den sinnlosen Schreien des Volkes gemischt wurde. Er wusste, wieviel Wermut und Galle die bösen Verderber in diesen Kelch hineinfließen ließen: Hannas, Kaiphas, Pilatus, Herodes, die Schriftgelehrten, die Pharisäer, doch er schaute nur darauf, dass ihm dieser Kelch vom Vater gereicht wurde, wer auch immer auf irgendeine Weise diesen Tod bringenden Trank gemischt hatte. Ihm konnte nicht unangenehm sein, was ihm der Vater anbot, wenn auch durch die Hände anderer. Daher trank der Sohn Gottes freudig diesen Kelch, wie der Vater das Gebot gegeben hat.[382] Für ihn war es eine süße Speise, den Willen

---

[381] Mt 26,45: „Dann kommt er zu seinen Schülern und sagt zu ihnen: Schlaft jetzt und erholt euch! Siehe, die Stunde hat sich genähert, und der Menschensohn wird in die Hände der Sünder übergeben."

[382] Joh 14,30f: „Nun werde ich nicht mehr viel mit euch reden; denn der Fürst dieser Welt kommt und er hat nichts gegen mich in der Hand, sondern damit die Welt erkenne, dass ich den Vater liebe und so, wie

seines Vaters zu tun.³⁸³ Staurophila, das ist charakteristisch für Söhne: Nicht aus Furcht vor Strafe, nicht aus Hoffnung auf Lohn, sondern allein aus reiner Liebe das Kreuz zu tragen, den Kelch der Bedrängnisse zu trinken, allein deswegen, weil es der Vater so gewollt hat.

STAUROPHILA. Unser Erlöser trank den Kelch der Leiden bis auf den Grund, und ich, seine unwürdige Dienerin, werde den Kelch des Heiles annehmen und den Namen des Herrn anrufen (Ps 115,4). Von jetzt an möchte ich, dürste ich danach, will ich mit allen Kräften meiner Seele nur das Eine, dass in mir, über mir und durch mich nicht mein, sondern der Wille des Herrn geschehe!³⁸⁴ Ich möchte nicht wählen, was bitter und was süß ist, was schwer oder leicht, was unangenehm oder angenehm, sondern ich werde mich mit Bereitschaft und flammender Sehnsucht bemühen, eifrig das zu erfüllen, was seinem heiligen Willen angenehm ist. Nur das wird für mich freudig und angenehm, leicht, tröstend und begehrenswert sein.³⁸⁵

---

mir der Vater das Gebot gegeben hat, so tue ich. Steht auf, lasst uns von hier gehen!"

[383] Joh 4,34: „Jesus sagt zu ihnen [seinen Jüngern]: Meine Speise ist, dass ich den Willen dessen tue, der mich gesandt hat, um sein Werk zu vollbringen."

[384] Mt 26,39: „Er ging ein wenig voraus und warf sich auf sein Gesicht, betete und sagte: Mein Vater, wenn es möglich ist, soll dieser Kelch an mir vorübergehen! Aber doch nicht so, wie ich will, sondern wie du [willst]."

[385] Jakobus von Mailand (13. Jahrhundert; Pseudo-Bonaventura), Stimulus divini amoris (1293), Teil 3, Kapitel 17, Venedig 1542; Prag 1730, 418f; R, 217; P, 105ᵛ: „Hoc volo, hoc desidero, hoc totus animi visceribus concupisco, ut in me, & de me, ac per me non mea, sed tua

ENGEL. Bleibe auf diesem Weg und gehe eifrig auf ihm, denn viele führte dieser Weg zur äußersten Vollkommenheit.[386] Nimm stets alles Unangenehme in deinem Leben großherzig an, wie aus der Hand Gottes, und wenn jemand Bitterkeit oder eine Kränkung über dich bringt, bemühe dich, diesem Menschen Gutes zu tun. Beschuldige niemanden in deinen Bedrängnissen, sondern beziehe alles auf die Vorsehung Gottes, dann wird er dir bald Trost gewähren. Welche Bedrängnisse dich auch heimsuchen, wünsche aus Liebe zu Gott noch größere zu erdulden, halte sie für große Wohltaten Gottes.

STAUROPHILA. Auf diese Weise muss man wahrhaft die Bedrängnisse annehmen. Denn wer den Herrn liebt und seine Wohltaten erkennt, den kann nichts so erfreuen, wie die Erfüllung des heiligen Willens des Herrn und der ewigen

---

fiat voluntas. [...] Non cogitem quid amarum, quid dulce, quid onerosum, vel leve, quid asperum vel suave, sed cum impetu & desiderio ferventi, & cum anxietate curem perficere, quæ tuæ sunt beneplacita voluntati; hoc solùm mihi jucundum, hoc mihi sit suave, hoc solum mihi sit leve, hoc delectabile, & amabile, in quantumcunque asperis, vilibus, difficilibus, effusis, & amaris tuam requirere, perficeréque voluntatem."

[386] R, 217; P, 105ᵛ: Einschub, von C, 147 gestrichen; Zitat aus: Louis de Blois (Blosius; 1506-1566), Conclave animæ fidelis II: Monile spirituale, Kapitel 10, Abschnitt 11, Opera, Antwerpen 1632, 607; Manuale vitæ spiritualis, Freiburg i.Br. 1907, 346: „Quædam vitæ sanctissimæ virgo, cuidam percontanti, quomodo ipsa ad perfectionem pertigisset, dixit:" (Als eine Jungfrau heiligster Lebensweise gefragt wurde, wie sie zur Vollkommenheit gelangt sei, sagte sie dem Fragenden:).

göttlichen Vorherbestimmung an ihm.[387] Der Gehorsam gegenüber dem Willen Gottes und der Wunsch, dass sein Name verherrlicht werde, müssen alles überwiegen und den Menschen mehr trösten als alle Wohltaten, die Gott gegeben hat und ihm noch geben wird.[388]

---

[387] Thomas von Kempen, De imitatione Christi III, 22, hg. v. M.J.Pohl, Freiburg i.Br. 1904, 187: „Nihil ergo amatorem tuum et cognitorem beneficiorum tuorum ita lætificare debet: sicut voluntas tua in eo et beneplacitum æternæ dispositionis tuæ" (Nichts darf daher den, der dich liebt und deine Wohltaten kennt, so sehr erfreuen, als dass dein Wille an ihm geschieht und dass deine ewigen Pläne sich an ihm erfüllen).

[388] Thomas von Kempen, De imitatione Christi III, 22, hg. v. M.J.Pohl, Freiburg i.Br. 1904, 187f: „Nam voluntas tua et amor honoris tuæ omnia excedere debet; et plus eum consolari magisque placere: quam omnia beneficia sibi data vel danda" (Denn dein Wille und die Liebe deiner Ehre sollen ihm über alles gehen und ihn mehr trösten und ihm mehr gefallen als alle Wohltaten, die er empfangen hat oder erhalten könnte). R, 211-218; P, 102-106; V, 162-168; C, 142-148.

Dilectus meus mihi, et ego illi. *Cant. 2, 16.*

Non pœnas fugio, nec pro CRVCE *præmia posco;*
Sat mihi, dilecto posse placere meo.

389

---

[389] R, 210: „Mein Geliebter ist mein, und ich bin sein" (Hld 2,16). Nicht die Strafen fliehe ich und für das Kreuz fordere ich auch keine Belohnungen; es genügt mir, meinem Geliebten gefallen zu können.

Das Gebet unter dem Kreuz

„Ist jemand von euch betrübt, soll er beten! (Jak 5,13)[390] Staurophila sah, dass sie hinsichtlich der Richtigkeit der Absichten beim Kreuztragen bereits genügend unterwiesen worden war. Da sie sich aber ganz der Philosophie des Kreuzes widmen wollte,[391] sagte sie dem Engel: Was muss ich auf diesem Wege noch lernen?

ENGEL. Es gibt noch viele wichtige Regeln, die von den vollkommenen Schülern des Kreuzes beachtet werden müssen. Nimm das Kreuz vor allen Dingen wie einen Bogen, mit dem du Pfeile abschießt, suche den Himmel und den Herrn der Himmel.

STAUROPHILA. Was bedeutet das? Ich verstehe nicht genügend, was dieses Gleichnis lehrt.

ENGEL. Es lehrt, am Kreuz zu beten, das heißt, zur Zeit der Bedrängnis. Was sind die Gebete eines zerknirschten und demütigen Herzens anders als auserwählte Pfeile, die zum Himmel fliegen? Auch die Schrift sagt: Das Gebet des Demütigen wird die Wolken durchdringen, und er ist nicht getröstet, bis es zu Gott gelangt.[392] Diese Pfeile erreichen den

---

[390] Zweites Buch, 13. Kapitel, R, 219: „In CRUCE orandum" (Am Kreuz ist zu beten). Ist jemand von euch betrübt, soll er beten. Jak 5,13. Das Kreuz ist der Bogen, die Sehne das Vertrauen, die Gelübde die Pfeile, die Pfeilspitze die Liebe, doch Gott ist das Ziel des Schießens; P, 106: „V Krestè molítisja" (Am Kreuze beten); 2. Teil, 13. Kapitel, C, 148: „Dolžno pod krestom molit'sja" (Man soll unter dem Kreuz beten).

[391] R, 219; P, 106.106ᵛ: „Volens autem totam se Staurosophiæ addicere" (Da sie sich aber gänzlich der Weisheit vom Kreuz hingeben wollte).

[392] R, 219.221; P, 106ᵛ zitierten vollständiger: „Das Gebet dessen, der sich erniedrigt, wird die Wolken durchdringen, und bis es [dort]

Herrn, verwunden sein Herz und bereiten dem Betenden einen angenehmen Zugang zu ihm. Du hast mein Herz verwundet, meine Schwester, Braut, du hast mich gefangen mit einem Blick deiner Augen.[393] Siehst du, in diesem Worten findest du ein klares Gleichnis des Schießens. Gewöhnlich kneifen die Schützen ein Auge zu, um genauer ins Ziel zu treffen, damit sie nicht durch unterschiedliche Gegenstände abgelenkt werden, wenn sie mit beiden Augen schauen. Verfahre auch du so zur Zeit des Gebetes: Schließe dein Auge, das auf irdische Gegenstände gerichtet ist, damit der Sinn durch das Gesehene nicht abgelenkt werde, nicht hierhin und dorthin umherschweife und nicht das beabsichtigte Ziel aus dem Blick verliere. Das andere Auge aber, welches das Himmlische betrachtet, sei geöffnet, und das Gebet, das von ihm allein gelenkt wird, erreicht sein Ziel und verwundet den himmlischen Bräutigam.[394]

---

heranreicht, wird er nicht getröstet sein, und er wird nicht weichen, bis [ihn] der Höchste anschaut (Johannes: heimsucht)" (Sir 35,21).

[393] R, 221; P, 106^v, zitierten näher am Vulgatatext: „Du hast mein Herz verwundet (ruft der himmlische Bräutigam aus), du hast mein Herz verwundet mit einem deiner Augen" (Hld 4,9). Theodoret von Kyros, Auslegung des Hohenliedes, PG 81, 90: „Denn von seiner Liebe bin ich verwundet. Es gibt ja einen erlesenen Pfeil [Jes 49,2], der die Seelen durchdringt, auf die er zielt." Vgl. A.Cabassut, Blessure d'amour, in: Dictionnaire de spiritualité 1 (1937), 1724-1729; W.Schneider, Die Herzenswunde Gottes. Die Theologie des durchbohrten Herzens Jesu als Zugang zu einer spirituellen Theodizeefrage, Glaube und Ethos 7, Berlin 2008.

[394] Ambrosius, Kommentar zum Hohenlied IV, Nr. 26, zu Hld 4,9, PL 15, 1908A: Die Augen des Fleisches sind blind, da sie das Göttliche nicht sehen. Die Augen des Sinnes (oculi mentis) sind dagegen die Augen des inneren Menschen; sie schauen Christus. Die Kirche hat

STAUROPHILA. Doch warum gebietest du besonders denen, die das Kreuz tragen, zu beten?[395]

ENGEL. Das Gebet ist die größte Erleichterung des Kreuzes und eine geeignete Hilfe in jeder Bedrängnis. Hast du nicht gelesen, was Gott aufträgt: „Rufe mich an am Tage der Not, ich werde dich herausreißen, und du wirst mich ehren" (Ps

---

zwei Augen, das moralische und das mystische; das moralische sieht süßer (dulcior), das mystische schärfer. – Augustinus, Zum Geburtstag der Scillitanischen Martyrer 4 († 17.7.180 in Karthago; Scillium liegt in der römischen Provinz Africa Proconsularis), Sermones post Maurinos reperti, hg. v. G.Morin, Rom 1930, 77: „Meliora sunt, quæ cordis oculus intuetur, quam quæ oculus carnis videt" (Besser sind die Dinge, welche das Auge des Herzens schaut als die, welche das Auge des Fleisches sieht). – Gregor der Große, Moralia in Job 6,57, PL 75, 762A: „Dexter namque oculus vita contemplativa est, sinister activa" (Das rechte Auge ist nämlich das kontemplative Leben, das linke das aktive). – Petrus Lombardus, Commentarius in psalmum 118, PL 191, 1104D: Das geistliche Auge (spiritualis oculus) sieht das, was zu halten und zu vermeiden ist, während das Auge des Körpers die Quelle der Sünde oder der Gerechtigkeit ist. (ע 'ajin bedeutet Auge und Quelle.) – Herbert von Bosham (Sussex; um 1139 - 1189), Liber melorum (hagiographische Studie über Thomas Becket), Teil III, PL 190, 1349B. 1351B: Das Auge des Körpers sieht das Sichtbare, das außerhalb des Menschen ist, das Auge des Herzens oder der Vernunft (oculus cordis seu rationis) sieht das Unsichtbare, was im Menschen ist, und das Auge der Kontemplation sieht das, was über dem Menschen ist. Vgl. Ai.Solignac, Oculus, in: Dictionnaire de spiritualité 11 (1982), 591-601; G.Schleusener-Eichholz, Das Auge im Mittelalter, Münstersche Mittelalter-Schriften 35, Bd. 2, München 1985, 797-802 (vulnerasti cor meum); 953-1058 (innere Augen).

[395] R, 221; P, 107, fuhren fort: „da dieses doch eine gemeinsame Übung (Johannes: ein gemeinsames Erlernen) der Gläubigen ist."

49,15).[396] Und wiederum: „Er wird zu mir rufen, und ich werde ihn erhören. Ich bin bei ihm in der Not, ich werde ihn herausreißen und ihn verherrlichen" (Ps 90,15). Zur Hilfe des Gebetes eilte stets der königliche Prophet David, wie er selbst über sich sagt: „Zum Herrn habe ich in meiner Not gerufen, und er hat mich erhört" (Ps 119,1). Am Tag meiner Bedrängnis suche ich den Herrn; meine ausgestreckte Hand lasse ich auch nachts nicht sinken.[397] Und über andere sagt er: „Sie riefen zum Herrn in ihrer Not, und er hat sie aus ihren Bedrängnissen gerettet" (Ps 106,13). Viele Beispiele findest du in der Heiligen Schrift dafür, dass Bedrängte hoffnungsvoll ihre Gebete dem Herrn emporsandten. Samson betete, als er von den Philistern verhöhnt wurde,[398] Susanna betete, als sie in Todesgefahr war,[399] die drei Jünglinge

---

[396] R, 221; P, 107; K, 247, gaben richtig „Ps 49,15" an, während sich in C, 149 „Ps 39,15" fand.

[397] Ps 76,3: „Am Tag meiner Bedrängnis habe ich den Herrn gesucht, meine Hand streckt sich nachts aus und ruht nicht; meine Seele wollte nicht getröstet werden."

[398] Ri 16,28: „Herr, Gott, erinnere dich an mich und gib mir nun meine ehemalige Stärke zurück, mein Gott, damit ich mich an meinen Feinden rächen kann und damit ich für den Verlust beider Augen eine einzige Rache bekommen kann!"

[399] Dan 13,42f: „Susanna schrie aber mit lauter Stimme auf und sagte: Ewiger Gott, der du die verborgenen Dinge kennst, der du alles weißt, bevor es geschieht. Du weißt, dass sie falsches Zeugnis gegen mich abgelegt haben! Siehe, ich sterbe, obwohl ich nichts von dem getan habe, was diese in böser Absicht gegen mich ersonnen haben."

beteten im Feuerofen,[400] Daniel in der Löwengrube,[401] Jonas im Bauch des Walfisches,[402] Petrus auf dem See,[403] die Apostel im Schiff,[404] Paulus und Silas im Gefängnis.[405] Der Herr Jesus Christus selbst betete nicht nur im Ölgarten, sondern auch am Kreuz: Mit lautem Schreien und mit Tränen brachte er Gebete und Flehen demjenigen dar, der ihn vor dem Tode retten konnte.[406] Eile daher auch du zur Zeit der

---

[400] Dan 3,52: „Gepriesen bist du, Herr, Gott unserer Väter, und würdig des Lobes und hoch erhaben in Ewigkeit. Und gepriesen ist der Name deines Ruhmes, der heilig und würdig des Lobes und hoch erhaben ist in alle Ewigkeit."

[401] Dan 6,10: „Als Daniel das gehört hatte, nämlich, dass ein Gesetz erlassen worden war, ging er in sein Haus und öffnete die Fenster in seinem Speisezimmer in Richtung Jerusalem [Dan 6,11 hebräischer Text: er hatte in seinem Obergemach offene Fenster nach Jerusalem hin], beugte dreimal am Tag seine Knie und betete zu seinem Gott und bekannte sich so zu ihm, wie er es zuvor zu tun gewohnt war." Ein Gebet Daniels in der Löwengrube wurde nicht überliefert.

[402] Jona 2,2f: „Jonas betete zum Herrn, seinem Gott, aus dem Bauch des Fisches und sagte: Ich habe aus meiner Not zum Herrn gerufen, und er hat mich erhört. Aus dem Bauch der Unterwelt habe ich gerufen, und du hast meine Stimme erhört."

[403] Mt 14,30: „Als er aber den starken Wind sah, fürchtete er sich, und als er unterzugehen begann, rief er und sagte: Herr, rette mich!"

[404] Mt 8,25: „Sie kamen zu ihm, weckten ihn und sagten: Herr, rette uns, wir gehen zugrunde!"

[405] Apg 16,24f: „Als er diesen Befehl erhalten hatte, brachte er sie in den inneren Kerker und spannte ihre Füße in den Block. Mitten in der Nacht aber lobten Paulus und Silas im Gebet Gott, und die, welche im Gefängnis waren, hörten ihnen zu."

[406] Hebr 5,7: „Da dieser in den Tagen seines Fleisches demjenigen Bitten und Flehen darbrachte, der ihn vor dem Tode retten konnte, unter

Bedrängnis stets zum Mittel des Gebetes, da du eine solche Wolke von Zeugen um dich hast;[407] denn das Gebet in der Trübsal stimmt Gott gnädig und das Gebet erleichtert beträchtlich selbst die größte Not.

STAUROPHILA. Ich würde gerne klarer verstehen, auf welche Weise die Bedrängnis das Gebet befördert, da doch das Leiden kaum zulässt, an irgendetwas zu denken; und häufig klagen bedrängte und leidende Menschen darüber, dass sie überhaupt nicht beten können.

ENGEL. Je mehr sich jemand an Gott wendet, desto weniger denkt er an die Not. Bei wem das Denken beständig auf Gott gerichtet ist, der kann bereits keine große Aufmerksamkeit mehr auf die Bedrängnis des Kreuzes richten. Und welche Kraft verleiht die Not dem Gebet! Wenn ein Pfeil das Herz geritzt hat, ist es dringend notwendig, Heilung zu suchen; so drängt auch die Not, die das Herz traurig macht, den Menschen dazu, bei etwas anderem Trost zu suchen, das heißt, im Nachsinnen über die ewigen Güter.[408] Wasser, das durch

---

lautem Geschrei und unter Tränen, ist er auch erhört worden wegen seiner Ehrfurcht."

[407] Hebr 12,1: „Lasst deshalb auch uns, die wir eine so große Wolke von Zeugen um uns haben, die wir jede Last und die uns umgebende Sünde ablegen, mit Ausdauer bei dem uns bevorstehenden Wettkampf laufen!"

[408] Vgl. Idiota (Tor um Christi willen), De verâ pœnitentiâ, § 14; Johannes von Wales († 1285), De pœnitentia; J.Swanson, John of Wales. A Study of the Works and Ideas of a Thirteenth-Century Friar, Cambridge studies in medieval life and thought, Serie 4, Bd. 10, Cambridge 1989; Cambridge 2002, X.233-235.237-241.243-247.250. 254f.257. Pseudo-Augustinus, Meditationum liber unus, Kapitel 37, PL 40, 935: „Du bist der erlesene Pfeil, das sehr scharfe Schwert, das

breite und ebene Flächen fließt, steigt nicht, sondern breitet sich nach allen Richtungen aus, wenn es aber durch die Kunst eines Handwerkers an einem schmalen Ort eingeengt wird, erhebt es sich von dort mit Gewalt und steigt schnell in die Höhe. So ist es auch mit dem menschlichen Sinn; wenn er untätig und zu ruhig ist, wird er schwach und zerstreut. Wenn aber traurige Ereignisse im Leben und plötzliche Gefahren, Widerfahrnisse und Misserfolge ihn zerknirscht machen, wird er aufmerksamer und eifriger und sendet dem Höchsten inständige und heiße Gebete empor.[409]

---

durch deine Kraft den harten Panzer des menschlichen Herzens durchdringen kann; durchbohre mein Herz mit dem Speer deiner Liebe, wie dir meine Seele sagt: Von deiner Liebe bin ich verwundet" [Hld 4,9: „Du hast mein Herz verwundet"]. – Hugo von St. Viktor († 1141), Adnotatiunculæ in Threnos, zu Klgl 2,11, PL 175, 286D: „Mein Inneres ist erschüttert, das heißt, bis in die Tiefen des Herzens ist der Pfeil des Schmerzes vorgedrungen, der Schmerz hat das Empfinden getroffen und es erbebt das Mitgefühl" (mit dem Leid anderer). – Claudius Brunus, De vera pœnitentia hominis christiani, aus dem Französischen ins Lateinische übersetzt v. Johann Theodor Schönlin († 1622), Ingolstadt 1621, 74: „Wenn uns soviele Wohltaten [Gnaden] zufallen, dass wir durch die Pforte der wahren Buße [der sündigen Stadt Babylon; Offb 17,5] entkommen, ist das Opfer des Lobes [Ps 49,14] für die Darbringung zuzubereiten, damit das himmlische Feuer der Gerechtigkeit sich strahlend darüber ausbreite und unser Herz mit den Funken seiner Glut entzünden kann."

[409] Johannes Chrysostomos, Über den Unbegreiflichen (Perì akatalēptou) 5, Einführung v. J.Daniélou, hg. u. Anmerkungen v. A.-M. Malingrey, Übersetzung v. R.Flacelière, SC 28, Paris ²2000, 308.310, Zeile 448-460: „Das Gebet aber, von dem ich spreche, ist nicht mittelmäßig und voller Nachlässigkeit, es ist ein Gebet, das in der Bedrängnis der Seele mit zerknirschtem Sinn inständig dargebracht wird. Dies ist das Gebet, das bis zum Himmel steigt. Es gleicht dem Wasser,

Suche Gott am Tage deiner Heimsuchung, suche nichts außer Gott, sondern suche in deiner Bedrängnis nur Gott allein; dann entfernt Gott auch die Not von dir und du gibst dich bereits freimütig Gott hin.[410]

STAUROPHILA. Jetzt sehe ich, dass das Kreuz nicht nur das Gebet unterstützt, sondern es auch auferlegt wegen der Notwendigkeit, zu Gott zu eilen.

ENGEL. Das hast du richtig erfasst. Wegen dieses Zieles werden auch häufig Bedrängnisse zugelassen. Hast du gehört, wodurch Abschalom einmal Joab zu sich nötigte? Zweimal lud er ihn durch seine Diener ein, jener aber wollte nicht kommen, daher befahl Abschalom, seine Felder zu

---

das sich auf einer großen Fläche ausbreitet, wenn es durch ein flaches Terrain fließt, das aber, wenn die Hand eines Handwerkers es durch eine enge Stelle zwingt, von unten in die Höhe aufschießt; ebenso verhält es sich mit dem menschlichen Geist, der entspannt und zerstreut ist, wenn er ganz untätig ist, der aber reine und machtvolle Gebete in die Höhe sendet, sobald er durch den Druck der Umstände von unten verdrängt und stark bedrängt wird."

[410] Augustinus, Enarratio in psalmum 76, Nr. 3, PL 76, 972: „Vis esse transiliens? In die tribulationis tuæ Deum exquire: non per Deum aliud, sed ex tribulatione Deum; ut ad hoc Deus removeat tribulationem, ut securus inhæreas Deo" (Möchtest du ein Überwinder sein? Am Tage deiner Bedrängnis suche Gott, [suche] Gott nicht für etwas anderes, sondern [suche] Gott aus der Bedrängnis heraus, damit Gott gerade jetzt die Bedrängnis hinwegnehme, damit du sicher Gott anhängst).

verbrennen.⁴¹¹ Da kam Joab zu Abschalom.⁴¹² So verhält sich auch der Sohn Gottes. Wenn er sieht, dass Menschen seinen Unterweisungen widerstreben, ermahnt er sie einmal oder zweimal, wenn sie dann nicht zu ihm kommen, dann zwingt er sie durch herabgesandte Betrübnisse, bei ihm Zuflucht zu nehmen. So verhielt es sich auch mit denen, über welche der Psalmist sagt: Es sollen die Bedrängnisse bei denen vermehrt werden, die zu einem fremden Gott eilen.⁴¹³ Erfülle ihre Gesichter mit Unehre, damit sie deinen Namen suchen, Herr!⁴¹⁴ Viele würden niemals an Gott denken, wenn sie nicht irgendein Kreuz der Bedrängnisse zwingen würde. Dies ist also eine Barmherzigkeit Gottes, dass es ihm wohlgefällt, den Menschen Leiden zu senden, damit sie zu ihm eilen. So gehen auch Väter und Mütter vor, die ihre Kinder lieben. Wenn sie sehen, dass ihre Kinder sich ihnen entfremden und sich ihnen fernhalten, um mit ihren Altersgenossen zu spielen, tragen sie ihren Dienern häufig auf, ihnen

---

⁴¹¹ 2 Sam 14,30; 2 Kön 14,30: „Er sprach zu seinen Dienern: Ihr kennt das Feld Joabs neben meinem Feld, das eine Ernte von Gerste trägt. Geht also und zündet es mit Feuer an! Also zündeten die Diener Abschaloms das Getreide mit Feuer an."

⁴¹² R, 224; P, 108ᵛ: „und sprach mit ihm. Danach verwendete er sich als Mittler für ihn beim König und sprach zugunsten von Abschalom."

⁴¹³ Ps 16,4 (hebräischer Text): „Zahlreich sind die Schmerzen derer, die einem anderen [Gott] nachlaufen." Ps 15,4 (Vulgata): „Ihre Schwächen sind vermehrt worden, danach wurden sie schneller."

⁴¹⁴ Ps 82,17: „Erfülle ihre Gesichter mit Schande, und sie werden deinen Namen suchen, Herr!"

Angst einzujagen, damit sie von Furcht bewogen werden, in die Arme der Mutter zu eilen.[415]

STAUROPHILA. Soweit ich es verstehen kann, ist es also ein schlechtes Zeichen, wenn der Mensch, der Not erleidet, sich nicht an Gott wendet, sondern lebt, wie er vorher lebte, ohne Besserung?

ENGEL. Darüber besteht kein Zweifel. Aus der Wirkung der Not auf einen Menschen ist es einfach, den Zustand seiner Seele zu erkennen. Wenn man einer vollen Ähre einen leichten Schlag versetzt, springen die Körner gleich heraus, eine magere Ähre öffnet sich nur langsam und eine leere[416] öffnet sich gar nicht, sondern wird zum Unkraut getan und wie die Spreu weggeworfen.[417] So hängen alle Menschen an den irdischen Wonnen, wie das Korn an der Ähre. Wer aber Glauben und eine gute Herzensverfassung hat, der verachtet alles Irdische und eilt zu Gott, sobald ihn eine kleine Not trifft.[418]

---

[415] Vgl. Johannes Chrysostomos, Kommentar zum Matthäusevangelium, Homilie 10, PG 57, 191f.

[416] Hos 8,7: „Halme ohne Ähren bringen kein Korn."

[417] Der Landwirt und Berufsschullehrer Heinz Boller schrieb dazu: „Wenn ich den Sachverhalt biologisch oder physikalisch betrachte, lösen sich die reifen Körner genauso gut aus einer weniger vollen Ähre, wie aus einer vollen. Außerdem handelt es sich um eine Spelzenfrucht (Gräser), nicht um eine Hülsenfrucht. Ist die Ähre leer, so hat vorher keine Bestäubung beziehungsweise Befruchtung stattgefunden. Der Fruchtstand (Ähre) wird beim Drusch dann mit dem Stroh abgeschieden." (Mitteilung vom 30.4.2020).

[418] R, 225; P, 109, gaben den Text von Johannes Chrysostomos vollständig wieder und fuhren fort: „Wer aber ein bisschen weniger gläubig ist, gibt auch bei einer großen Bedrängnis nur langsam nach und geht zu Gott." Dies fehlte C, 151; K, 249.

Wer aber überhaupt keinen Glauben hat, wird sich niemals von irdischen Gegenständen und von weltlichen Anhaftungen abwenden und zu Gott hinwenden, wie die leere Ähre, die sich nicht öffnet, sondern er bleibt im Bösen, auch wenn er beständig getroffen wird, und wird mit den Ungläubigen wie die Spreu ins ewige Feuer geworfen.[419]

STAUROPHILA. Das ist ein sehr schöner Vergleich! Ich bitte dich aber, belehre mich, worum man beten soll, wenn das Gebet für den Kreuzträger so unerlässlich ist.

ENGEL. Wenn du um die Befreiung vom Kreuz oder um seine Erleichterung bittest, bete nicht auf eine andere Weise als der Herr selbst im Garten Gethsemane betete, wobei er uns in Wort und Tat belehrte. Rufe: „Mein Vater, wenn es möglich ist, soll dieser Kelch an mir vorübergehen! Aber doch nicht so, wie ich will, sondern wie du [willst]" (Mt 26,39).[420] Diejenigen, welche überreiche Früchte des Kreuzes sammeln wollen, müssen ein mutiges und zu allem bereites Herz haben,[421] und den Herrn für alles danken und

---

[419] Vgl. Johannes Chrysostomos, Opus imperfectum in Matthæum, Homilie 3, Opera omnia quæ exstant, Bd. 6, Paris 1835, 771AB. Der Schluss lautete bei Johannes Chrysostomos; R, 225; P, 109, folgendermaßen: „Jener wird, als im Bösen begründet, für wertlos erachtet und mit den Ungläubigen, gleichsam mit der Spreu, nach außen geworfen / weggeworfen."

[420] R, 226; P, 109ᵛ: „Wird meine Seele etwa nicht Gott unterworfen sein? Von ihm nämlich kommt meine Rettung." (Ps 61,2). Es geschehe dein Wille, Herr. Und: „Wie aber der Wille im Himmel sein wird, so soll es geschehen!" (1 Makk 3,60).

[421] R, 226: „Eine Seele, welche die überreichen Früchte des Kreuzes pflücken möchte, sollte gleichmütig und zu beidem [zur Vermeidung/Erleichterung des Kreuzes oder zu seinem Tragen] bereit sein."

preisen, wie der Apostel aufträgt: „Sagt in allem Dank!"
(1 Thess 5,18); und wiederum: nicht angemessen sind die
Leiden der gegenwärtigen Zeit der kommenden Herrlichkeit,
die in uns offenbar werden wird.[422]

P, 109^v: „Das Herz muss nämlich mutig und zu allem bereit sein, wenn es die überreichen Früchte des Kreuzes ernten möchte."

[422] Röm 8,18: „Ich meine nämlich, dass die Leiden dieser Zeit der künftigen Herrlichkeit nicht angemessen sind, die in uns offenbart wird." C,153 gab „Röm 8,17" an (Korrigiert von K, 253). V, 169-174; C, 148-153. R, 226; P, 109^v, (statt der Pauluszitate); Louis de Blois, Conclave animæ fidelis I: Speculum spirituale, Kapitel 8, § 3, Abschnitt 2, Opera, Antwerpen 1632, 570; Manuale vitæ spiritualis, Freiburg i.Br. 1907, 244: „Ipsas tribulationes ac pœnas tuas omnes tam paruas quàm magnas, passioni siue cruciatibus Christi coniunctas vnitasque, deuotâ mente offer Deo in laudem æternam: sic enim erunt inæstimabilis meriti, & summè Deo placebunt" (Vereinige die Betrübnisse selbst und all deine kleinen wie großen Mühseligkeiten mit dem Leiden und den Qualen Christi und opfere sie vereint und frommen Sinnes Gott auf zu ewigem Lob; so nämlich werden sie unschätzbar verdienstvoll und gefallen dem höchsten Gott). – R, 219-226; P, 106-109^v.

Tristatur quis in vobis? oret. Iac. 5, 13.

CRVX arcus, neruus fiducia, vota sagittę,
Pennę amor, at Deus est (eiaculare) scopus.

423

---

[423] R, 220: „Ist jemand von euch betrübt? Er soll beten" (Jak 5,13). Das Kreuz ist der Bogen, die Sehne das Vertrauen, die Gelübde die Pfeile, die Pfeilspitze die Liebe, doch Gott ist das Ziel (des Schießens).

Der Engel rief Staurophila dazu auf, sich im Kreuz zu freuen,[424] für das Kreuz dankbar zu sein, und zwar gelte es, im Unglück mehr als im Wohlbefinden Gott zu danken und sich des Kreuzes zu rühmen. Das Fleisch sei zu kreuzigen,[425] es sei notwendig, der Welt gekreuzigt zu sein[426] und mit Christus gekreuzigt zu sein.[427] Das Kreuz bewahrt den Menschen vor Sünden und besiegt Versuchungen,[428] es reinigt von Sünden,[429] es öffnet Augen und Sinn,[430] es ist Anker der

---

[424] R, 235f; P, 113ᵛ.114: Ode der jubelnden Staurophila auf das Kreuz, von C,158 weggelassen.

[425] Gal 5,24: „Die aber Christus gehören, haben das Fleisch zusammen mit den Leidenschaften/Lastern und Begierden gekreuzigt."

[426] Gal 6,14: „Mir aber soll es fern sein, mich zu rühmen, außer durch das Kreuz unseres Herrn Jesus Christus, durch den mir die Welt gekreuzigt worden ist und ich der Welt." C, 183 gab „Gal 6,4" an.

[427] Gal 2,19: „Ich bin nämlich durch das Gesetz für das Gesetz gestorben, damit ich für Gott lebe. Ich bin mit Christus ans Kreuz geschlagen worden." Johannes ließ das Vorwort zum dritten Buch über die Früchte des Kreuztragens aus, R, 290-294.

[428] 1 Kor 1,18: „Denn das Wort vom Kreuz ist denen, die verloren gehen, Torheit, uns aber, die wir gerettet werden, ist es Gottes Kraft." C, 193: „Kor 1,18"; korrigiert in K, 319.

[429] 1 Joh 1,7: „Sollten wir aber im Licht gehen, wie auch er selbst im Licht ist, haben wir untereinander Gemeinschaft, und das Blut Jesu, seines Sohnes, reinigt uns von jeder Sünde."

[430] Gal 3,1: „Ihr unvernünftigen Galater, wer hat euch verhext, vor deren Augen Jesus Christus als Gekreuzigter öffentlich bekannt gemacht (gemalt) worden ist?" Eph 1,17f: „Damit Gott, der Vater der Ehre unseres Herrn Jesus Christus, euch den Geist der Weisheit gebe und der Offenbarung in seiner Anerkennung, die erleuchteten Augen eures Herzens, damit ihr wisst, was die Hoffnung seiner Berufung ist und was der Reichtum der Ehre seines Erbes ist in den Gesegneten."

Hoffnung[431] und Zeichen des Heiles, es spendet geistlichen Trank[432] und es macht den Menschen zu einem Tempel Gottes.[433] Wer das Kreuz trägt, erhält den Siegeskranz,[434] und zwar erhalten diejenigen, welche Kreuz und Leiden erdulden einen größeren Siegeskranz als diejenigen, welche gute Werke tun. Das Kreuz vereinigt mit Christus und macht den Kreuzträger Christus ähnlich.[435] Das Kreuz ist der

---

[431] Hebr 6,19: „Diese [die verkündete Hoffnung] besitzen wir wie einen sicheren und festen Anker unserer Seele, der auch hineinreicht bis hinter den Vorhang."

[432] R, 327: „Ex CRUCE vinum spirituale" (aus dem Kreuz – geistlicher Wein); P, 152: „Ot Krestà must duchóven" (Aus dem Kreuze geistlicher Most); C, 213: „Krest istočaet pitie duchovnoe" (Das Kreuz vergießt geistlichen Trank). R, 331; P, 154, zitierten Hld 7,9: „Deine Kehle ist wie bester Wein (Johannes: Ich werde sehr süßer Wein sein), der es wert ist, von meinem Geliebten getrunken zu werden, und von seinen Lippen und Zähnen gekostet zu werden." C, 215 ließ dieses Zitat aus und schrieb stattdessen: „Wieviel Mühe und Leid ertrug er [Christus], um seiner Braut einen süßen Trank darzubieten".

[433] 1 Kor 3,16: „Wisst ihr nicht, dass ihr der Tempel Gottes seid und der Geist Gottes in euch wohnt?"

[434] Offb 2,10: „Fürchte nichts von dem, was du erleiden wirst! Siehe, der Diabolus wird [einige] von euch in den Kerker schicken, damit ihr in Versuchung geführt werdet, und ihr werdet Not erleiden zehn Tage lang. Sei treu bis zum Tod, und ich werde dir die Krone des Lebens geben!"

[435] R, 359; P, 166ᵛ; C, 231 haben als Motto des 9. Kapitels im 3. Buch/Teil Ps 90,15: „Er wird zu mir rufen, und ich werde ihn erhören. Ich bin bei ihm in der Not, ich werde ihn herausreißen und ihn verherrlichen." Am Schluss dieses Kapitels führte C, 236f zwar die Absicht Staurophilas an, lieber länger zu leben, um aus Liebe zu dem, der für uns gelitten hat, länger zu leiden, teilte aber nicht mit, dass Maria Maddalena de' Pazzi (1566-1607) dies gesagt hatte, vgl. R,

zuverlässige Schutz für diejenigen, welche auf dem Lebensmeer im Schiff der Kirche unterwegs sind.[436] Das Kreuz

---

367; P, 171; Vincenzio Puccini, Vita della veneranda madre suor M. Maddalena de' Pazzi Fiorentina, Erster Teil, Kapitel 47, Florenz 1611, 67: „Era oltre à ciò di questo si bramosa, che bene spesso soleua dire, non desiderar la morte così presto, perche in Paradiso non si patisce" (Sie war danach so begierig, dass sie häufig zu sagen pflegte, sie ersehne den Tod nicht so schnell, weil man im Paradies nicht leide). Den Wahlspruch Teresas von Ávila: „Entweder leiden oder sterben" (Aut pati aut mori, R, 367; P, 171; Vida 40, 20, Obras completas, hg. v. E. de la Madre de Dios u. O.Steggink, Biblioteca de autores cristianos 212, Madrid 1962; Madrid ^{9}1997, dritter Nachdruck, Madrid 2003, 228: „Señor, u morir u padecer" [Herr, entweder sterben oder leiden]) ließ C, 237 aus. Ebenfalls strich Kliment die beiden Zitate aus Heinrich Seuse, Das Büchlein der ewigen Weisheit, hg. v. J.Mauz, Konstanz 2003, 127.130 (R, 368; P, 171^v): „Liden ist ain uerborgen gůt das nieman uergelten kan vnd das ain mentsch hundert iar uor mir knůotÿ vmb ain frúntliches liden es wärÿ vnuerdienot" (f. 63; Leiden ist ein verborgenes Gut, das niemand entgelten kann; und kniete ein Mensch hundert Jahre vor mir [und bäte] um ein freundliches [gutes] Leiden, es wäre [auch dann] unverdient). „Sich ich shůf e liden aß nichten e ich min friund an liden ließ" (f. 64^v; Sieh, eher schüfe ich Leiden aus nichts, als dass ich meine Freunde ohne Leiden ließe).

[436] R, 369; P, 171^v; C, 242, zitierten Apg 14,21: „Sie [Paulus und Barnabas] bestärkten die Seelen der Schüler, ermahnten sie, im Glauben zu bleiben, und [legten dar:] Es ist notwendig, dass wir durch viele Heimsuchungen/Betrübnisse in das Reich Gottes eintreten." Kliment (Zedergol'm) fasste die beiden folgenden Kapitel (3. Buch, 11. und 12. Kapitel, R, 379-395; P, 175^v-184) zusammen, wobei er die Reihenfolge vertauschte und den Text erheblich kürzte (3. Teil, 11. Kapitel, C, 240-243). Hier wurden die vier Räder des Wagens, der zum himmlischen Jerusalems fährt, mit Tugenden verglichen (R, 381-384; P, 177^v; C, 242f). Dies fußt auf: Bernhard von Clairvaux, Erste Osterpredigt, Opera, Bd. 5, Rom 1968, 76: „His nempe virtutum gemmis

führt die Gläubigen zum oberen Jerusalem[437] und es öffnet die Pforten des Himmelreiches: „Ich sah einen neuen Himmel und eine neue Erde. Denn der erste Himmel und die Erde verschwanden, und das Meer ist nicht mehr. Ich sah die heilige Stadt, das neue Jerusalem vom Himmel herabsteigen, bereitet von Gott wie die Braut, die für ihren Mann geschmückt ist" (Offb 21,1f).

„Einer von den sieben Engel kam, welche die Schalen mit den sieben letzten Plagen gefüllt hatten, und er sprach mit mir und sagte: Komm, ich will dir die Braut zeigen, die Gemahlin des Lammes! Er erhob mich im Geist auf einen großen und hohen Berg und zeigte mir die heilige Stadt Jerusalem, die vom Himmel von Gott her herabstieg, die den Glanz Gottes besaß. Ihr Licht ist ähnlich einem Edelstein, wie ein Jaspisstein, so wie ein Kristall. Sie hatte eine große und hohe Mauer, die zwölf Tore hatte, und auf ihren Toren zwölf Engel und eingeschriebene Namen: Das sind die Namen der zwölf Stämme der Kinder Israels. Die Stadtmauer hat zwölf Grundsteine und auf ihnen die zwölf Namen der zwölf Apostel des Lammes." (Offb 21,9-14).[438]

---

quattuor cornua crucis ornantur, et est supereminentior caritas, a dextris obœdientia, patientia a sinistris, radix virtutum humilitas in profundo" (Mit diesen vier Gemmen der Tugenden werden nämlich die Enden des Kreuzes geschmückt: Alles überragt die Liebe, zur Rechten der Gehorsam, zur Linken die Geduld, unten aber ist die Wurzel der Tugenden, die Demut).

[437] Gal 4,26: „Jenes Jerusalem aber, das oben ist, ist frei. Das ist unsere Mutter."

[438] Zweites Buch, Kapitel 14 bis 20; Drittes Buch, Kapitel 1 bis 13, R, 227-401; P, 109ᵛ-186; Zweiter Teil, Kapitel 14 bis 20; Dritter Teil, Kapitel 1 bis 12, V, 175-281; C, 153-245. R, 401-404; P, 186ᵛ-188,

Es ist nicht möglich, mit Worten das auszudrücken, was die gläubige Seele im Lande der Lebenden[439] in nicht endender Freude schaut, hört, schmeckt und umfängt.[440] Denn „was das Auge nicht gesehen und das Ohr nicht gehört hat [Jes 64,3] und was nicht bis in das Herz des Menschen hinaufgestiegen ist, das hat Gott denjenigen vorbereitet, die ihn lieben." (1 Kor 2,9).[441]

---

fügten noch das Testament Staurophilas an, das Kliment (Zedergol'm) wegließ.

[439] Ps 26,13: „Ich vertraue [darauf], dass ich schauen werde die Güte des Herrn im Lande der Lebenden/Lebendigen." Lebendig steht im Gegensatz zu krank, sterbend oder tot und bezeichnet das erfüllte Leben, aber auch die Teilhabe am Leben, das der lebendige Gott schenkt.

[440] Mit diesem Satz beendete C, 245 das Buch Der Königliche Kreuzweg.

[441] Mit diesem Zitat beendigten V, 281, und K, 405 das Buch.

Die Bearbeitungsmethode

Johannes übersetzte das Werk van Haeftens verhältnismäßig wortgetreu. Er übernahm auch die emblematischen Bilder, ließ sie allerdings neu zeichnen, wobei die Darstellung elfmal seitenverkehrt war und einige Einzelheiten auf eine andere Weise dargestellt wurden.

Die russische Übersetzung

Im Jahr 1837 lag eine russische Übersetzung des Königlichen Kreuzweges handschriftlich vor. Sie war angefertigt worden von dem Priestermönch Pavel, der im Simonov-Kloster in Moskau lebte.[442]

Kliment (Zedergol'm) fand in Optina Pustyn' eine Abschrift dieser Übersetzung vor und bearbeitete sie. Diese Redaktion wich an zahlreichen Stellen vom Original ab.

Das literarische Genre

Um die Unterschiede zwischen dem Original, der Übersetzung ins Kirchenslavische und der russischen Redaktion durch Kliment beurteilen zu können, sei zunächst gefragt, um welches Genre es sich beim Königlichen Kreuzweg handelt.

---

[442] Vgl. Carskij put' kresta Gospodnja, veduščij v žizn' večnuju, očinennyj Ioannom Maksimovičem, archiepiskopom Černigovskim, Novgorodskim i vsego severa, 1709 goda dekabrja, 2 Bde., in: Russische Staatsbibliothek, Moskau, Handschriftenabteilung, Fond 558, Nr. 23 (102 + 135 = 237 Blätter), 20,5 x 17,4 cm, mit grob ausgeführten Grisaille-Miniaturen. Diese Handschrift stammte aus der Moskauer Eparchialbibliothek (M.5416, 1-2).

Es sind durchgehend Fragen und Antworten. In der griechischen Antike hieß dieses Genre: Zētēmata kaì lýseis, Erōtapokríseis, Erōtēseis kaì apokríseis. Es handelte sich dabei um einen Problemkommentar in Form von Frage und Antwort.

In der hellenistischen Philologie wurde auf diese Weise das homerische Epos erklärt. Philon von Alexandrien legte so die Genesis aus.

Origenes und Clemens von Alexandrien verwendeten dieses Genre als literarische Unterform in ihren Schriftkommentaren und Johannes Chrysostomos in seinen Homilien.

Basileios der Große erläuterte die monastischen Regeln in dieser Form. Barsanuphios und Johannes von Gaza antworteten auf Briefe, die meist kurze Anfragen enthielten.[443]

Einzelne Unterschiede

Benedictus van Haeften und Johannes ließen die Unterweisung an Staurophila durch Jesus Christus selbst erteilen. Kliment war dies wohl zu gewichtig: Er führte zwar die Worte Jesu Christi im Evangelium an, scheute sich aber, ihn in einer privaten Offenbarung erscheinen zu lassen. Ihm war die Autorität Christi zu erhaben, daher ließ er die Belehrungen

---

[443] Vgl. H.Dörrie u. H.Dörries, Erotapokriseis, in: Reallexikon für Antike und Christentum 6 (1966), 342-370; Erotapokriseis. Early Christian Question-and-Answer Literature in Context, hg. v. A.Volgers, Löwen 2004; A.Miltenova, Erotapokriseis in Medieval Slavonic Literature. Exegesis or Catechesis?, in: On the Fringe of Commentary. Metatextuality in Ancient Near Eastern and Ancient Mediterranean Cultures, hg. v. S.H.Aufrère, Orientalia Lovaniensia analecta 232, Löwen 2014, 379-404.

durch einen Engel erteilen. Die deutsche Übersetzung ging noch einen Schritt weiter und ließ einen Wüstenvater mit Staurophila sprechen.

Johannes strich die Widmung des Buches an Teresa von Ávila und Kliment außerdem 25 Zitate aus antiken Autoren. Die übrigen 33 nahm er zwar auf, nannte aber nicht den Namen der Verfasser.

Ennius, von Cicero angeführt, beschrieb die Heilige Hochzeit zwischen Himmel und Erde und sprach von der Brunst der Tiere (R, 3; P, 2). Das Ennius-Zitat fehlte bei Kliment.

Kliment führte zwar eine Entscheidung des Konzils von Trient an, nannte aber nicht seine Quelle, während Johannes von den „Vätern" sprach (R, 306; P, 142.142ᵛ; C, 200).

Benedictus van Haeften legte einen poetischen Text vor: „Die Katastrophe [des Sündenfalls] verwandelte angenehmen Frühling in Winter, Südwind in Nordsturm, Rosen in Dornen, Lilien in Unkraut, Windstille in Unwetter, Freiheit in Gefangenschaft, Himmelspforten in Unterweltstore" (R, 2). Johannes übernahm dies (P, 1ᵛ), während Kliment es ausließ und im Genre eines moralischen Traktates blieb. Johannes verstärkte noch das poetische Element, indem er dem Distichon van Haeftens jeweils ein weiteres hinzufügte.

Durch die lyrischenTeile ist das Werk insgesamt eine Ode an das Kreuz und zugleich ein Gespräch in Frage und Antwort über die Schwierigkeiten, die sich aus dem Tragen des Kreuzes ergeben. Bei Kliment dagegen ist es eher eine Belehrung über den Weg des Kreuzes.

Ganz undenkbar wäre bei Kliment van Haeftens Humor, der anlässlich der Tränen über den Sündenfall schrieb, es scheine, als ob Adam Knoblauch statt eines Apfels gegessen hätte (R, 2). Johannes schrieb, Adam hätte die Spreu des Todes gegessen (P, 1ᵛ); dies ist ein etwas sperriges Bild.

Benedictus van Haeften und Johannes schilderten ausführlich, wie Staurophila im Wald umherirrte, müde und hungrig wurde, weder aus noch ein wusste, in Tränen ausbrach, sich hinsetzte und schließlich vor Ermattung ein wenig schlief (R, 4; P, 3). Kliment aber ließ das alles weg und begann gleich mit der Betrachtung Staurophilas über das Umherirren der Menschen und die Gefahr, den Weg des Heiles zu verfehlen (C, 8). Ihm ging es um das Didaktische; das allzu Menschliche störte dabei.

Benedictus van Haeften war Seelsorger im Karmel von Aalst. Er zählte die Verlassenheit[444] zu den geistlichen Kreuzen (R, 22). Johannes sprach von Trostlosigkeit im Geistlichen (P, 11).[445] Kliment ließ diese Stelle aus. Erst Sofronij (Sacharov) setzte sich mit der Dunklen Nacht auseinander. Er lehnte diesen Ausdruck zwar ab, teilte in seinen Schriften aber ähnliche Erfahrungen mit wie Johannes vom Kreuz.

Die Gespräche mit Honoria und Hilaria waren Musterbeispiele dafür, wie Menschen aneinander vorbeireden können. Die jeweiligen Standpunkte waren so weit voneinander entfernt, dass eine Verständigung unmöglich war. Kliment verstärkte die Dramatik dadurch, dass er wie bei einem Theaterspiel Rollen vergab, während B. van Haeften und Johannes im Rahmen einer einfachen Erzählung verblieben waren.

---

[444] Alleinsein, Verödung, Verwüstung, Vereinsamung, Verlassenheit, Alleingelassenheit, Trostlosigkeit – desolatio.

[445] Das von ihm verwendete Wort *unynie* ist vieldeutig: Verzagtheit, Mutlosigkeit, Wehmut, Niedergeschlagenheit, Kleinmut, Traurigkeit, Trostlosigkeit.

„Ich, ein adliges Mädchen, soll das Kreuz auf mich nehmen, das Zeichen einer ehrlosen Todesstrafe für Sklaven?", übersetzte Kliment, wobei er stark abkürzte C, 52). Der vollständige Text bei van Haeften und Johannes lautete hingegen: „Ich, eine adlige Jungfrau, soll den entehrenden Block, der zur Hinrichtung eines Sklaven dient, den verhängnisvollen Baum, jenes unglückselige Holz, den verrufenen Balken auf die Schultern nehmen?" (R, 71; P, 35^v). Hier wurde das Kreuz nicht nur mit einem, sondern mit fünf Kennzeichen in lyrischer Weise beschrieben.

Die scharfe Verurteilung des Christentums, die sich bei Minucius Felix fand, und auf die van Haeften und Johannes hinwiesen, fehlte bei Kliment: „Wer einen Menschen, der für ein Verbrechen zur härtesten Strafe verurteilt wurde, sowie die todbringenden Kreuzeshölzer als Gegenstand ihrer Verehrung anführt, schreibt ihnen Altäre zu, wie sie für verlorene und verkommene Existenzen passen; sie würden verehren, was sie eigentlich verdienen" (R, 72; P, 36).

Die Kreuzeshymnen, die von Venantius Fortunatus stammen, nahm Kliment nicht auf. Ebenso fehlte bei ihm folgende Szene: „Du bist doch eine ungelegene Werberin, warf Honoria indigniert ein, mich aber wirst du nicht überzeugen. Wenn es dir gefällt, kannst du Kreuzträgerin, Gekreuzigte und Jüngerin des Kreuzes sein, ich aber werde diese Schmach niemals zulassen. Nachdem sie dies gesagt hatte, trat sie überaus mutwillig auf das am Boden liegende Kreuz, versah es mit Schimpfworten, fing an zu keifen und bespuckte es sogar" (R, 73f; P, 37). Dadurch, dass Benedictus van Haeften und Johannes eine solch extreme Situation schilderten, gewann ihr Werk an Tiefe und Ausdruckskraft.

Kliment dagegen hatte Sorge, dass die Kreuzesverehrung leiden könnte.

Als Beispiel für die Demut brachte van Haeften eine Erzählung aus dem Leben des heiligen Königs Eduard des Bekenners. Dieser hatte einen Gelähmten auf seinem Rücken zur Peterskirche getragen. Daraufhin wurde der Kranke gesund (R, 76; P, 38^v). Kliment strich diese Erzählung aus zwei Gründen: Er wollte die römische Peterskirche nicht erwähnen (Johannes sprach von der Apostolischen Kirche) und Kliment scheute sich, seinem Zaren ein solches Exempel vor Augen zu führen.

Louis de Blois leitete eine Erzählung folgendermaßen ein: „Als eine Jungfrau heiligster Lebensweise gefragt wurde, wie sie zur Vollkommenheit gelangt sei, sagte sie dem Fragenden" (R, 217; P, 105^v). Kliment strich diesen Passus, da es gegen die Demut verstößt, den eigenen Weg zur Vollkommenheit zu beschreiben. Die Antwort, die dem Fragesteller gegeben wurde, bot er allerdings dar: Nimm stets alles Unangenehme in deinem Leben großherzig an, wie aus der Hand Gottes, und wenn jemand Bitterkeit oder eine Kränkung über dich bringt, bemühe dich, diesem Menschen Gutes zu tun. Beschuldige niemanden in deinen Bedrängnissen, sondern beziehe alles auf die Vorsehung Gottes, dann wird er dir bald Trost gewähren. Welche Bedrängnisse dich auch heimsuchen, wünsche aus Liebe zu Gott noch größere zu erdulden, halte sie für große Wohltaten Gottes (C, 147).

Ein weiteres Zitat von Louis de Blois ließ Kliment aus: „Dann vereinige die Betrübnisse selbst und all deine Bußstrafen/Mühseligkeiten mit meinen Leiden und Qualen und opfere sie vereint und frommen Sinnes Gott auf zu ewigem Lob; so nämlich werden sie unschätzbar verdienstvoll und gefallen dem höchsten Gott" (R, 226; P, 109ᵛ). Kliment setzte an diese Stelle zwei Pauluszitate (C, 153), da sich das Blosius-Zitat nicht mit seiner Umschreibung des Buches vertrug; er hatte ja den Hauptsprecher und Unterweiser Christus durch einen Engel ersetzt.

Außerdem hatte ihn die Rede vom Verdienst gestört. Aus dem gleichen Grund strich er das Vorwort zum dritten Buch über die Früchte des Kreuztragens.

Benedictus van Haeften und Johannes zitierten Hld 7,9: „Deine Kehle ist wie bester Wein, der es wert ist, von meinem Geliebten getrunken zu werden, und von seinen Lippen und Zähnen gekostet zu werden" (R, 331; P, 154). Kliment ließ dieses Zitat aus und schrieb stattdessen: „Wieviel Mühe und Leid ertrug er [Christus], um seiner Braut einen süßen Trank darzubieten!" (C, 215).

Bei Kliment fehlte das Testament Staurophilas, das Benedictus van Haeften und Johannes dem Gespräch anfügten (R, 401-404; P, 186-188). Hier fanden sich Zitate aus den Werken Augustinus' und Bernhards von Clairvaux.

Kliment kürzte den Text um 159 Seiten.[446] Er ließ alles weg, von dem er annahm, dass es orthodoxe Leser stören oder irritieren könnte.

Namensnennung von Autoren und Heiligen

Johannes und Kliment übernahmen zwar die Zitate mancher Autoren und Heiligen, nannten aber nicht immer ihre

---

[446] Johannes kürzte den Text um 24 Seiten. Benedictus van Haeften veröffentlichte einen Text von XVI und 404 Seiten.

Namen. Hier folgt eine Übersicht über die Nennung einiger Namen:

Name	Werk	R	P	C
Benedikt	Gregor der Große, Dialoge 2,2	302	140^v X[447]	198 X
Birgitta	Offenbarungen 6,57	35	17^v	27
Franziskus von Assisi[448]	Bonaventura, Vita 14	131f	66^v	0
Franziskus Xaverius	Kanonisierungsakten	132f	67	0
Gertrud von Helfta	Blosius, Monile 9	352	163^v X	0
Gertrud von Helfta	Blosius, Monile 10	134f	68^v X	0
Gertrud von Helfta	Bredenbach, T.	352	163^v X	0

---

[447] X – namentlich genannt.

[448] Ein weiteres Beispiel aus dem Leben des heiligen Franziskus von Assisi (R, 303) ersetzten Johannes und Kliment durch den Hinweis auf Johannes den vielleidenden Klausner und Moses den Ungarn (P, 141; C, 198f), der aus dem Paterikon des Kiever Höhlenklosters stammte (Slovo 29f).

Name	Werk	R	P	C
Gertrud von Helfta	Offenbarungen (Blosius)	363	168^v X	234
Katharina von Siena	(Keine Angabe)	346	160^v X	0
Katharina von Siena	Surius, 30.4.	133	67.67^v X	0
Lidwina	Johannes Brugman	351	163 X	0
Lidwina	Surius, 14.4.	253	122^v X	0
Magdalena von Pazzi	Puccini, V.	367	171 X	236f
Nikolaus von Trani	Baronius, Annales 12, Jahr 1094[449]	18	9 X	0
Secunda	Surius, 10.7.	347	161[450]	0
Teresa von Ávila	Kanonisierungsakten	253	122^v X	0

---

[449] Johannes nannte sowohl Baronius als auch Nikolaus von Trani namentlich.

[450] Johannes brachte zwar das Zitat der heiligen Secunda (Gedenktag: 10. Juli), legte es aber der Martyrerin Theodora in den Mund (Gedenktag: 16. April).

Name	Werk	R	P	C
Teresa von Ávila	Vida 40,20	367	171 X	0

Cäsar Baronius: Johannes zitierte ihn immer mit Namensnennung. Kliment ließ eines seiner Zitate aus, führte aber die übrigen drei an, jedoch ohne Namensnennung.

Bernhard von Clairvaux: Johannes übernahm zwar alle Zitate bis auf eines, nannte aber nie seinen Namen. Kliment ließ zehn Zitate aus und übernahm die übrigen 33, ohne Namensnennung.

Origenes: Johannes übernahm alle Zitate und nannte dreimal (P, 26.129.176^v) den Namen. Kliment ließ drei seiner Zitate aus, führte die übrigen vier an, nannte aber nie seinen Namen.

Thomas von Kempen: Johannes übernahm alle Zitate, nannte aber nur dreimal seinen Namen (P, 5^v.7.41). Kliment ließ fünf seiner Zitate aus, führte aber die übrigen 16 an, ohne Namensnennung.

Von Birgitta, Gertrud und Magdalena von Pazzi übernahm Kliment jeweils ein Zitat ohne Namensnennung. Franziskus von Assisi, Franziskus Xaverius, Lidwina, Nikolaus von Trani und Teresa kamen bei ihm nicht vor. Wenn er Gedanken von Autoren des 16. und 17. Jahrhunderts aufnahm, kürzte er meistens die Aussagen beträchtlich. Eine

Namensnennung hielt er dabei für bedenklich. Sein Buch sollte nicht als der Orthodoxie fremd eingestuft werden.[451]

---

[451] Das folgende Bild zeigt die Titelseite der Erstausgabe des Königlichen Kreuzweges (Antwerpen 1635), die von Peter Paul Rubens entworfen und nach seinen Vorgaben von Cornelis Galle dem Älteren (1576-1650) ausgeführt wurde. Vgl. E. de Busscher, Galle (Corneille I), in: Biographie Nationale, Teil 7, Brüssel 1880-1883, 449-453.

REGIA VIA CRVCIS

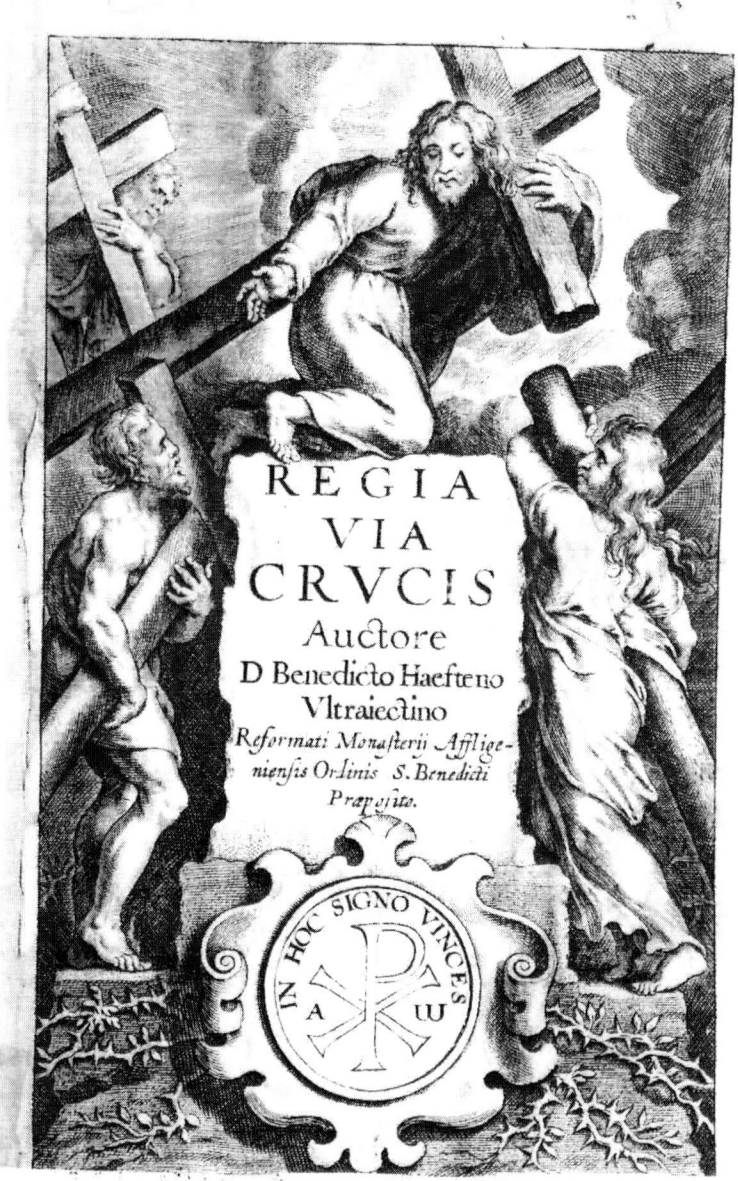

Auctore
D. Benedicto Haefteno
Vltraiectino
Reformati Monasterii Affligeniensis Ordinis S. Benedicti Præposito.

IN HOC SIGNO VINCES
A ω

ANTVERPIÆ EX OFFICINA PLANTINIANA
BALTHASARIS MORETI. M. DC. XXXV.

Übersicht der Kapitel

Thema	Ka-pitel	R[452]	P[453]	C[454]
Titelblatt	I	I[455]	1
Widmung des Buches an Teresa von Ávila	III-VI	0[456]	0
Vorwort an den Leser oder Pilger	VII-XI	0	0
Inhaltsverzeichnis	XIIf	0	246-248
Kirchliche Druckerlaubnis (H.Galenus, Brüssel)	XIV	0	0
Widmung an Zar Peter den Großen	0	II	0
Vorwort	0	III-XII	0

---

[452] R – Benedictus van Haeften, Regia via Crucis, Antwerpen 1635. Die Zahl bezeichnet die Seite.

[453] P – Cárskij put' Kr[e]stá G[o]s[po]dnja vovodjáščij v živót véčnyj. Trúdom i izždivéniem Jásn[ago] : v B[o]gu Preos[vjaščenstva] : Egò M[i]l[osti] : G[o]sp[o]d[a] : O[t]cà Ioánna Maxímoviča Archiep[i]s-[kopa] Čern[igovskago], Černigov 1709.

[454] C – Carskij put' Kresta Gospodnja, vvodjaščij v žizn' večnuju, Bearbeitung v. Kliment (Zedergol'm), Moskau 1878; Kiev 2009. Die Zahl bezeichnet die Seite.

[455] Die römischen Zahlen bezeichnen in dieser Spalte die unpaginierten Seiten der Vorworte in P.

[456] 0 – Kein Vorkommen dieses Abschnitts an diesem Ort.

Thema	Kapitel	R	P	C
An den Leser		0	XXIIIf	0
Vorwort		0	0	3f
Inhaltsübersicht des **I. Buches**		XVf	0	0
Einführung in die Abhandlung	1	1-6	1-4[457]	5-9
Das Kreuz ist der sichere Weg zum Himmel	2	7-14	4-7	9-14
Was das Kreuz und wie mannigfaltig es ist	3	15-25	7^v-12^v[458]	14-20
Welche Art von Kreuz Christus trug	4	25-30	13-16	21-25
Das Kreuz ist nach dem Beispiel der seligsten Jungfrau zu tragen	5	31-38	16-19^v	25-29
Warum Kreuze notwendig sind	6	39-47	19^v-25^v	30-36
Wie Gott das Kreuz den Kräften anpasst	7	48-54	25^v-27	36-40
Den Willen auf das Kreuztragen ausrichten	8	54-61	27^v-31	40-46
Hilaria flieht das Kreuz	9	62-69	31^v-35	46-51

---

[457] Die Zahl bezeichnet das Blatt (f. – folium).

[458] ^{v} – verso, auf der Rückseite des Blattes.

Thema	Kapitel	R	P	C
Honoria verachtet das Kreuz	10	70-79	35^v-40	51-56
Sünder leiden mehr	11	80-87	40-44	56-61
Genusssüchtige, Habsüchtige, Ehrsüchtige haben auch Kreuze	12	88-95	44-47^v	62-66
Kreuze im Familienleben	13	95-102	48-52	66-72
Selbstverleugnung	14	103-113	52^v-58	72-80
Christus gab ein Beispiel für das Kreuztragen	15	114f	58^v.59	80f
Inhaltsübersicht des **II. Buches**		116-118	59^v.60	0
Die beste Methode, das Kreuz zu tragen	1	119-126	60^v-64^v	82-88
Gott wählt dein Kreuz	2	127-135	64^v-68^v	88-92
Das Kreuz nicht ziehen, sondern tragen	3	136-146	69-73^v	92-99
Das Kreuz richtig tragen	4	147-154	74-77^v	99-105
Christus nicht vorausgehen, sondern ihm folgen	5	155-161	77^v-80^v	105-110
Das Kreuz nach dem Beispiel Christi tragen	6	162-167	80^v-83	110-114

177

Thema	Kapitel	R	P	C
Ob das Kreuz zu lang oder zu schwer ist	7	168-175	83^v-86^v	114-119
Das Kreuz täglich und immer tragen	8	176-185	86^v-91^v	119-126
Ruhmsucht beim Kreuztragen vermeiden	9	186-194	91^v-95	126-132
Das Kreuz um der Sünden willen tragen	10	195-202	95^v-98^v	132-137
Das Kreuz in der Hoffnung auf Lohn tragen	11	203-209	99-102	137-142
Das Kreuz aus Liebe zu Christus tragen	12	210-218	102-106	142-148
Das Gebet am Kreuz	13	219-226	106-109^v	148-153
Die Freude am Kreuz	14	227-236	109^v-114	153-158
Die Danksagung am Kreuz	15	237-246	114^v-119	159-166
In der Bedrängnis Gott Dank sagen	16	247-255	119-122^v	166-172
Sich im Kreuz rühmen	17	256-263	124-125^v (+ 2 f.)	172-177
Die Kreuzigung des Fleisches	18	264-271	125^v-128^v	178-182
Der Welt gekreuzigt sein	19	272-278	128^v-131^v	183-187

Thema	Kapitel	R	P	C
Mit Christus gekreuzigt sein	20	279-287	132-136	187-192
Inhaltsangabe des **III. Buches**		288f	136. 136^v	0
Vorwort		290-294	0	0
Das Kreuz bewahrt vor Sünden	1	295-303	137-141	193-199
Das Kreuz reinigt von Sünden	2	304-312	141^v-145^v	199-204
Das Kreuz öffnet Augen und Sinn	3	313-319	146-149	205-208
Das Kreuz ist Anker der Hoffnung	4	320-326	149-152	209-212
Das Kreuz ist geistlicher Wein	5	327-332	152-154^v	213-216
Durch das Kreuz erbaut der Mensch den Tempel Gottes	6	333-342	154^v-159	216-222
Dem Kreuz ist die Krone verheißen	7	343-349	159^v-162^v	222-226
Die Krone entspricht mehr dem Kreuz als der Aktivität	8	350-357	162^v-166^v	227-231
Das Kreuz vereinigt mit Christus	9	358-368	166^v-171^v	231-237

Thema	Ka-pitel	R	P	C
Mit dem Kreuz das Meer der Welt überqueren	10	369-377	171^v-175^v	237-240
Mit dem Kreuz das himmlische Jerusalem erreichen	11	378-387	175^v-180^v	240-243
Das Kreuz als Leiter zur Wohnung Gottes	12	388-395	180^v-184	243-245
Das Kreuz öffnet die Pforten des Himmels	13	396-401	184-186	0
Testament Staurophilas		401-404	186^v-188	0
Dank für Vollendung des Buches		0	188^v	0
Dank für den Sieg über die Schweden und die Erweiterung der Kirche		0	189-190^v	0

Johannes kürzte die 404 Seiten des Buches um 24 Seiten, während Kliment (Zedergol'm) um 159 Seiten kürzte.[459]

---

[459] Bei dieser Berechnung sind die Vorworte nicht berücksichtigt, da sie in allen drei Ausgaben divers sind.

Die emblematischen Bilder

Thema	Kapitel	R	P	Sv[460]	Signatur[461]
Der Kreuz-Berg	I, 2	8	4[462]		ISS[463]
Das Staurophylakeion	3	16	7^v		ISS
Das Kreuz nach dem Beispiel der seligsten Jungfrau tragen	5	32	16	x	ISS
Jeder erhält sein eigenes Kreuz	7	48	27^v		ISS
Hilaria flieht das Kreuz	9	62	31^v	x	ISS
Honoria verachtet das Kreuz	10	70	35^v		ISS
Sünder leiden mehr	11	80	40		ISS
Selbstverleugnung	14	104	52^v	x	ISS

---

[460] Wenn ein Bild bei Johannes gegenüber dem Original seitenverkehrt dargestellt ist, wird dies durch ein x in dieser Spalte gekennzeichnet.

[461] Van Haeftens Bilder wiesen keine Signatur auf. Sie stammten von Karel van Mallery (1571-1635?). Vgl. Allgemeines Lexikon der Künstler von der Antike bis zur Gegenwart, Teil 23, Leipzig 1929, 596.

[462] Die Zahl bezeichnet das Blatt (folium) gegenüber der Abbildung, die keine Seitenzählung erhielt.

[463] Die Schreibung variierte: I.Steselbeker / I.Steselbicker / I.St.S. / I.Stes./ I.S. / I.Ses. / I.St. / ISS.

Thema	Kapitel	R	P	Sv	Signatur
Gott wählt dein Kreuz	II, 2	128	64^v	x	ISS
Das Kreuz nicht ziehen, sondern tragen	3	136	69		0
Das Kreuz richtig tragen	4	148	74	x	ISS
Christus nicht vorausgehen, sondern ihm folgen	5	156	77^v		ISS
Das Kreuz nach dem Beispiel Christi tragen	6	162	80^v		ISS
Ob das Kreuz zu lang oder zu schwer ist	7	168	83^v		NZ
Das Kreuz täglich und immer tragen	8	176	87	x	ISS
Ruhmsucht beim Kreuztragen vermeiden	9	186	91^v	x	ISS
Das Kreuz um der Sünden willen tragen	10	196	95^v		NZ
Das Kreuz in der Hoffnung auf Lohn tragen	11	204	99		NZ

Thema	Kapitel	R	P	Sv	Signatur
Das Kreuz aus Liebe zu Christus tragen	12	210	102^v		NZ
Das Gebet am Kreuz	13	220	106		NZ
Die Freude am Kreuz	14	228	110		ISS
Die Danksagung am Kreuz	15	238	114^v		NZ
Sich im Kreuz rühmen	17	256	124	x	ISS
Die Kreuzigung des Fleisches	18	264	125^v		NZ
Der Welt gekreuzigt sein	19	272	129		NZ
Mit Christus gekreuzigt sein	20	280	132	x	ISS
Das Kreuz bewahrt vor Sünden	III, 1	296	137		NZ
Das Kreuz reinigt von Sünden	2	304	141^v		ISS
Das Kreuz öffnet Augen und Sinn	3	314	146		NZ
Das Kreuz ist Anker der Hoffnung	4	320	149		ISS

Thema	Kapitel	R	P	Sv	Signatur
Das Kreuz ist geistlicher Wein	5	328	152	x	NZ
Durch das Kreuz erbaut der Mensch den Tempel Gottes	6	334	155		ISS
Dem Kreuz ist die Krone verheißen	7	344	159^v		NZ
Das Kreuz vereinigt mit Christus	9	358	166^v		ISS
Mit dem Kreuz das Meer der Welt überqueren	10	370	171^v	x	ISS
Mit dem Kreuz das himmlische Jerusalem erreichen	11	378	176		NZ
Das Kreuz als Leiter zur Wohnung Gottes	12	388	180		NZ
Das Kreuz öffnet die Pforten des Himmels	13	396	184^v		ISS

Der königliche Kreuzweg wurde insgesamt mit 38 emblematischen Abbildungen ausgestattet. Elf Abbildungen wurden bei Johannes gegenüber der Ausgabe van Haeftens seitenverkehrt dargestellt.

Ein gewisser Sinn für Humor oder zumindest ein lockerer Umgang mit dem Thema war bei van Haeften vorhanden, wenn er das Kreuz als Bogen darstellte, von dem aus Pfeile des Gebetes abgeschossen werden (R, 220), als Harfe, auf der inmitten der Not Loblieder gespielt werden (R, 228), als Hinweis auf die Bürste für die Reinigung des schmutzigen Mantels (R, 304), als Pflug für den Acker des Herzens (R, 314), als Rettungsplanke in Seenot (R, 320), als Teil der Kelter (R, 328), als Meißel zum Behauen der Steine des Tempels und als Maßstab für die Bauzeichnung (R, 334), als Hammer, mit dem auf dem Amboss die Krone geschmiedet wird (R, 344), als Mastbaum für das Segel des Schiffes, als Ruder und als Steuerruder (R, 370) sowie als Wagen zum himmlischen Jerusalem (R, 378).

Benedictus van Haeften schreckte nicht vor gewagten Abbildungen zurück. Zum Schriftwort: „Mir ist die Welt gekreuzigt, und ich der Welt" (Gal 6,14) ist an der Rückseite des Kreuzes Christi der Teufel gekreuzigt, und an der Rückseite des Kreuzes Staurophilas ist die Welt gekreuzigt, dargestellt als König mit Krone.[464] Zum Wort: „Ich bin mit Christus gekreuzigt" (Gal 2,19) sind Christus und Staurophila am gleichen Kreuz aufeinander gekreuzigt.[465]

Johannes gab das Monogramm des Namens Jesu wieder: IHS,[466] das Zeichen der Namen-Jesu-Verehrung. Auf dem

---

[464] Vgl. R, 272; P, gegenüber von f. 129.

[465] Vgl. R, 280; P, gegenüber von f. 132.

[466] Vgl. R, 186; P, gegenüber von f. 91ᵛ. Dies sind die ersten drei Buchstaben der griechischen Form des Namens Jesu, wobei das griechische Sigma durch den lateinischen Buchstaben S ersetzt wurde.

Turmkreuz einer Kirche ließ er allerdings den Hahn streichen, der das Symbol der Wachsamkeit ist.[467]

---

[467] R, 256; P, gegenüber von f. 124.

Bibelzitate

Der Königliche Kreuzweg wies insgesamt 820 Bibelzitate auf.[468]

Pentateuch

Die fünf Bücher Moses wurden 22mal angeführt:[469]

Bibelstelle	R[470]	P[471]	C[472]
Gen 3,4f	2	1ᵛ	5
Gen 3,18	13	7	13
Gen 6,3	270	128	182
Gen 18,27	15.191	8.93ᵛ	14.130
Gen 28,12f	390	181	240

---

[468] R: 820, P: 806 und C: 687 Zitate. Die Reihenfolge der Bücher und die Zählung der Kapitel sowie Verse entsprachen der Vulgata.

[469] R: 22, P: 24 und C: 17 Zitate. Die Bücher Leviticus und Numeri wurden im Königlichen Kreuzweg nicht zitiert.

[470] R – Benedictus van Haeften, Regia via Crucis, Antwerpen 1635. Die Zahl bezeichnet die Seite.

[471] P – Cárskij put' Kr[e]stá G[o]s[po]dnja vovodjáščij v živót véčnyj. Trúdom i izždivéniem Jásn[ago] : v B[o]gu Preos[vjaščenstva] : Egò M[i]l[osti] : G[o]sp[o]d[a] : O[t]cà Ioánna Maxímoviča Archiep[i]s[kopa] Čern[igovskago], Černigov 1709. Die Zahl bezeichnet das Blatt (f. – folium; ᵛ – verso, auf der Rückseite des Blattes).

[472] C – Carskij put' Kresta Gospodnja, vvodjaščij v zizn' večnuju, Bearbeitung v. Kliment (Zedergol'm), Moskau 1878; Kiev 2009. Die Zahl bezeichnet die Seite.

Bibelstelle	R	P	C
Gen 28,17	391	181^v	0[473]
Gen 33,14	163	81	0
Gen 42,21	199	97	135
Gen 48,15	123	63	85
Gen 49,14	77	38^v	0
Ex 3,2	0	XIV[474]	0
Ex 3,5	0	IX	0
Ex 4,3	139	70	93
Ex 15,9	0	V	0
Ex 15,14	273	129	183
Ex 23,4f	254	123	171
Ex 24,12	388.389	0.180^v	0.0
Ex 32,27	0	0	78
Ex 32,28	110	56^v	0
Ex 33,15f	161	80	110
Dtn 13,3	43	22	33
Dtn 25,2	51	25^v	38
Dtn 33,9	110	56^v	78
Dtn 33,19	213	103^v	145

---

[473] 0 – Kein Vorkommen dieser Stelle an diesem Ort.

[474] Die römischen Zahlen bezeichnen in dieser Spalte die unpaginierten Seiten der Vorworte in P.

Richter bis Hiob

Diese Schriften wurden 52mal zitiert:[475]

Bibelstelle	R	P	C
Ri 9,13	327	152^v	213
Ri 16,16	85	42	59
Ri 16,28	222	107	149
1 Sam 17,48	0	XVII	0
2 Sam 17,14	0	XI	0
1 Kön 4,18	28	14^v	0
1 Kön 18,38	0	VII	0
2 Kön 4,11	380	176^v	0
2 Kön 6,6	0	XIII	0
2 Kön 6,21f	75	37^v	55
2 Kön 14,30	223	108^v	151
2 Kön 18,13	0	X	0
2 Chr 9,21	2	1^v	0
2 Chr 15,15	59	30	44
2 Chr 16,12	300	139^v	196
2 Chr 33,6	317f	148	207
2 Chr 33,11-13	317f	148	207

---

[475] R: 52, P: 54 und C: 38 Zitate. Die Bücher Josua, Ruth sowie 1 und 2 Esra (Esra und Nehemia) wurden im Königlichen Kreuzweg nicht zitiert.

Bibelstelle	R	P	C
Tob 2,12	IX	0	0
Tob 3,13	306	142	0
Tob 3,21	325	151^v	0
Tob 10,4	36	18	27
Tob 11,13	317	147^v	206
Tob 12,13	44. 260	22^v. 124a[476]	0. 0
Tob 13,14	0	0	200
Tob 13,18	389	181	244
Tob 13,22	398	184^v	0
Jdt 8,26f	199	97	135
Est 1,7	332	154^v	0
Est 4,11	240	115^v	160
Est 5,2	240	115^v	160
Est 5,9	93	47	65
Est 5,13	93	47	66
Hiob 1,9	239.357	115.166	159.230
Hiob 1,10	44	22^v	34
Hiob 1,21	26.239. 241.245	13^v.115. 116^v.118^v	21.159. 162.165
Hiob 2,8	356	166	230
Hiob 2,10	15.26. 245	8.13^v. 118^v	15.21. 165

---

[476] Mit dem Buchstaben a werden die zwei Blätter bezeichnet, die im Jahre 1709 versehentlich doppelt paginiert wurden.

Bibelstelle	R	P	C
Hiob 4,6	XI	0	0
Hiob 6,8f	0	0	204
Hiob 6,10	132.312	67.145^v	0.0
Hiob 7,1	83	41^v	58
Hiob 7,4	293	0	0
Hiob 7,17	363	169	234
Hiob 14,1	0	0	85
Hiob 14,4	309	143^v	202
Hiob 14,5	123	62^v	0
Hiob 15,16	142	71^v	96
Hiob 17,3	303.360	141.167	0.0
Hiob 25,6	75	37^v	54
Hiob 28,13	279	132^v	187
Hiob 36,15	316	147	206

Psalmen bis Sirach

Diese Schriften wurden 265mal zitiert, davon die Psalmen 169mal, allein Psalm 118 elfmal.[477] Es lässt sich also sagen, dass der Text mit Psalmworten gleichsam getränkt ist. Der Grund dafür ist das kirchliche Gebet, das den Tageslauf durchzieht und sich dem Gedächtnis einprägt.

---

[477] R: 265, P: 268 und C: 197 Zitate (Psalmen – R: 169, P: 178 und C: 123 Zitate; Ps 118: R: 11mal, P: 11mal, C: 9mal).

Bibelstelle	R	P	C
Ps 1,1	298	138	194
Ps 2,12	312	145^v	204
Ps 5,4	390	181	0
Ps 8,5	9	4^v	10
Ps 9,10	330	153	214
Ps 9,24	193	95	132
Ps 9,35	339	157	219
Ps 12,1	361	167^v	232
Ps 13,3	86	43	60
Ps 15,4	23.224	11^v.108^v	19.151
Ps 15,8	0	0	111
Ps 15,11	56	28	42
Ps 16,4	14.112.185	7^v.57^v.91	14.79.125f
Ps 17,2	395	184	0
Ps 17,33	395	184	0
Ps 17,38	303	141	199
Ps 17,47	395	184	0
Ps 18,5	0	XII	0
Ps 18,6	161	80^v	0
Ps 20,4	346	160^v	224
Ps 21,2	361	167^v	232
Ps 21,7	141	71	95
Ps 21,8	141	71	95

Bibelstelle	R	P	C
Ps 22,4	0.241.360	XIII.116.167	0.161.231
Ps 22,5	332	154^v	216
Ps 23,7	400	186	0
Ps 24,7	124	63	85
Ps 25,8	398	184^v	244
Ps 29,7f	170	84	115
Ps 30,20	209	102	142
Ps 31,4	317	147^v	206
Ps 31,10	80.81	0.40	0.56
Ps 33,2	242	117	0
Ps 33,19	7.359.360.363	4.167.167^v.168^v	9.231.232.334
Ps 33,20	15.16	7^v.0	14.0
Ps 34,6	86	43	60
Ps 34,16	141	71	95
Ps 35,9	209.398	102.185	141.244
Ps 36,20	82	41	57
Ps 37,15	112	57^v	79
Ps 37,18	28	15	23
Ps 37,22	361	167^v	232
Ps 38,7	59	30	44
Ps 38,9f	184	90^v	125
Ps 39,5	261	124a	175
Ps 39,18	14	7^v	14
Ps 41,4	209	102	141

Bibelstelle	R	P	C
Ps 41,5	398	185	0
Ps 42,1	142	71^v	95
Ps 43,12	91	46	64
Ps 43,23	209	102	142
Ps 43,24	361	167^v	232
Ps 44,3	38	19	29
Ps 44,9	384	178^v	0
Ps 44,11	9	5	10
Ps 44,14	259	123a	174
Ps 47,9	389.397.398	181.184^v.185	0.243.244
Ps 47,12	243	117^v	163
Ps 48,19	241	116^v	162
Ps 49,12	131	66	90
Ps 49,15	221	107	149
Ps 52,6	152	76	102
Ps 54,16	202	98^v	137
Ps 55,2	331	153^v	215
Ps 59,10	0.389	IX.181	0.0
Ps 60,4	0	XIII	0
Ps 60,5	0	0	244
Ps 61,2	226	109^v	0
Ps 62,6	384	179	0
Ps 64,5f	342	159	222
Ps 64,6	326	152	212

Bibelstelle	R	P	C
Ps 65,5	41	21	32
Ps 68,2	321	149^v	209
Ps 68,3	0	0	209
Ps 68,5	27	14	24
Ps 68,8	141	71	95
Ps 68,15f	321	149^v	209
Ps 68,20	141	71	95
Ps 68,22	29	15	23
Ps 69,4	188	92^v	127
Ps 70,3.5	303	141	199
Ps 71,10	2	1^v	0
Ps 72,1	381	176^v	0
Ps 72,5	200	97^v	136
Ps 72,25	283.362	133^v.168^v	189.233
Ps 72,27f	362	168	233
Ps 72,28	266.324	126^v.151	179.211
Ps 76,3	209.222	102.107	142.149
Ps 76,11	126	64^v	88
Ps 77,34	23	11^v	19
Ps 77,55	0	XVIII	0
Ps 78,4	141	71	95
Ps 79,6	50	25^v	38
Ps 79,17	0	XVI	0
Ps 80,8	361	167^v	232

Bibelstelle	R	P	C
Ps 80,12f	311	145	204
Ps 82,17	224	108^v	151
Ps 83,2	398	184^v	244
Ps 83,3	140.0	70^v.0	94.244
Ps 83,6-8	394	183	0
Ps 83,11	0	0	244
Ps 85,12f	298	138	194
Ps 86,1	389	181	243
Ps 86,3	389	181	0
Ps 87,2	22	11^v	18
Ps 87,4	22	11^v	18
Ps 87,16	124	63^v	86
Ps 88,2	298	138	194
Ps 88,10	326	151^v	212
Ps 88,11	0	VII	0
Ps 88,23	0	VIII	0
Ps 88,28	0	VIII	0
Ps 89,11	243	117^v	163
Ps 90,9	341	158^v	221
Ps 90,15	221.358. 359(2x). 363	107.0. 166^v.167. 169	149.0. 231 (2x). 234
Ps 91,2	227	110	153
Ps 91,4	227	110	153
Ps 92,4	374	173^v	0

Bibelstelle	R	P	C
Ps 93,12	50	25^v	37
Ps 93,17	298	138	194
Ps 98,8	308	143	0
Ps 101,18	9	5	10
Ps 103,15	332	154^v	0
Ps 103,24	355	165	229
Ps 105,2	365	170	236
Ps 106,13	222	107	149
Ps 107,1	185	91	125
Ps 107,13	320.321	0.149	0.209
Ps 110,10	198	96^v	134
Ps 113,9	0.259	XV.123a	0.174
Ps 113,24	41	20^v	31
Ps 115,4	216	105^v	147
Ps 117,19	399	185	0
Ps 118,20	59	30^v	45
Ps 118,27	13	7	14
Ps 118,28	294	0	0
Ps 118,30	9	5	10
Ps 118,37	153	76^v	103
Ps 118,60	266	126^v	179
Ps 118,103	372	173	0
Ps 118,120	269	128	181
Ps 118,121	142	71^v	95

Bibelstelle	R	P	C
Ps 118,137	318	148^v	208
Ps 118,164	0	III	0
Ps 118,176	6	4	9
Ps 119,1	222	107	149
Ps 120,8	0.0.0	IV.XX.XXI	0.0.0
Ps 121,1	205.389	100.181	0.0
Ps 121,3	342.389	159.180^v	222.0
Ps 122,3f	277	131	186
Ps 128,3	346	160^v	224
Ps 131,4f	335	155	217
Ps 135,4	68	34	50
Ps 138,16	183	90	0
Ps 138,24	6	4	9
Ps 140,2	7	4^v	10
Ps 142,8	6	4	9
Ps 143,1	301	140	197
Ps 144,1	395	184	0
Ps 144,18	7	4	9
Spr 3,11	176.177.212	0.86^v.103	0.0.143
Spr 3,17	60	30^v	45
Spr 4,19	86	43	60
Spr 8,20	9	5	10
Spr 8,22	7	4^v	0

Bibelstelle	R	P	C
Spr 8,27-31	9	5	10
Spr 8,31	363 (2x)	168^v.169	234 (2x)
Spr 12,7	106	54	74
Spr 13,4	57	29	43
Spr 14,2	144	72^v	97
Spr 15,13	234	113	158
Spr 16,2	51	25^v	38
Spr 16,11	48.49	0.24^v	0.36
Spr 16,25	6	3^v	8
Spr 19,2	155.156	77^v.0	105.0
Spr 20,24	6	4	9
Spr 20,30	307	142^v	0
Spr 21,19	98	49^v	69
Spr 24,16	309	144	202
Spr 25,21f	254	123	171
Spr 25,23	98	49^v	69
Spr 27,15	98	49^v	69
Spr 29,25	395	184	0
Pred 1,14	88	44^v	62
Pred 2,12	166	82	112
Pred 7,27	99	50^v	69
Pred 7,28f	99	50^v	69
Pred 9,12	123	62^v	85
Hld 1,2	124.385	63^v.178^v	86.0

Bibelstelle	R	P	C
Hld 1,3	59.161. 385.394	$30^v.80^v$. 179.183^v	45.110. 0.0
Hld 1,12	164	81^v	0
Hld 1,13	332	154^v	216
Hld 2,5	270	128	182
Hld 2,9	361	167^v	232
Hld 2,16	210.211	0.102	0.0
Hld 3,1f	279	132	187
Hld 3,9f	281	132^v	188
Hld 3,10	394	183^v	0
Hld 4,6	281	132^v	188
Hld 4,9	221	106^v	148
Hld 5,10	III	0	0
Hld 5,11	0	XIII	0
Hld 5,13	212	102^v	143
Hld 7,8	291	0	0
Hld 7,9	331	154	0
Hld 8,5	395	184	0
Hld 8,6	0.0.68. 198.270	XIII.XIV.34. $96^v.128$	0.0.50. 134.182
Weish 1,11	177	87	120
Weish 3,1	243	117^v	163
Weish 3,2	165	82	112
Weish 3,5	165	82	112
Weish 3,5-7	43	22	33

Bibelstelle	R	P	C
Weish 3,13	102	52	72
Weish 5,2-5	79	40	56
Weish 5,7	84	42	59
Weish 10,10	390	181^v	0
Weish 10,13f	360	167	232
Weish 11,21	50	25^v	37
Weish 13,1	112	57^v	79
Sir 2,1	329	153	214
Sir 2,4	113.233	58.112^v	80.157
Sir 2,5	43	22	33
Sir 2,13	304.305.306	0.141^v.142	0.199.200
Sir 2,16	181	89	122
Sir 3,17	306	142	200
Sir 5,8f	122	62	84
Sir 10,29	186.187	0.91^v	0.126
Sir 18,30	113	58	80
Sir 23,38	55.162.163.165	28.0.80^v.81^v	42.0.110.111
Sir 24,27	68	34	50
Sir 25,23	98	50	69
Sir 27,6	43	22	33
Sir 27,12	192	94^v	130f
Sir 31,2	23	11^v	19
Sir 31,9	241	116^v	162

Bibelstelle	R	P	C
Sir 34,2	191	94	130
Sir 35,21	219	106^v	148
Sir 40,1	82	40^v	57

Jesaja bis Makkabäer

Aus diesen Büchern stammten 66 Zitate.[478]

Bibelstelle	R	P	C
Jes 1,16	85	43	60
Jes 2,3	391	181^v	0
Jes 3,12	192	94^v	131
Jes 6,16	0	0	9
Jes 7,15	131	66	90
Jes 9,6	259	123a	174
Jes 10,27	385	179	0
Jes 26,10	311	145	204
Jes 26,12	191	94	130
Jes 28,19	313.314.315	146.0.147	205.0.206
Jes 30,21	7.8	4.0	0.0
Jes 33,17	282	133	188

---

[478] R: 66, P: 64 und C: 50 Zitate. Die Bücher Baruch, Hosea, Obadja, Nahum, Zefanja und Maleachi wurden im Königlichen Kreuzweg nicht zitiert.

Bibelstelle	R	P	C
Jes 38,16	101	51^v	0
Jes 43,1-3	53	27	40
Jes 53,3f	28	15	23
Jes 53,4	0	0	96
Jes 53,5	0	0	21
Jes 53,6	142	71^v	0
Jes 57,15	338	156^v	218
Jes 58,1	0	VI	0
Jes 59,8	205	100	138
Jes 60,5	398	185	244
Jes 61,3	398	185	0
Jes 62,4	335	155^v	217
Jes 63,2	394	183^v	0
Jes 63,3	332	154^v	216
Jes 66,1	131	66	90
Jes 66,1f	338	157	219
Jer 3,1	142	71^v	0
Jer 4,18	199	97	135
Jer 6,16	0.7	0.4^v	9.10
Jer 10,23	6	4	9
Jer 16,13	84	42	59
Jer 23,24	335	155^v	217
Jer 23,29	270	128^v	182
Jer 49,24	37	19	28

Bibelstelle	R	P	C
Jer 50,23	245	118^v	165
Klgl 3,20	29	15	23
Klgl 3,27	123	63	85
Ez 1,11	153	76^v	103
Ez 9,4f	13	7	13
Ez 16,42	310	144	203
Ez 43,10	336	155^v	0
Dan 3,24	0	XIV	0
Dan 3,52	222	107^v	150
Dan 4,27	317	147^v	207
Dan 4,32	317	147^v	207
Dan 6,10	222	107^v	150
Dan 13,42f	222	107	150
Joel 2,23	12	6^v	12
Am 2,9	20f	10^v	17
Jona 2,2f	222	107^v	150
Mi 7,9	199	97	135
Hab 3,2	312	145^v	204
Hab 3,4	378.379	0.175^v	0.0
Hab 3,4f	380	176^v	0
Hab 3,8	380.386	176^v.179^v	0.0
Hab 3,16	394	183^v	0
Hab 3,18	395	184	0
Hag 2,8	38	19	29

Bibelstelle	R	P	C
Sach 5,7	84	42	59
Sach 9,9	335	155[v]	217
Sach 9,17	332	154[v]	216
1 Makk 3,60	226	109[v]	0
1 Makk 7,20	V	0	0
2 Makk 6,13	247	119[v]	166f

Evangelien

Die Evangelien wurden 173mal zitiert,[479] davon das Matthäusevangelium 78mal, allein die Bergpredigt (Mt 5-7) 19mal.[480]

Bibelstelle	R	P	C
Mt 5,3	130	66	90
Mt 5,5	130	66	0
Mt 5,10	130.325	66.151[v]	90.212
Mt 5,16	190	93[v]	129
Mt 5,44	250	120[v]	168
Mt 5,48	145	73	98
Mt 6,1	147.148.151	74.0.75[v]	99.0.102
Mt 6,2	151	75[v]	102

---

[479] R: 173, P: 172 und C: 164 Zitate.
[480] R: 78, P: 79 und C: 77 Zitate (Bergpredigt – R: 19, P: 17 und C: 17 Zitate).

Bibelstelle	R	P	C
Mt 6,3	190	93^v	129
Mt 6,4	151	76	102
Mt 6,22	18	8^v	16
Mt 7,7	0	0	244
Mt 7,8	68	34^v	50
Mt 7,13	69	34^v	51
Mt 7,14	13.290	7.0	13.0
Mt 7,24	13	7	13
Mt 8,20	29	15	22
Mt 8,25	222	107^v	150
Mt 9,13	212	103	143
Mt 10,22	181.0	88^v.0	122.243
Mt 10,37	109	56	77
Mt 10,38	0.10.17. 44.138. 165.260. 0	0.5^v.8. 22^v.69^v. 82.123^{v}a. 0	6.11.15. 33.0. 112.175. 240
Mt 11,11	36	18	27
Mt 11,12	400	186	0
Mt 11,19	30	15^v	23
Mt 11,28	0	188^v	0
Mt 11,29f	84	42	59
Mt 11,30	381	177	0
Mt 12,34	67	33^v	49
Mt 12,47f	110	56	77

Bibelstelle	R	P	C
Mt 13,22	90	45^v	64
Mt 14,30	222	107^v	150
Mt 16,17	0.261.284	0.124a.134	108.176.190
Mt 16,18	0	0	238
Mt 16,22f	159	79^v	108
Mt 16,24	0.54.127.128.138.0.301	$0.27^v.64^v.0.69^v.0.140$	6.40.0.0.0.123.197
Mt 17,5	12.213	$6^v.103^v$	12.143
Mt 19,6	96	48^v	67
Mt 19,10	101	52	71
Mt 19,11	56.261	$28^v.124a$	42.176
Mt 19,11f	101	52	72
Mt 19,16	69	34^v	51
Mt 19,21	69	34^v	51
Mt 20,16	66	33	48
Mt 20,23	258	124^v	173
Mt 21,9	0	IV	0
Mt 21,28-31	211	102^v	142
Mt 22,13	309	144	202
Mt 22,21	0	IV	0
Mt 24,13	185	91^v	126
Mt 24,30	13	7	13
Mt 24,42f	185	91^v	126

Bibelstelle	R	P	C
Mt 25,12	400	186	0
Mt 25,34	13.0	7.188^v	13.0
Mt 25,41	65	33	48
Mt 25,45	366	170	236
Mt 26,26	130	65^v	89
Mt 26,28	0	0	89
Mt 26,38	27	14	24
Mt 26,39	217.226	105.109^v	147.153
Mt 26,41	119	60^v	82
Mt 26,45	216	105	146
Mt 26,74	120	61	82
Mt 27,29	28	14^v	23
Mt 27,31	28	14^v	23
Mt 27,42f	185	91	126
Mt 27,46	27	14	24
Mk 8,34	10.138	5^v.69^v	11.0
Mk 8,38	24	12	20
Mk 13,1	333	155	216
Mk 14,29	120	61	82
Mk 15,28	142	71^v	96
Lk 1,38	9.205.342	5.100.159	10.138.222
Lk 1,43	9.335	4^v.155^v	10.217f
Lk 1,46-48	9	5	10
Lk 2,7	35	17^v	27

Bibelstelle	R	P	C
Lk 2,19	20	10	16
Lk 2,34f	11.22	6.11^v	12.18
Lk 2,35	31.32	16.0	25.0
Lk 2,46	36	17^v	27
Lk 6,22	230	111	155
Lk 6,24	92	46^v	65
Lk 6,24f	41	21	32
Lk 6,39	0	XI	0
Lk 7,28	36	18	27
Lk 9,23	VII.10.54. 103.104.105. 0.138.157. 182	0.5^v.27^v. 52^v.0.53. 0.69^v.78. 89^v	0.11.40. 72.0.73. 88.92.106. 123
Lk 9,25	0	0	8
Lk 9,62	0	0	239
Lk 10,21	261	124a	176
Lk 11,10	396.397. 400	0.184. 186	0.0. 0
Lk 11,34	152	76	103
Lk 12,7	51	25^v	38
Lk 12,32	66	33	48
Lk 13,24	400	186	0
Lk 14,27	12.138	6^v.69^v	13.0
Lk 14,33	105	53	73
Lk 15,14-17	318	148	207

Bibelstelle	R	P	C
Lk 16,25	41	21	32
Lk 18,25	91	46	65
Lk 18,28	0	0	134
Lk 19,4f	158	78^v	107
Lk 19,41	29	15	0
Lk 21,18	51	25^v	38
Lk 21,19	0	0	243
Lk 22,33	120	61	82
Lk 22,42	113	58	80
Lk 22,64	30	15^v	23
Lk 23,26	158	78^v	107
Lk 23,29	102	52	72
Lk 23,31	30	16	25
Lk 23,32	142	71^v	96
Lk 23,34	250	121	169
Lk 23,44	376	175	0
Lk 24,26	34.208.380	17.101^v.176	26.141.243
Joh 2,4	109	56	77
Joh 3,1f	12	6^v	12
Joh 4,34	216	105	147
Joh 5,44	263	125^v	177
Joh 6,60	11	6	12
Joh 6,61	65	33	48
Joh 6,68	9.64	5.31^v	10.47

Bibelstelle	R	P	C
Joh 8,12	55.163	28.0	41f.0
Joh 8,23	281	132^v	187
Joh 8,34	73	36^v	53
Joh 8,50	188	92^v	127
Joh 9,6f	317	147^v	206
Joh 10,11	0	XVII	0
Joh 10,12	211	102^v	142
Joh 11,36	29	15^v	22
Joh 12,32	59	30^v	45
Joh 13,13	12	6^v	12
Joh 13,15	164	81^v	111
Joh 14,6	7.166	4^v.82^v	10.112
Joh 14,23	335	155^v	217
Joh 14,31	216	105	147
Joh 15,2	308	143	201
Joh 15,4f	191	94	130
Joh 15,5	59	30^v	45
Joh 15,18f	277	131	186
Joh 15,19	144	73	97
Joh 16,21	42f	21^v	32f
Joh 16,33	0.327.328	0.152.0	6.213.0
Joh 17,17	0	V	0
Joh 18,11	216	105	146
Joh 19,20	180	88^v	0

Bibelstelle	R	P	C
Joh 19,30	0	III	0
Joh 21,22	144	73	97

Apostelgeschichte bis Offenbarung

Aus diesen Werken fanden sich 242 Zitate.[481]

Bibelstelle	R	P	C
Apg 1,7	178	87^v	120
Apg 5,41	141.231	71.111^v	95.156
Apg 7,48	335	155^v	217
Apg 7,55	207	100^v	140
Apg 9,4	366	170	236
Apg 14,21	0.34.66. 369.370. 376.384	0.17.33^v. 171^v.0. 175.178	6.26.49. 0.0. 0.242
Apg 16,17	5.9	3^v.4^v	8.10
Apg 16,24f	222	107^v	150
Röm 1,21	319	148^v	208
Röm 3,16	86	43	60
Röm 5,5	68	34	50

---

[481] R: 242, P: 224 und C: 220 Zitate. Nicht zitiert wurden der 2. Brief an die Thessalonicher, die Briefe an Titus und Philemon, der 2. und 3. Johannes-Brief, der Judas-Brief, das Gebet Manasses, das 3. Buch Esra, Psalm 151 und der Brief an die Laodizäer.

Bibelstelle	R	P	C
Röm 6,13	271	128^v	182
Röm 7,22-25	268	127	180
Röm 8,3	142	71^v	96
Röm 8,6	51	26	38
Röm 8,7	113	58	80
Röm 8,9	68	34^v	50
Röm 8,18	47.0. 205.0	24^v.0. 100.0	36.137. 139.153
Röm 8,26	68	34	50
Röm 8,28	319.381	148^v.177	208.0
Röm 8,29	329.365	153.169^v	214.235
Röm 8,31	360	167	232
Röm 8,32	212	103	143
Röm 8,35	214	104	145
Röm 8,38f	214	104	145
Röm 9,1-3	22	11^v	18
Röm 10,2	15	8	15
Röm 11,33	311	145	204
Röm 12,11	157	78^v	106
Röm 15,4	212	103	143
1 Kor 1,18	13.70.71. 72.78. 295.296	7.0.35^v. 36^v.39. 137.0	13.0.51. 52.55. 193.0
1 Kor 1,25f	78	39	55
1 Kor 1,28	24	12^v	20

Bibelstelle	R	P	C
1 Kor 2,9	64.403	32^v.187^v	47.0
1 Kor 3,16	333.334	154^v.0	216.0
1 Kor 3,16f	336	155^v	218
1 Kor 4,9	74	37	54
1 Kor 4,9f	78	39^v	55
1 Kor 4,13	277	131	185
1 Kor 4,16	V	0	0
1 Kor 6,17	286	135^v	0
1 Kor 6,18	90	45	63
1 Kor 7,27	96	48^v	67
1 Kor 7,28	95	48	67
1 Kor 7,39	96	48^v	67
1 Kor 9,10	315	147	0
1 Kor 9,24	157	78^v	106
1 Kor 9,26f	23	11^v	19
1 Kor 9,27	302	140^v	198
1 Kor 10,13	49.174.343	25.86.159^v	37.118.223
1 Kor 10,31	153	76^v	103
1 Kor 11,3	337	156^v	0
1 Kor 11,32	195.196	95^v.0	132.0
1 Kor 13,8	198	96^v	134
1 Kor 15,10	214	104	145
1 Kor 15,54	268	127	180
1 Kor 15,55	286	135^v	192

Bibelstelle	R	P	C
2 Kor 1,3	22	11^v	18
2 Kor 1,3f	212	102^v	143
2 Kor 1,12	143	72	96
2 Kor 3,5f	17	8	15
2 Kor 4,16f	174	86^v	119
2 Kor 4,17	51.168.169.384	$26.0.83^v$.178	38.0.114.243
2 Kor 4,18	140	70^v	94
2 Kor 5,15	107	55	75
2 Kor 6,8	25.142	12^v.72	20.96
2 Kor 7,4	231	111^v	156
2 Kor 8,9	29	15	22
2 Kor 9,7	227	110	0
2 Kor 10,17	258	124^v	173
2 Kor 11,23-25	262	124va	176
2 Kor 11,24	175	86^v	119
2 Kor 12,9	179.338	87^v.157	120f.219
2 Kor 12,9f	261	124a	176
2 Kor 12,10	235.339	113^v.157	158.219
Gal 2,19	13.279.280	7.132.0	13.187.0
Gal 2,19f	284	134	190
Gal 2,20	107	54^v	75
Gal 3,1	122	62	84
Gal 4,4-7	211	102^v	142
Gal 4,14	260	123va	175

Bibelstelle	R	P	C
Gal 4,26	389	180^v	0
Gal 5,24	125.264. 265. 267.281	63^v.0. 125^v. 126^v.132^v	87.0. 178. 179.187
Gal 6,14	0.17.256. 257.272. 273.275. 281.291	XII.8^v.0. 124.0. 129.130. 132^v.0	0.15.0. 172.0. 183.184. 187.0
Eph 2,4	215	104^v	145
Eph 3,18	340	158	220
Eph 4,10	384	178^v	243
Phil 1,19f	324	151	211
Phil 1,21	286	135	191
Phil 1,29	258.353	124^v.164^v	173.228
Phil 2,5	74	37	53
Phil 2,6f	364	169^v	235
Phil 2,6-8	74	37	53
Phil 2,7	284	134	190
Phil 2,8	26.0. 215	13^v.0. 104^v	24.122. 145
Phil 2,8f	287	136	192
Phil 2,17f	231	111^v	156
Phil 3,13	183	90	124
Phil 3,18	62.63	0.31^v	0.0
Phil 3,18f	0.69	0.35	46.51
Phil 4,13	66.179	33^v.87^v	49.120

Bibelstelle	R	P	C
Kol 2,3	12	6^v	12
Kol 2,14	274	129^v	0
Kol 2,15	380	176^v	0
Kol 2,20	276	130^v	185
Kol 3,5	19.125.268	9^v.63^v.127^v	16.87.180f
Kol 3,9f	106.330	54.153	74.214
1 Thess 3,3	38	19^v	29
1 Thess 5,14	11	6	12
1 Thess 5,18	0.237.238	0.114^v.0	153.159.0
1 Tim 3,16	74	37	53
1 Tim 4,15	113	58	80
1 Tim 6,9	91	46	65
2 Tim 2,17	2	1^v	0
2 Tim 3,12	144	72^v	97
2 Tim 4,7	0	0	122
Hebr 4,12	64.270	31^v.128^v	47.182
Hebr 5,7	222	107^v	150
Hebr 5,12	157	78	106
Hebr 6,18f	323	150^v	211
Hebr 9,14	305	142	199
Hebr 10,19f	9	5	11
Hebr 10,33f	207	100^v	140
Hebr 10,36	0	0	239
Hebr 11,6	339	157^v	219

Bibelstelle	R	P	C
Hebr 11,24	206	100^v	139
Hebr 11,26	78.206	39^v.100^v	55.139
Hebr 11,36f	231	111^v	156
Hebr 11,36-38	22	11^v	19
Hebr 12,1	222	107^v	150
Hebr 12,1f	164	81^v	111
Hebr 12,2	26.141.0. 203.204. 207.372	13^v.71.0. 99.0. 100^v.173	22.95.122. 0.0. 0.0
Hebr 12,3	30	15^v	24
Hebr 12,5	0	0	119
Hebr 12,5f	212	103	143
Hebr 12,7f	213	103^v	144
Hebr 12,11	230	111	154
Hebr 12,22	11	5^v	11
Hebr 13,13	136.137.141	0.69.71^v	0.92.95
Jak 1,2	230	111	155
Jak 1,5	340	157^v	220
Jak 1,12	345	160	223
Jak 1,17	68	34	50
Jak 2,20	65	33	48
Jak 2,26	0	0	239
Jak 3,2	73	36^v	53
Jak 5,13	219.220. 234	106.0. 113	148.0. 158

Bibelstelle	R	P	C
1 Petr 1,24	259	123a	174
1 Petr 2,5	342	159	222
1 Petr 2,19	325	151^v	212
1 Petr 2,21	14.74	7^v.37	14.54
1 Petr 2,22	142.167	71^v.83	96.114
1 Petr 3,14	325	151^v	212
1 Petr 4,13	227.228.230.365	109^v.0.111.169^v	153.0.155.235
1 Petr 4,13f	258	124^v	173
2 Petr 2,22	27	14	24
1 Joh 2,15	78	39^v	55
1 Joh 2,16	88	44^v	62
1 Joh 4,16	285	134^v	191
1 Joh 4,18	214	104	0
Offb 1,9	208	101	140
Offb 2,10	185.343.344	91.159^v.0	125.222.223
Offb 3,11	183.348	90.161^v	124.225
Offb 3,12	342	159	222
Offb 3,19	46	23	35
Offb 7,9	0	0	245
Offb 7,13	399	185^v	245
Offb 7,14	13	7	13
Offb 7,14-17	399	185^v	245
Offb 14,4	17.121.167	8^v.61^v.83	15.83.113
Offb 15,1	13	7	13

Bibelstelle	R	P	C
Offb 19,16	74	37	53
Offb 21,4	230.0	111.0	154.244
Offb 21,11	397	184^v	244
Offb 21,12	0	0	244
Offb 21,18	397	184^v	244
Offb 21,21	397	184^v	244
Offb 21,27	310	144	202

Pseudepigraphische Schrift

Schrift	R	P	C
4 Esra 4,5	38	19	29

Übersicht der Bibelzitate

Biblische Schriften	R	P	C
Pentateuch	22	24	17
Richter bis Hiob	52	54	38
Psalmen bis Sirach	265	268	197
Jesaja bis Makkabäer	66	64	50
Evangelien	173	172	164
Apostelgeschichte bis Offenbarung	242	224	221
Bibelzitate insgesamt	820	806	687
Pseudepigraphische Schrift	1	1	1

Häufigkeit der zitierten Schriften

Heilige Schrift	R	P	C
AT	405	410	302
NT	415	396	385
Bibel	820	806	687

Das Verhältnis zwischen den Zitaten aus dem Alten und Neuen Testament ist bei van Haeften[482] und Johannes[483] nahezu ausgeglichen, während Kliment (Zedergol'm) dem Neuen Testament deutlich den Vorrang gab.[484]

Die am häufigsten zitierten biblischen Schriften waren:

Schrift	R	P	C
Ps	169	178	123
Mt	78	79	77
Lk	55	52	50
1 Kor	38	33	29
Joh	34	35	32

---

[482] Bei van Haeften fanden sich zehn Zitate mehr aus dem Neuen Testament.

[483] Johannes übernahm vierzehn Zitate mehr aus dem Alten Testament.

[484] Kliment (Zedergol'm) zitierte 82mal mehr aus dem Neuen Testament als aus dem Alten.

Schrift	R	P	C
Hebr	30	28	28
Spr	28	25	21
Jes	27	26	21
Sir	26	23	23
Hiob	25	23	20
Hld	25	25	14
Röm	25	25	26
2 Kor	24	23	22
Gal	22	18	16
Offb	21	20	24
Phil	18	17	18
Apg	15	14	13
1 Petr	13	12	12
Weish	12	12	11
Gen	11	11	8
Tob	9	8	4
Jer	9	9	9
Kol	9	9	7
Jak	9	8	9
Hab	8	7	1
Ex	7	9	5
Mk	6	6	5
2 Chr	5	5	4
Est	5	5	4

Schrift	R	P	C
Pred	5	5	5
Dan	5	6	5

Deutlich überwogen die Zitate vor allem aus den Psalmen, dann aber auch aus dem Matthäus- und Lukas-Evangelium. Kliment (Zedergol'm) nahm neun Zitate aus dem Hohenlied weniger auf als van Haeften und Johannes.

Häufigste Bibelstellen

Stelle	R	P	C
Lk 9,23	9	7	8
Stelle	R	P	C
Gal 6,14	8	6	5
1 Kor 1,18	7	5	5
Mt 10,38	6	6	7
Apg 14,21	6	5	4
Hebr 12,2	6	5	3
Ps 90,15	5	4	4
Mt 16,24	5	4	4
Gal 5,24	5	4	4
Hiob 1,21	4	4	4
Ps 33,19	4	4	4
Hld 1,3	4	4	2

Stelle	R	P	C
Sir 23,38	4	3	3
2 Kor 4,17	4	3	3
1 Petr 4,13	4	3	3
Hld 8,6	3	5	3

Der Wortlaut der am häufigsten zitierten Stellen ist wie folgt:

Stelle	Zitat
Lk 9,23	Er sagte aber zu allen: Wenn einer mir nachfolgen will, soll er sich selbst verleugnen und er soll täglich sein Kreuz aufnehmen und mir folgen.
Gal 6,14	Mir aber soll es fern sein, mich zu rühmen, außer im Kreuz unseres Herrn Jesus Christus, durch den mir die Welt gekreuzigt worden ist und ich der Welt.
1 Kor 1,18	Denn das Wort des Kreuzes ist für diejenigen, die zugrundegehen, Torheit, für diejenigen aber, die gerettet werden, dass heißt für uns, Kraft Gottes.
Mt 10,38	Und wer sein Kreuz nicht auf sich nimmt und mir nachfolgt, ist meiner nicht würdig.
Apg 14,21	...indem sie die Seelen der Jünger bestärkten, im Glauben zu bleiben, und dass es notwendig sei, dass wir durch viele Bedrängnisse in das Reich Gottes eintreten.

Stelle	Zitat
Hebr 12,2	…während wir aufblicken zu Jesus, dem Begründer und Vollender [unseres] Glaubens. Dieser hat für die ihm bevorstehende Freude das Kreuz ertragen, unter Verachtung der Schande, und sich zur Rechten des Thrones Gottes gesetzt.
Ps 90,15	Er wird zu mir rufen, und ich werde ihn erhören. Ich bin bei ihm in der Not, ich werde ihn herausreißen und ihn verherrlichen.
Mt 16,24	Dann sagte Jesus zu seinen Jüngern: Wenn einer mir nachfolgen will, soll er sich selbst verleugnen und er soll sein Kreuz auf sich nehmen und mir nachfolgen!
Gal 5,24	Die aber Christus gehören, haben das Fleisch zusammen mit den Lastern und Begierden gekreuzigt.
Hiob 1,21	…und sagte: Nackt bin ich aus dem Leib meiner Mutter gekommen und nackt werde ich dorthin zurückkehren. Der Herr hat gegeben. Der Herr hat genommen. Der Name des Herrn sei gepriesen!
Ps 33,19	Nahe ist der Herr denen, deren Herz heimgesucht wird, und diejenigen, welche von demütigem Geist sind, wird er retten.
Hld 1,3	Ziehe mich dir nach; im Dufte deiner Salböle werden wir laufen!
Sir 23,38	Und großer Ruhm ist es, dem Herrn zu folgen; denn die Länge der Tage erhält man von ihm.

Stelle	R P C
2 Kor 4,17	Denn das, was in der Gegenwart ein augenblickliches und leichtes Zeichen unserer Bedrängnis ist, erwirkt für uns über jedes Maß hinaus in die Erhabenheit ein ewiges Gewicht an Ruhm.
1 Petr 4,13	…sondern freut euch, dass ihr Christi Leiden teilt, damit ihr euch auch bei der Offenbarung seiner Herrlichkeit jubelnd freuen könnt.
Hld 8,6	Setze mich wie ein Siegel auf dein Herz, wie ein Siegel auf deinen Arm, weil die Liebe stark wie der Tod ist.

Literaturzitate

Der Königliche Kreuzweg enthielt 595 Zitate aus der Literatur.[485]

Antike Autoren

Werke antiker Autoren wurden im Königlichen Kreuzweg 58mal zitiert.[486] Auffällig war die Zurückhaltung bei Kliment (Zedergol'm): Er übernahm nur etwas mehr als die Hälfte der Zitate.

Autor	Werk	R	P	C
Apuleius	Florida 2	43	22	0
Archytas aus Tarent	Bei Cicero, Cato maior XII,39[487]	89	44^v	62
Chrysipp	Fragment 999[488]	199f	97^v	135
Cicero	Paradoxa stoicorum 4	302	140^v	197

---

[485] R: 595, P: 571 und C: 446 Literaturzitate.

[486] R: 58, P: 53 und C: 33 Zitate aus antiken Autoren.

[487] Archytas aus Tarent war ein Freund Platons, hier handelt es sich aber wohl um ein Fragment von Pseudo-Archytas, zitiert bei Cicero, Cato der Ältere Über das Alter XII, 39, hg. v. M.Faltner, München 1953; München 1980, 50.52.

[488] J. v. Arnim, Stoicorum veterum fragmenta, Bd. 2, Leipzig 1903; Stuttgart 1964, 293.

Autor	Werk	R	P	C
Cicero	Pro C. Rabirio 5,16[489]	71f	35^v	52f
Cicero	Tusculum 1,69[490]	3	2	0
Cicero	Tusculum 3,29[491]	81	40^v	57
Epiktetos[492]	Encheiridion 10	171	84^v	116
Heraklit[493]	Fragment 65 A 3	23	11^v	19
Herodot[494]	Historien 1,207	316	147	0
Horatius	Ars poetica 39f	50	25^v	37
Horatius	Satiren 1,2,24	147	74	0
Livius	Ab urbe condita 2,1	167	83	114

---

[489] Cicero, Rede Pro C. Rabirio perduellionis reo 5,16, hg. v. A.C.Clark, Oxford 1909; Oxford ¹³1986, 187. Gaius Rabirius war des Hochverrats (perduellio) angeklagt worden, da er sich 100 vor Chr. an der Ermordung des L. Appuleius Saturninus beteiligt hatte.

[490] Cicero, Tusculanæ disputationes (Diskussionen in Tusculum), hg. v. O.Gigon, München u. Zürich ⁶1992, 66.

[491] Cicero, Tusculanæ disputationes, München u. Zürich ⁶1992, 196. Zitat von Euripides, Fragment 964, Nr. 2.

[492] Epiktetos, Encheiridion 10, hg. v. R.Nickel, Zürich, München u. Darmstadt 1994, 18.

[493] Heraklit, Fragment 65 A 3, hg. v. B.Snell, München u. Zürich ⁸1983, 38.

[494] Herodot, Historien 1,207, hg. v. J.Feix, Düsseldorf ⁷2006, 190.

Autor	Werk	R	P	C
Livius	Ab urbe condita 4,6,12[495]	72	36	0
Lucanus[496]	Pharsalia 1,9	46	23^v	35
Lucretius	Libri rerum naturarum 1 und 4	IX	0	0
Ovid	Ars amatoria 2,437f	299	139	0
Ovid	Remedia amoris 229-232	65	32^v	0
Ovid	Remedia amoris 521f	66	33^v	0
Ovid	Remedia amoris 572	82	41	57
Ovid	Tristia 5	199	97	134
Ovid	Tristia 5	202	98^v	0
Ovid	Tristia 15	150	75	0
Petronius Niger	Satyrica 56	43	22	0
Philon von Alexandrien	Über die Träume 1,46	390	181	240
Pindar	Hymnen 4	88	44	62
Platon[497]	Theaitetos 182c	23	11^v	19

---

[495] Livius, Ab urbe condita 4,6,12, hg. v. L.Fladerer, Stuttgart 2007, 24.

[496] Lucanus († 65 nach Christus).

[497] Platon, Theaitetos 182c, hg. v. A.Diès, Paris ³1955; Darmstadt 1990, 124.

Autor	Werk	R	P	C
Plinius[498]	Briefe 7.26	299	139	0
Polybios[499]	Historien 5	94	47	66
Publilius[500]	Sentenzen F 11	183	90	124
Publilius	Sentenzen S 610	43	22	0
Seneca[501]	Ad Polybium de consolatione 18,5	171	84^v	116
Seneca	Brief 6,5[502]	IX	0	0
Seneca	Brief 26,7[503]	123	62^v	85
Seneca	Brief 78,13[504]	171	84^v	116
Seneca	Brief 94,64f[505]	93	0	0

---

[498] Gaius Plinius Caecilius Secundus der Jüngere († vor 117 nach Christus), Brief an Gaius Vibius Maximus, hg. v. H.Kasten, München u. Darmstadt 1995, 416.

[499] Polybios († um 120 vor Christus).

[500] Publilius Syrus Mimus (1. Jahrhundert vor Christus).

[501] Lucius Annaeus Seneca, Trostschrift an Polybius 18,5, hg. v. R.Waltz, Paris ^{4}1961; Darmstadt ^{4}1993, 290.

[502] Seneca, Brief 6,5, an Lucilius, hg. v. F.Préchac, Paris ^{4}1964; Darmstadt 1974, 30.32.

[503] Seneca, Brief 26,7, an Lucilius, Paris ^{4}1964; Darmstadt 1974, 226.

[504] Seneca, Brief 78,13, an Lucilius, hg. v. F.Préchac, Paris ^{2}1965; Darmstadt ^{2}1987, 134.

[505] Seneca, Brief 94,64f, an Lucilius, hg. v. F.Préchac, Paris 1962; Darmstadt ^{2}1987, 454: Pompeius wurde durch grenzenlose Geltungssucht zu seinen Kriegszügen getrieben, Caesar durch Ehrgeiz.

Autor	Werk	R	P	C
Seneca	Brief 121,8[506]	72	36	0
Seneca	De brevitate vitæ	122	62^v	84
Seneca	De providentia	43	22	33
Seneca	De providentia	45	23	34f
Seneca	De providentia	46	23^v	35
Seneca	De providentia	231	111^v	155
Seneca	De providentia 5,10[507]	262	125	177
Seneca	Exzerpte	179	88	121
Seneca	Naturales quæstiones 3	184	90^v	124
Seneca	Naturales quæstiones	302	140^v	198
Seneca	Thyestes	95	47^v	0
Silius Italicus	De bello punico 15, 102-104	12	6^v	0
Stobaios[508]	De legibus, sermo 44	240	116	161
Stobaios	Sermo 68	97f	49^v	69

---

[506] Seneca, Brief 121,8, an Lucilius, hg. v. F.Préchac, Paris 1964; Darmstadt ²1987, 802.804.

[507] Seneca, De providentia 5,10, hg. v. R.Waltz, Paris ⁴1959; Darmstadt ⁴1989, 32.34.

[508] Johannes Stobaios: Stoboi in Makedonien (5. Jahrhundert nach Christus).

Autor	Werk	R	P	C
Suetonius[509]	De vita caesarum: Caligula	X	0	0
Terentius	Der Selbstquäler 1,1,25[510]	109	0	0
Tibull	Elegien 3,2	66	33	48
Vergil	Aeneis 2,774[511]	67	33^v	49
Vergil	Aeneis 5,695f[512]	5	3	0
Vergil	Aeneis 6,129[513]	231	111^v	0
Vergil	Georgica 2,328-331[514]	3	2	0
Vergil (Pseudo-)	De littera pythagorae 1	12	6^v	0

---

[509] Gaius Suetonius Tranquillus (†140/150 nach Christus).

[510] Publius Terentius Afer († 159/158 vor Christus), Hautontimoroumenos (Der Selbstquäler), 163 vor Christus aufgeführt: „Da auch ich ein Mensch bin, meine ich, mir sei nichts Menschliches fremd." Terentius war der erste afrikanische Dichter lateinischer Sprache.

[511] Publius Vergilius Maro, Aeneis 2,774, hg. v. J.Götte, Düsseldorf u. Zürich ^{9}1997, 92.

[512] Vergil, Aeneis 6,129, Düsseldorf u. Zürich ^{9}1997, 212.

[513] Vergil, Aeneis 6,129, Düsseldorf u. Zürich ^{9}1997, 228.

[514] Vergil, Georgica 2,328-331, hg. v. O.Schönberger, Stuttgart 1994, 58.

Griechische Kirchenväter

Werke griechischer Kirchenväter wurden 118mal zitiert:[515]

Autor	Werk	R	P	C
Antiochos[516]	Pandektes, h. 117	237. 246	114^v. 118^v	159. 165
Apophthegmata	Vitæ Patrum 2,1	307	143	201
Apophthegmata	Vitæ Patrum 3,84, PL 73, 775A-C	251	121	169f
Apophthegmata	Vitæ Patrum 3,158	354	164^v	228
Apophthegmata	Vitæ Patrum 5,65	354	164^v	228
Apophthegmata	Vitæ Patrum V,1,65, PL 73, 872D.873A	149	74^v	100
Apophthegmata	Arsenios 33, PG 65, 100C-101A; Vitæ Patrum V,18,2, PL 73, 978B-D	149	74^v	100

---

[515] R: 118 Zitate, P: 114 Zitate und C: 110 Zitate. Benedictus van Haeften zitierte griechische Kirchenväter häufiger als die beiden orthodoxen Übersetzer.

[516] Antiochos im Sabaskloster, erste Hälfte des 7. Jahrhunderts.

Autor	Werk	R	P	C
Apophthegmata	Vitæ Patrum VII,20,1, PL 73 1044f	244	118	164
Athanasios von Alexandrien	Vita Antonii 10[517]	361f	168	232
Basileios der Große	Ausführliche Regeln 6	19	9^v	16
Basileios	Fasten, h. 1[518]	41	21	32
Basileios	Geduld, h. 11	345	160	223
Basileios	Jungfräulichkeit	97. 100f	48^v. 51	68. 71
Basileios	Kurze Regeln 34	153	77	104
Basileios	Taufe	282	133	189
Basileios	Zu einigen Schriftstellen	91	45^v	64
Basileios	Zu Jes, Buch 1	158f	79	107
Basileios von Seleukia († 468)	Leben der hl. Thekla	232	112^v	156f
Clemens von Alexandrien	Pädagoge 1,8	299.0	138^v.0	195. 239

---

[517] Vgl. Athanasios von Alexandrien, Leben des Antonios 10,1-3, hg. v. G.J.M.Bartelink, SC 400, Paris 1994, 162.164.

[518] h. – homilía, Homilie, Gespräch (beséda), Predigt.

Autor	Werk	R	P	C
Didymos	in: Johannes von Damaskus, Parallelen 3,49	307	142^v	0
Dionysios Areopagita	Namen Gottes 4[519]	284	134	190
Dorotheos von Gaza	Über Gehorsam[520]	383	178	242
Dorotheos von Gaza	Unterweisung 14[521]	339	157^v	219f
Ephräm Graecus	Buch 2, h. 35[522]	160	80	109
Ephräm Graecus	Über Geduld, Buch 2, h. 48[523]	49	25	37

---

[519] Vgl. Corpus Dionysiacum, Über die Namen Gottes 4, Bd. 1, hg. B.R.Suchla, Patristische Texte und Studien 33, Berlin u. New York 1990, 158f.

[520] Vgl. Dorotheos von Gaza, Unterweisung 5,68, hg. v. L.Regnault u. J. de Préville, SC 92, Paris ²2001, 264.

[521] Vgl. Dorotheos von Gaza, Unterweisung 14,151, Paris ²2001, 422.

[522] Zitat aus Vitæ Patrum V,10,111, PL 73, 923B: „Es sagten einige Greise: Wenn du einen jungen Menschen durch seinen eigenen Willen zum Himmel aufsteigen siehst, ergreife seinen Fuß und wirf ihn zu Boden; denn auf diese [eigenwillige] Weise kommt nichts heraus."

[523] Vgl. Ephräm Graecus, Über Geduld, Érga, Bd. 3, hg. v. K.G.Phrantzolas, Thessalonike ²2006, 311f.

Autor	Werk	R	P	C
Evagrios Pontikos	Über die acht Geister der Bosheit 16[524]	150	75	101
Gregor von Nazianz	Brief 31,3	23	11ᵛ	19
Gregor von Nazianz	h. 42	282	133	188
Gregor von Nazianz	h. 45, zu Ostern	0	0	5
Gregor von Nazianz	h. auf die Heilige Taufe	122	62	84
Gregor von Nazianz	Lied 18	268	127	180
Gregor von Nazianz	Lied zur Jungfrau	375	174ᵛ	0
Gregor von Nyssa	Gegen die Wucherer	X	0	0

---

[524] Evagrios Pontikos (Pseudo-Neilos), Perì tōn oktō pneumátōn tēs ponērías 16, PG 79, 1161 B: „Verkaufe nicht deine Mühen an menschliche Ehrungen und gib die künftige Ehre nicht für Beifall hin. Denn menschlicher Ruhm wird im Staube liegen (Ps 7,6) und sein Lob erlischt auf Erden, der Ruhm der Tugend aber bleibt in Ewigkeit (Ps 110,3)."

Autor	Werk	R	P	C
Gregor von Nyssa	in: Johannes von Damaskus, Parallelen 3,49	352	163^v	0
Gregor von Nyssa	Jungfräulichkeit 3	100	51	70f
Gregor von Nyssa	Seligpreisungen	207	100^v	140
Ignatios von Antiochien (Pseudo-)	Brief an die Philipper	21	10^v	17
Isidor von Pelusium	Brief 1,4	207	100^v	0
Isidor von Pelusium	Brief 1,260	159	79	108
Isidor von Pelusium	Brief 2,169	345f	160	224
Johannes Chrysostomos	An Demetrios, h. 1	13	7	13
J.Chrys.	An die Antiochener, h. 1	IX.44f	0.22^v	0.34
J.Chrys.	An die Antiochener, h. 4	294.345	0.160	0.223

Autor	Werk	R	P	C
J.Chrys.	An die Antiochener, h. 6	307	142^v	201
J.Chrys.	An die Antiochener, h. 44	183	90	124
J.Chrys.	An die Antiochener, h. 54	89	44^v	63
J.Chrys.	An die Antiochener, h. 55	89f	44^v	63
J.Chrys.	An die Antiochener, h. 57	82	40^v	57
J.Chrys.	An die Antiochener, h. 66	39.83	19^v.41^v	30.58
J.Chrys.	An die Antiochener, h. 67	173	85^v	117
J.Chrys.	An Olympias, Brief 10	355-357	165^v.166.166^v	229-231
J.Chrys.	Über das Fasten, h. 1	301	140	197

Autor	Werk	R	P	C
J.Chrys.	Über das Kreuz und den Schächer, h. 1	11	6	12
J.Chrys.	Über das Kreuz und den Schächer, h. 2	230	111	154f
J.Chrys.	Über den hl. Paulus, h. 6	179	88	121
J.Chrys.	Über den Unbegreiflichen, h. 5	223	108	151
J.Chrys.	Über die Geduld	214	104	145
J.Chrys.	Über die Geduld Hiobs, h. 5	239	115	160
J.Chrys.	Über die hl. Thekla	99	50^v	70
J.Chrys. (Pseudo-)	Über die hll. Petrus und Paulus	21	10^v	17
J.Chrys.	Über die Jungfräulichkeit	96	48^v	67f
J.Chrys. (Pseudo-)	Über die Kreuzverehrung	15.54	8.27^v	14.41

Autor	Werk	R	P	C
J.Chrys.	Über die Vorsehung Gottes 1	319	148^v	208
J.Chrys.	Über Hiob und Abraham	239	115	159
J.Chrys.	Zu Apg, h. 3	0	0	238
J.Chrys.	Zu Eph, h. 8	261. 353	124^{v}a. 164^v	175f. 228
J.Chrys.	Zu Gal, h. 2	284	134^v	190
J.Chrys.	Zu Gal, h. 6	273. 274	129. 129^v	183f. 0
J.Chrys.	Zu Gen, h. 5	154	77	104
J.Chrys.	Zu Jes, h. 4	0	0	238
J.Chrys.	Zu Kol, h. 2	208	101^v	141
J.Chrys.	Zu Kol, h. 8	244	117^v	164
J.Chrys.	Zu Mt, h. 10	224.319	108^v.148^v	152.208
J.Chrys.	Zu Mt, h. 19	190	93^v	129

Autor	Werk	R	P	C
J.Chrys.	Zu Mt, h. 24	206	100	139
J.Chrys.	Zu Mt, h. 56	54f.105. 108	27^v.53. 55^v	41.73. 76
J.Chrys.	Zu Mt, opus imperfectum, h. 3	225	109	152
J.Chrys.	Zu Phil, h. 1	286	135	192
J.Chrys.	Zu Phil, h. 4	240	115^v	161
J.Chrys.	Zu Phil, h. 7	144	73	98
J.Chrys.	Zu Ps 125	315	146^v	205
J.Chrys.	Zu Röm, h. 17	151.152. 192	75^v.76. 94^v	101.102. 131
J.Chrys.	Zu Röm, h. 31	202	98^v	137
Johannes von Damaskus	Darlegung des Glaubens 4,15	37	19	29
Johannes von Damaskus	Zum Entschlafen der Gottesgebärerin, h. 2	34	17	26

Autor	Werk	R	P	C
Johannes Klimakos	Klimax 2[525]	188	92	0
Johannes Klimakos	Klimax 4[526]	46f	24	35f
Johannes Klimakos	Klimax 4[527]	346f	161	225
Johannes Klimakos	Klimax 4[528]	145	73	98
Johannes Klimakos	Klimax 8[529]	145	73^v	99
Johannes Klimakos	Klimax 8[530]	146	73^v	99
Johannes Klimakos	Klimax 9[531]	254	123	171
Johannes Klimakos	Klimax 22[532]	193	95	131f

---

[525] Vgl. Johannes Klimakos, Klimax 2,10, PG 88, 656C.
[526] Vgl. Johannes Klimakos, Klimax 4,24, PG 88, 692CD.
[527] Vgl. Johannes Klimakos, Klimax 4,31, PG 88, 700C.
[528] Vgl. Johannes Klimakos, Klimax 4,129f, PG 88, 728B.
[529] Vgl. Johannes Klimakos, Klimax 8,26, PG 88, 832D.833A.
[530] Vgl. Johannes Klimakos, Klimax 8,29, PG 88, 833BC.
[531] Vgl. Johannes Klimakos, Klimax 9,11, PG 88, 841CD.
[532] Vgl. Johannes Klimakos, Klimax 22,2, PG 88, 949AB.

Autor	Werk	R	P	C
Johannes Klimakos	Klimax 26[533]	255	123^v	172
Johannes Moschos	Pratum spirituale 34[534]	252	122	170
Leontios von Neapolis[535]	Leben Johannes' des Almosengebers	252	122	170
Markos der Eremit	Heilsame Unterweisungen[536]	160f	80	109
Neilos von Ankyra	Paränese	346	160^v	224
Origenes	De principiis 3,6,2	52	26	39
Origenes	Zu Ex, h.6	273	129	183
Origenes	Zu Jos, h. 8	274.380	129^v.176^v	0.0
Origenes	Zu Mt, h. 34	360	167	232

---

[533] Vgl. Johannes Klimakos, Klimax 26,125, PG 88, 1060D.

[534] Vgl. Johannes Moschos, Patrum spirituale 34, PG 87/3, 2884AB.

[535] Leontios von Neapolis (Zypern; † um 650).

[536] Vgl. Markos der Eremit, Brief an Nikolaus 5, hg. v. G.-M.Durand, SC 455, Paris 2000, 124: Warnung vor Idiorrhythmie, vor dem Leben nach eigenen Regeln.

Autor	Werk	R	P	C
Origenes	Zu Mt, h. 35	184	90^v	0
Origenes	Zu Röm, h. 7	287	136	192
Philon von Carpasia[537]	Zu Hld 7	291.331	0.154	0.215
Sozomenos	Oracula Sibyllina 6,26	72	36	52
Theophilos von Antiochien (2. Jh.)	An Autolykos 2,25	0	0	5

Apokryphe Schrift

Schrift	R	P	C
Passio Andreae[538]	72	36	52

---

[537] Philon von Carpasia (Zypern) oder von Karpathos (4./5. Jahrhundert).

[538] Vgl. Passio Andreae, hg. v. Th.Detorakis, in: Acts of the Second International Congress of Peloponnesian Studies 1, Athen 1981f, 325-352.

Lateinische Kirchenväter

Der Königliche Kreuzweg zitierte 228mal lateinische Kirchenväter:[539]

Autor	Werk	R	P	C
Ambrosius	Ad virginem lapsam 8	201f	98^v	136
Ambrosius	Apologie Davids 2,3	322	150	210
Ambrosius	Brief 4,9	78	39^v	55
Ambrosius	Brief 7	V	0	0
Ambrosius	Brief 58,4, an Bischof Sabinus	75	38	54f
Ambrosius	De obitu Theodosii, or. 48[540]	3	2^v	0
Ambrosius	De officiis	143	72	96
Ambrosius	De officiis 1,15	352	163^v	0
Ambrosius	De officiis 30	190	93^v	129

---

[539] R: 228, P: 224 und C: 178 Zitate.

[540] or. – oratio, hier in der Bedeutung von: Rede, Vortrag, sonst auch: Gebet.

Autor	Werk	R	P	C
Ambrosius	De pœnitentia 2,10	107	54^v	75
Ambrosius	De virginitate 1	232	112	156
Ambrosius (Pseudo-)	s. 51[541]	376	175	0
Ambrosius	Zu Gal 6	274f	129^v	0
Ambrosius	Zu Lk, Buch 4	93.323.345	47.150.160	0.210.223
Ambrosius	Zu Lk 10,23	158	79	107
Ambrosius	Zu Ps 47	376	175^v	0
Ambrosius	Zu Ps 118	269f	128	182
Ambrosius	Zu Ps 118, s. 2	123	63	85
Ambrosius	Zu Ps 118, s. 5	158	78^v	107
Ambrosius	Zu Ps 118, s. 8,15	78	39^v	55
Ambrosius	Zu Ps 118, Achtvers 4	386	179^v	0
Ambrosius	Zu Ps 118, Achtvers 10	237	114^v	159
Ambrosius	Zu Ps 118, Achtvers 19	122	62	84

---

[541] s. – sermo: Predigt, Vortrag, Unterredung, Gespräch.

Autor	Werk	R	P	C
Ambrosius	Zu Ps 118, Achtvers 20	51	25^v	38
Augustinus	Brief 32, an Paulinus	207	101	140
Aug.	Brief 87	241.299	116.138^v	162.195
Aug.	Confessiones[542]	312	145^v	204
Aug.	Confessiones 1,12	83	41	57
Aug.	Confessiones 8,9	57	29	43
Aug.	Confessiones 8,10	58f	29^v	43f
Aug.	Confessiones 8,11	124	63	86
Aug.	Confessiones 8,27	66	33^v	49

---

[542] „Domine, hic ure, hic seca, ut in æternum parcas" (Herr, hier brenne, hier schneide, damit du in Ewigkeit verschonest). Petrus Cantor († 1197), Verbum abbreviatum, PL 205, 497B, gab als Quelle dieses Zitates Augustinus' Bekenntnisse an. Thomas von Aquin, In psalmos Davidis expositio 2,6,1, Parma 1863, 49, gab als Autor dieses Zitates Augustinus an. Gregor der Große, Moralia in Job 7,19,22, PL 75, 777C: „ideo hic me feriat, ut non parcendo, in perpetuum parcat" (daher verletze er mich hier, damit er durch [sein] Nicht-Schonen [mich] in Ewigkeit schone).

Autor	Werk	R	P	C
Aug.	Confessiones 10,28	84	41^v	58
Aug.	Confessiones 10,36	188.193	92.95	127.132
Aug.	Confessiones 10,37	188	92^v	128
Aug.	De annuntiatione Domini, s. 3	340	158	220
Aug.	De bono viduitatis 21	214	104	145
Aug.	De cantico novo, Kap. 2	374	174	0
Aug. (Pseudo-)	De cataclysmo 6,8, PL 40, 698	391f	182	0
Aug. (Pseudo-)	De cataclysmo 6,8f, PL 40, 698f	393	182^v	0
Aug.	De catechizandis rudibus	26	13^v	22
Aug.	De civitate Dei 1,8	143	72^v	97
Aug.	De civitate Dei 10	383	177^v	0
Aug.	De civitate Dei 21,26	38	19	29
Aug.	De civitate Dei 22,30	404	188	0

Autor	Werk	R	P	C
Aug.	De dialectica 6	11	6	12
Aug.	De diversis, s. 4	179	87^v	121
Aug.	De diversis, s. 22	375	174^v	0
Aug.	De diversis 39,8	387	180	0
Aug.	De diversis, s. 100,6	91	46	64
Aug.	De Genesi adversus Manichæos 1	267	127^v	180
Aug.	De Quinquagesima, s. 3	340f	158	221
Aug.	De sanctis, s. 20	269	126^v	181
Aug.	De sanctis, s. 32	15.17	8.8	15.15
Aug.	De sanctis, s. 47	167	82^v	113
Aug.	De sanctis, s. 50	91	46	64
Aug.	De scipturis, s. 38	275	130	184
Aug.	De scripturis, s. 96,4	20	10	16
Aug.	De tempore, s. 3	40.56	20^v.28^v	31.42

Autor	Werk	R	P	C
Aug.	De tempore, s. 105	362	168	233
Aug.	De tempore, s. 111	246	118^v	166
Aug.	De tempore, s. 246	40	20^v	31
Aug.	De trinitate	362	168	233
Aug.	De trinitate 1,3	XI	0	0
Aug.	De trinitate 2	278	131^v	186
Aug.	De verbis apostoli, s. 7	180	88^v	122
Aug.	De verbis apostoli, s. 20	142	72	96
Aug.	De verbis Domini, s. 37	299.311	138^v.145	195.204
Aug.	De virginitate	167	83	114
Aug.	Enchiridion 53	266	126	178
Aug.	In festum omnium sanctorum, s. 2	184	91	125
Aug. (Pseudo-)	Meditationes 41, PL 40, 942	209	101^v	141f
Aug.	Soliloquia 22	209	101^v	142
Aug. (Pseudo-)	Soliloquia animæ ad Deum, PL 40, 895	326	151^v	212

Autor	Werk	R	P	C
Aug.	Zu Joh, tract. 2[543]	371	172	0
Aug.	Zu Joh, tract. 7	211.299	102^v.138^v	143.195
Aug.	Zu Joh, tract. 37	185	91^v	126
Aug.	Zu Joh, tract. 117,3	74f	37^v	54
Aug.	Zu 1 Kor 2,9	403	187^v	0
Aug.	Zu Ps 22	241	116	161
Aug.	Zu Ps 31	153.212	76^v.103	103.143
Aug.	Zu Ps 34	167	83	114
Aug.	Zu Ps 36	178	87^v	120
Aug.	Zu Ps 42	227.229	110.110^v	154.154
Aug.	Zu Ps 43	40	20^v	31
Aug.	Zu Ps 45	86f	43^v	61
Aug.	Zu Ps 50	299	139	195
Aug.	Zu Ps 51	371	172	0
Aug.	Zu Ps 55	66.160. 330-332	33.79^v. 153^v	48.109. 214-216
Aug.	Zu Ps 59	382	177	0
Aug.	Zu Ps 61	366	170^v	0

---

[543] tract. – tractatus: Abhandlung, Traktat, Predigt, Homilie.

Autor	Werk	R	P	C
Aug.	Zu Ps 64	323	150^v	211
Aug.	Zu Ps 68	207	101	140
Aug.	Zu Ps 69	159f	79^v	109
Aug.	Zu Ps 76	223	108	151
Aug.	Zu Ps 77	244	117^v	164
Aug.	Zu Ps 79	185	91^v	125
Aug.	Zu Ps 83	329	152^v	214
Aug.	Zu Ps 86	341	158^v	221
Aug.	Zu Ps 88, conc. 2[544]	212	103	144
Aug.	Zu Ps 91	227	110	153
Aug.	Zu Ps 93	200.209. 300.403	97^v.101^v. 139^v.187^v	135.141. 196.0
Aug.	Zu Ps 97	245.298	118^v.138^v	165.195
Aug.	Zu Ps 98	174. 308	86. 143^v	118. 201f
Aug.	Zu Ps 103	340	158	220
Aug.	Zu Ps 118, conc. 12	152	76^v	103
Aug.	Zu Ps 122	212.391	103.181^v	143.0
Aug.	Zu Ps 137	214	104	145
Beda	De sanctis, s. 18, August	33	17	25f

---

[544] conc. – concio: Rede, Vortrag, Predigt.

Autor	Werk	R	P	C
Beda	Zu Gal 5	267	126[v]	179
Beda	Zu Lk, Kap. 41	315	146[v]	0
Beda	Zu Mk 3,17	110	56	77
Benedikt von Nursia	Regel, Prolog 48f	13f	7[v]	14
Boethius	Consolatio philosophiae 1,2, Prosa 4	88	44	62
Boethius	Consolatio philosophiae 3, Metrum 7	90	45[v]	64
Boethius	Consolatio philosophiae 3, Prosa 7	90	45[v]	63
Cassian	Collationes 4,12	24	12[v]	20
Cassian	Collationes 8,3	15	8	15
Cassian	Instituta 2,18	153	77	104
Cassian	Instituta 4,35	267.283	126[v].133[v]	179.189
Clemens von Rom	Brief 1	373f	173	0
Cyprian	Brief 4,6	348	161[v]	225f

253

Autor	Werk	R	P	C
Cyprian	De nativitate	29	15	22
Cyprian	De passione	301	140	197
Cyprian	De pudicitia	90	45	63
Faustus von Riez († um 495)	Brief 2	315	146^v	0
Gregor der Große	Dialoge 2,2	302	140^v	198
Gregor der Große	Moralia in Job 1	181	89	123
Gregor der Große	Moralia in Job 2,23	322	149^v	210
Gregor der Große	Moralia in Job 2,26	189	92^v	128
Gregor der Große	Moralia in Job 7,7	307	142^v	200
Gregor der Große	Moralia in Job 9,13	193	94^v	131
Gregor der Große	Moralia in Job 22,5	188	92	127
Gregor der Große	Moralia in Job 23,15	40	20	30
Gregor der Große	Moralia in Job 24,7	169	83^v	115
Gregor der Große	Moralia in Job 26,23	316	147	206

Autor	Werk	R	P	C
Gregor der Große	Moralia in Job 35,16	189	93	129
Gregor der Große	Regula pastoralis 2,9	189	93	128
Gregor der Große	Regula pastoralis 3,17	307	140^v	0
Gregor der Große	Zu den Evangelien, h. 15[545]	242	117	163
Gregor der Große	Zu den Evangelien, h. 30	250	121	0
Gregor der Große	Zu den Evangelien, h. 32	105.106. 107.108	53.53^v. 54^v.55	73.74. 75.76
Gregor der Große	Zu den Evangelien, h. 35	252.255	122.123^v	170.172
Gregor der Große	Zu den Evangelien, h. 36	24	12^v	20
Gregor der Große	Zu den Evangelien, h. 37	22.207	11.101	18.0
Gregor der Große	Zu Ez 1,4	153	76^v	103

---

[545] h. – homilia: Predigt, Lehrvortrag, Homilie.

Autor	Werk	R	P	C
Hieronymus (Pseudo-)	Ad virginem in exilium missam	43	21^v	33
Hieronymus	Brief 1, an Heliodorus	110.323	56^v.150	78.210
Hieronymus	Brief 2, an den Neffen	206	100	139
Hieronymus	Brief 4, an Rusticus	159	79	108
Hieronymus	Brief 33, an Castrucius	310	144	203
Hieronymus	Brief 118, an Julianus	392	182	0
Hieronymus	Gegen Jovinian	95.98	48.50	67.69
Hieronymus	Zu Jer 16	84	42	59
Hieronymus	Zu Jes 23	2	1^v	0
Hieronymus	Zu Spr 13,4	57	29	43
Isidor von Sevilla	De summo bono 3,3	298	138^v	194f
Justin	Apologie 2	371	172^v	0
Lactantius	Divinæ institutiones 5: De iustitia 8	336	156	218

Autor	Werk	R	P	C
Lactantius	Divinæ institutiones 5: De iustitia 23	45.200	23.97^v	34.135
Leo der Große (Pseudo-)	Brief an Demetrias, PL 55, 166A	83	41	58
Leo der Große	s. 42, de quadragesima	309	143^v	202
Leo der Große	s. 47, de quadragesima	182.325.365	89^v.151^v.169^v	0.212.0
Leo der Große	s. 59, de passione	260	123^{v}a	175
Leo der Große	s. 67, de passione	31.166	16.82^v	25.113
Leo der Große	s. 70, de passione	182.266	89^v.126	123.0
Leo der Große	s. 72, de resurrectione	166	82	112
Leo der Große	s. 72, de resurrectione 4	74.74	37.37^v	53.53
Leo der Große	s. 72, de resurrectione 5	17	8^v	15

Autor	Werk	R	P	C
Maximus von Turin (5. Jh.)	De cruce Domini, s. 2	315	146^v	0
Maximus von Turin	s. 56	372	172^v	0
Minucius Felix	Octavius 9,4[546]	72	36	0
Minucius Felix	Octavius 29,8[547]	371	172^v	0
Paulinus von Nola	Brief 5, an Severus von Mileve	85	42^v	57f
Paulinus von Nola	Brief 12	7	4	0
Petrus Chysologus († um 450)	s. 54	158	79	107
Prosper von Aquitanien	Epigramme 52	309	144	0
Prudentius († nach 404)	Psychomachia	46	23^v	35

---

[546] Vgl. M. Minucius Felix, Octavius 9,4, hg. v. B.Kytzler, München 1965, 70.

[547] Vgl. M. Minucius Felix, Octavius 29,8, München 1965, 166.

Autor	Werk	R	P	C
Salvianus von Marseille († um 480)	Contra gentes	38	19^v	29
Salvianus v. Marseille	De gubernatione Dei 3	394	183^v	0
Salvianus v. Marseille	De vero iudicio 1	235	113^v	158
Sidonius Apollinaris († 480/490)	Brief 1,7	94	47^v	0
Sidonius Apollinaris	Brief 6,1	V	0	0
Sixtus III. († 440; Pseudo-)	De castitate	105.111	53^v.56^v	73.78
Tertullian	Ad martyres 4	206	100	139
Tertullian	Apologeticum 16,6	78	39^v	0
Tertullian	Apologeticum 50	381	176^v	0
Tertullian	De patientia	172	85^v	117
Tertullian	De patientia 1	XI	0	0
Tertullian	De pœnitentia	92	46^v	65

Autor	Werk	R	P	C
Tertullian	De resurrectione carnis	257	124	0
Tertullian	Gegen Marcion 3	390	181^v	240
Valerianus von Cimiez († 460/461)	s. 11,4, PL 52, 720C	191	93^v	130
Venantius Fortunatus	Lustra sex	72	36^v	0
Venantius Fortunatus	Vexilla Regis	72.281	36.0	0.188

Mittelalterliche Autoren

Der Königliche Kreuzweg zitierte mittelalterliche Autoren 111mal.[548]

Autor	Werk	R	P	C
Aelred von Rievaulx (1110-1167)	Vita sancti Edwardi	76	38^v	0
Anselm von Laon († 1117)	Zu Gal 6	275.276.277	130^v.130^v.131	184.185.185

---

[548] R: 111, P: 109 und C: 86 Zitate mittelalterlicher Autoren.

Autor	Werk	R	P	C
Anselm von Laon	Zu Hebr 10	10	5	11
Anselm von Laon	Zu 1 Kor 11	200	97^v	136
Anton della Chiesa[549]	De cruce, Vorwort	301	140	197
Bernhard von Clairvaux	Apologia	134.152	68.76	91f.102
B.v.Cl. (Pseudo-)	De amore 5,26	214	104	145
B.v.Cl.	De consideratione 2,12	248	119^v	167
B.v.Cl.	De conversione ad clericos VIII.14	23	12	19
B.v.Cl.	De diversis, s. 1	175	86^v	119
B.v.Cl. (Pseudo-)	De interiori domo 46	173	85^v	118
B.v.Cl. (Pseudo-)	De lamentatione virginis	38	19^v	29
B.v.Cl.	Epistola 72	381	177	0
B.v.Cl.	Epistola 73	173	86	118
B.v.Cl.	Epistola 87	75.160	38.80	55.109
B.v.Cl.	Epistola 114	403	187	0
B.v.Cl.	Epistola 245	266	126	178f
B.v.Cl.	In ascensione Domini, s. 4	281.384	133.178^v	188.0

---

[549] Anton della Chiesa (ab Ecclesia; † 1458).

Autor	Werk	R	P	C
B.v.Cl.	In assumptione BMV, s. 1	403	187	0
B.v.Cl.	In dedicatione ecclesiæ, s. 1	384	178^v	0
B.v.Cl.	In dedicatione ecclesiæ, s. 2	335	155	217
B.v.Cl.	In die Pascæ, s. 1	382	177^v	242
B.v.Cl.	In dominica prima post octavam Epiphaniæ, s. 2	107	54^v	75
B.v.Cl.	In natali s. Andreæ, s. 1	197f	96	133f
B.v.Cl.	In natali s. Andreæ, s. 3	67f	33^v	49f
B.v.Cl.	In nativitate Domini, s. 3	130f	66	90
B.v.Cl.	In nativitate s. Ioannis Baptistæ	192	94^v	131
B.v.Cl.	In quadragesima, s. 1	167	83	113
B.v.Cl.	In quadragesima, s. 7	275. 275f	130. 130^v	184. 0
B.v.Cl.	In ramis palmarum, s. 1	10	5^v	11
B.v.Cl.	In vigilia s. Andreæ 3	19	9^v	0

Autor	Werk	R	P	C
B.v.Cl.	Qui habitat,[550] s. 11	248	120	167
B.v.Cl.	Qui habitat, s. 16	362	168	233
B.v.Cl.	Qui habitat, s. 17	208.362	101.168^v	140.233
B.v.Cl.	Sententia 3,127	386	179	0
B.v.Cl.	Super cantica canticorum, s. 20	30	15^v	23
B.v.Cl.	Super cantica canticorum, s. 21	56.60	28^v.30^v	42.45
B.v.Cl.	Super cantica canticorum, s. 22	385	179	0
B.v.Cl.	Super cantica canticorum, s. 25	259. 260	123a. 123^{v}a	174. 175
B.v.Cl.	Super cantica canticorum, s. 32	293	0	0
B.v.Cl.	Super cantica canticorum, s. 42	311	145^v	204
B.v.Cl.	Super cantica canticorum, s. 48	317	147^v	206

---

[550] Sermones super psalmum „Qui habitat" (Ps 90).

Autor	Werk	R	P	C
Bernhardin von Siena	Freitag nach dem 2. Fastensonntag, s. 22[551]	248	120	0
Birgitta von Schweden (1303-1373)	Revelationes 6,57	35	17^v	27
Bonaventura	Vita s. Francisci 14	131f	66^v	0
Euthymios Zigabenos (11./12. Jh.)	Zu Joh 19	301	140	197
Georgios Kedrenos (11. Jh.)	Annalen	318	148^v	208
Heinrich Seuse	Büchlein der ewigen Weisheit 13	248f. 368	120. 171^v	167f. 0
Hugo von Folieto († 1172/1174)	De bestiis 23, PL 177, 24	291	0	0

---

[551] Bernhardin von Siena, s. 22. Feria quinta post II Dominicam in quadragesima, articulus III, capitulum III, hg. v. P.M.Perantoni, Opera omnia, Bd. 1, Florenz 1950, 281, Zeile 4f: „Unde sicut fulgur tonitrua portat, ita prosperitas supplicia sempiterna prænuntiat" (Wie daher der Blitz den Donner trägt/bringt, so kündigt der Wohlstand ewige Strafen an).

Autor	Werk	R	P	C
Jakobus von Mailand (13. Jh.; Pseudo-Bonaventura)	Stimulus amoris (1293) 3,17	217	105^v	147
Jan van Ruusbroec (1293-1317)	Van seven trappen 7[552]	383	177^v	242
Johannes Brugman († 1473)	Vita almæ virginis Lidwinæ 3,6	351	163	0
Johannes Gerson (1363-1429)	De religionis perfectione 12, Antwerpen 1706, 687	160	80	109
Johannes Tauler († 1361)	In parasceve[553]	181	89	0
Johannes von Wales († 1285)	De vera pœnitentia 10	387	180	0
Johannes von Wales	De vera pœnitentia 14	223	107^v	150

[552] Jan van Ruusbroec, Van seven trappen 7. Dit es van .vij. trappen in den graed der gheesteleker minnen, hg. v. R.Faesen, Corpus christianorum. Continuatio mediaevalis 109, Turnhout 2003, 215.

[553] Johannes Tauler, Opera omnia, Köln 1548, 117 (In parasceve).

Autor	Werk	R	P	C
Lorenzo Giustiniani (1381-1456)	Lignum vitæ (1419) 5: De patientia	164f. 200f. 203.308. 347	81^v. 98. 99^v.143. 161^v	0. 136. 138.201. 225
Ludolf von Sachsen († 1378)	De vita Christi 1,64	91	45^v	64
Martialis von Limoges	Epistola 1,8[554]	301	140	196
Niketas Choniates († 1217)	[Reden]	44.165	22^v.82	0.112
Petrus von Blois[555]	Brief 14	94	47^v	66
Petrus von Blois	Brief 31	184.243. 309	90^v.117^v. 144	125.163. 202
Petrus von Blois	Brief 91	92	46	65
Petrus von Blois	Brief 134	346	161	224f
Petrus von Blois	Carmen de luctu carnis et spiritūs	94	47^v	0

---

[554] Pseudo-Martialis von Limoges, Epistolæ, Frankfurt 1528.

[555] Petrus von Blois (zwischen Orléans und Tour; † 1211/1212), Blesenius, Epistolæ, Brüssel 1479; PL 207.

Autor	Werk	R	P	C
Petrus Damascenus (12. Jh.)	Buch 2,5	0	0	239
Petrus Damiani († 1072)	Brief 8,6	233.310	112^v.144^v	157.203
Petrus Damiani	De inventione crucis, s. 18	13.365	7.169^v	13.235
Richard von St. Viktor († 1173)	De statu interioris hominis 7, PL 196, 1120D	153	76^v	103
Rupert von Deutz († 1129)	Zu Offb	231f	111^v	156
Stephan von Baugé[556]	Bibliotheca Patrum, Bd. 6	213f	103^v	0
Theophylaktos von Achrida († 1125/1126)	Zu Lk 23	259	123^{v}a	174
Thomas von Kempen	De imitatione Christi[557] 2,11	56	28^v	42

---

[556] Stephanus de Balgiaco / Stephan von Baugé/Bâgé (Eduensis; † 1139/1140).

[557] Thomas Hemerken a Kempis, De imitatione Christi et contemptu omnium vanitatum mundi, Autograph der Königlichen Bibliothek Brüssel, Nr. 5855-5861, hg. v. J.Pohl, Freiburg i.Br. 1904, 3-263.

Autor	Werk	R	P	C
Thomas von Kempen	De imitatione Christi 2,12	1.11. 13.65. 139.182. 183.353. 365.367. 381	1.5^v. 7.33. 70.89^v. 90.164. 170.171. 176^v	1.11f. 13.48. 93.123. 124.0. 236.0. 0
Thomas von Kempen	De imitatione Christi 3,12	82	41	57
Thomas von Kempen	De imitatione Christi 3,18	163	81	110
Thomas von Kempen	De imitatione Christi 3,19	134.138	68.69^v	91.93
Thomas von Kempen	De imitatione Christi 3,22	218	106	148
Thomas von Kempen	De imitatione Christi 3,35	303	141	0
Thomas von Kempen	De imitatione Christi 3,56	185.208	91.101^v	126.141

Autor	Werk	R	P	C
Thomas von Kempen	De patientia servanda[558]	387	180ᵛ	0

Slavisches Paterikon

Werk	Abschnitt	R	P	C
Väterbuch des Kiever Höhlenklosters	Slovo 29f[559]	0	141	198

---

[558] Thomas Hemerken a Kempis, Cantica: De patientia servanda, hg. v. M.J.Pohl, Freiburg i.Br. 1918, 247, Zeile 5-8: „Labor parvis est atque brevis vita. Merces grandis est, quies infinita. Totiens martyr Dei efficeris, quotiens pro Deo pœnam pateris." (Die Mühe ist klein und das Leben kurz. Der Lohn ist groß, die Ruhe unendlich. Jedesmal, wenn du Martyrer Gottes wirst, erleidest du für Gott Strafe). Im Folgenden ist in diesem Lied von der reinigenden Kraft des Leidens die Rede.

[559] Das Paterikon des Kiever Höhlenklosters, hg. v. D.Abramovič, Kiev 1931; hg. v. D.Tschižewskij, Slavische Propyläen 2, München 1964, 138-149 (O mnogoterpelivem Ioanne zatvornice. O prepodobnem Moisii Ugrine).

269

Liturgische Werke

Werk	Fest	R	P	C
Breviarium Romanum	Agatha, 5.2.	73.232	36^v.112	53.0
Breviarum Romanum	Jungfrauen	349.399	162^v.185^v	226.0
Breviarum Romanum	Kirchweihe	341	158^v	0
Breviarum Romanum	Kreuzerhöhung, 14.9.	154	77	104f
Breviarum Romanum	Kreuzerhöhung, 14.9.	154	77^v	104f
Breviarum Romanum	Laurentius, 10.8.	242	116^v	162
Breviarum Romanum	Marcus und Marcellianus, 18.6.	232	112	0
Breviarum Romanum	Mehrere Martyrer	177.387	87.180	0.0
Breviarum Romanum	Rufina und Secunda, 10.7.	263	125	0
Breviarum Romanum	Sieben Schmerzen[560]	37	18^v	28

---

[560] Fest der Sieben Schmerzen der seligen Jungfrau Maria, Freitag nach dem Passionssonntag.

Werk	Fest	R	P	C
Breviarium Romanum	Vierzig Martyrer von Sebaste, 9.3.	348	162	226
Missale Romanum	Feria sexta in Parasceve	354	165	0

Autoren des 16. und 17. Jahrhunderts

Benedictus van Haeften war ein aktueller Schriftsteller; dies zeigt sich daran, dass er 61mal Autoren seiner Zeit zitierte.[561]

Autor	Werk	R	P	C
Antoine de Balinghem[562]	Zoopaideia: Adversitas	324	150^v	0
Antonius van Hemert[563]	Speculum 10	249	120^v	0

---

[561] R: 61, P: 51 und C: 29 Zitate.

[562] Antoine de Balinghem (1571-1630), Zoopaideia, seu Morum a brutis petita institutio ordine alphabetico tum virtutum, tum vitiorum, Antwerpen 1621.

[563] Antonius van Hemert (Nordbrabant; † 1560), Speculum perfectionis, Antwerpen 1547.

Autor	Werk	R	P	C
Baronius[564]	Annales 2,30, Jahr 261	242.251	116ᵛ.121ᵛ	162.170
Baronius	Jahr 602	318	148	207
Baronius	Jahr 1094[565]	18	9	0
Blosius[566]	Farrago 10,1[567]	365	169ᵛ	235
Blosius	Institutio 8, § 3[568]	234.325.352	113.151ᵛ.164	157.212.0

---

[564] Cäsar Baronius (1538-1607), Annales ecclesiastici, 12 Bde., Rom 1588-1607; 38 Bde., Lucca 1738-1759.

[565] Cäsar Baronius, Annales ecclesiastici, Bd. 12, Rom 1607, Jahr 1094 am Schluss (über Nikolaus von Trani).

[566] Louis de Blois (Blosius; 1506-1566), Opera, Antwerpen 1632; Manuale vitæ spiritualis, Bibliotheca Ascetica Mystica, Freiburg i.Br. 1907.

[567] Louis de Blois, Margaritum spirituale. IV. Farrago [Mengelkorn; vermischter Inhalt, Mancherlei] vtilißimarvm institvtionvm, ex scriptis potißimùm D. Ioannis Rusbrochii decerptarvm § 10,1, Antwerpen 1632, 532: „Quoduis grauamen imaginem aliquam excellentissimæ passionis Domini nostri Iesu Christi refert, & in eo homo promereri potest perfectam eiusdem passionis Dominicæ participationem" (Jegliche drückende Last spiegelt gleichsam das kostbarste Leiden unseres Herrn Jesus Christus wider, und der Mensch kann darin der vollkommenen Teilhabe am Leiden des Herrn selbst gewürdigt werden).

[568] Louis de Blois, Institutio spiritualis 8, § 3, Antwerpen 1632, 315.

Autor	Werk	R	P	C
Blosius	Monile spirituale 9[569]	352	163^v	0
Blosius	Monile spirituale 10[570]	134f. 217. 363	68^v. 105^v. 168^v	0. 147. 234
Blosius	Speculum spirituale 8[571]	226,352	109^v.164	0.0
Bredenbach, T.[572]	Insin. 3,70	352	163^v	0
Coren, J.[573]	Clypeus 1,4	245	118	164f
Cornelissen[574]	Zu 2 Kor 10,17	258	123a	174

---

[569] Louis de Blois, Conclaue animæ fidelis. II. Monile spirituale 9, Antwerpen 1632, 605.

[570] Louis de Blois, Conclaue animæ fidelis. II. Monile spirituale 10, Antwerpen 1632, 607.

[571] Louis de Blois, Conclaue animæ fidelis. I. Speculum spirituale, Antwerpen 1632, 570.

[572] Tilman Bredenbach (1526-1587), Hg., Insinuationum divinæ pietatis libri quinque, Köln 1579.

[573] Jacques Coren († nach 1630), Clypeus patientiæ in auxilium quorumcunque afflictorum excusus, Lyon 1627.

[574] Cornelis Cornelissen van den Steen / Cornelius a Lapide (1567-1637), Commentaria in omnes divi Pauli epistolas, Antwerpen 1627.

Autor	Werk	R	P	C
Drexel, J.[575]	Gymnasium 1,2	47	24	36
Drexel, J.	Gymnasium 1,4	172	85	117
Drexel, J.	Gymnasium 2,1,3	347	161	225
Equilinus[576]	Catalogus 5,78	18	9	0
Granada, Luis de[577]	Großer Katechismus 3,20	VIII	0	0
Juan de Ávila[578]	Brief 2,20	239	115	160
Labata[579]	Lemma: tribulatio	50	25	37
Lessius[580]	De perfect. divin. 12,17	27	14	0

---

[575] Jeremias Drexel (1581-1638), Gymnasium patientiæ, Augsburg 1630.

[576] Equilinus, Petrus de Natalibus, Catalogus sanctorum, Venedig 1521.

[577] Luis de Granada (Granatensis; 1504-1588), Introducción del Simbolo de la fe, 4 Bde., Salamanca 1583.

[578] Juan de Ávila (16. Jahrhundert), Epistolario espiritual, Cordoba 1598.

[579] Juan-Francisco Labata († 1631), Apparatus concionatorum, 3 Bde., Lyon 1615f; 1621 alphabetisch geordnet.

[580] Lenaert Leys / Leonhardus Lessius (1554-1623), De perfectionibus moribusque divinis, Antwerpen 1620.

Autor	Werk	R	P	C
Lips, J.[581]	Brief[582] 4,33	93.325	47.151	66.212
Lips, J.	De constantia[583] 1,14	87	43^v	61
Lips, J.	De constantia 2,6	129	65^v	89
Lips, J.	De constantia 2,9	298	138^v	194
Lips, J.	De cruce[584] 1,7	21	10^v	0
Lips, J.	Politica,[585] Vorwort	X	0	0
Lorin[586]	Zu Weish 5,7	86	43	60

---

[581] Joest Lips / Justus Lipsius (1547-1606).

[582] Joest Lips, Epistolarum selectarum centuria IV miscellania, Antwerpen 1611.

[583] Joest Lips, De constantia, Antwerpen 1584.

[584] Joest Lips, De Cruce libri tres ad sacram profanamque historiam utiles, Antwerpen 1593.

[585] Joest Lips, Politicorum sive Civilis doctrinæ libri sex, Lich 1604; hg. v. J.Waszink, Bibliotheca latinitatis novæ 5, Assen 2004.

[586] Jean Lorin (1559-1634), Commentarii in Sapientiam, Köln 1624.

Autor	Werk	R	P	C
Malloni[587]	Historia 4,5	73	36^v	0
Pinelli[588]	Gersone 4,10	81	40^v	56
Platus[589]	De bono 3,33	125	64	87
Ponte[590]	In Canticum 6,32,4	281	132^v	188
Puccini, V.[591]	Vita 1,47	367	171	236f
Rader, Matthäus[592]	Vividarii sanctorum 2,5	18	9	0

---

[587] Daniel Malloni († 1616), Historia admiranda de Iesu Christi stigmatibus sacræ Sindoni impressis 4,5, Douai 1607, 65.

[588] Luca Pinelli (1542-1607), Gersone, della perfezione religiosa, Neapel 1601.

[589] Ottavio/Girolamo Piatti (Platus; 1548-1591), De bono status religiosi libri tres, Rom 1589.

[590] Luis de la Puente / Ludovicus de Ponte (1554-1624), Expositio moralis in Canticvm canticorvm. Exhortationes continens de omnibus Christianæ religionis mysteriis atque virtutibus, 2 Bde., Paris 1622; Siegburg 1987.

[591] Vincenzio Puccini (16./17. Jahrhundert), Vita della veneranda Madre sor M. Maddalena de' Pazzi Fiorentina, 1. Teil, Kapitel 47, Florenz 1611, 67.

[592] Matthäus Rader (1561-1643), Vividarii sanctorum, Bd 2, Augsburg 1610, 200-202 (De Nicolao peregrino staurophoro).

Autor	Werk	R	P	C
Ribera[593]	Vida 5,4	292	0	0
Salian, J.[594]	De timore Dei 2,13	41.42	$20^v.21^v$	21.0
Scaliger, J.J.[595]	Exercitium 108	IX	0	0
Scribani[596]	Amor divinus 2,8	283	134	189f
Scribani	Amor divinus 2,9	286	135^v	0
Surius[597]	Bonifatius, 14.5.	242	116^v	0
Surius	Catharina Senensis, 30.4.	133	67^v	0
Surius	Ebrulphus, 29.12.[598]	VII	0	0

---

[593] Francisco Ribera (1531-1591), Vida de la Madre Teresa de Jesús, Salamanca 1590.

[594] Jacques Salian (1558-1640), De timore Dei libri IX, Paris 1629.

[595] Josephus Justus Scaliger (1540-1609), The Correspondence, hg. v. P.Botley, D. v. Miert u. A.Th.Grafton, 8 Bde., Genf 2012.

[596] Charles Scribani (1561-1629), Amor divinus, Antwerpen 1615.

[597] Lorenz Sauer / Laurentius Surius (1523-1578), De probatis sanctorum historiis, 6 Bde., Köln 1570-1575, ab 1576 erweitert und ergänzt, nach seinem Tod von anderen Autoren.

[598] Bischof Ebrulphus/Eberwulf/Évroult († 706).

Autor	Werk	R	P	C
Surius	Lidwina, 14.4.[599]	253	122^v	0
Surius	Saturninus, 11.2.	242	116^v	162
Surius	Secunda, 10.7.	347	161	0
Teresa de Jesús (de Ávila; 1515-1582)	Camino de perfección 32	VI	0	0
Teresa de Jesús	Castillo interior o Las moradas 2	VI	0	0
Teresa de Jesús	Conceptos 6[600]	IV	0	0
Teresa de Jesús	Libro de las fundaciones 2,27	VI	0	0
Teresa de Jesús	Libro de la vida 40,20	IV.367	0.171	0.0

---

[599] Liduina/Lydwina/Lidwyna/Liedwy/Lidia/Lydia/Lidewigis/Ludwina/Lidwina van Schiedam (1380-1433). Vgl. Thomas von Kempen, Vita Lidewigis virginis, hg. v. M.J.Pohl, Opera omnia, Bd. 6, Freiburg i.Br. 1905, 315-453. Dies ist die Umarbeitung der verschollenen Vita prima eines gewissen Hugo, Subprior des Konventes von Den Briel bei Schiedam.

[600] Teresa de Jesús, Conceptos del Amor de Dios. Die neuere Bezeichnung ist: Meditaciones sobre los Cantares.

Autor	Werk	R	P	C
Tomás de Villanova[601]	De s. Iacobo	258	124^v	173
Villalpando[602]	Zu Ez 2,4	337	156^v	0

Kirchliche Dokumente

Werk	Bezeichnung	R	P	C
Kanonisierungsakten	Franziscus Xaverius	132f	67	0
Kanonisierungsakten 2,6	Teresa de Jesús	253	122^v	0
Tridentinum	Sessio 14, canones 9.13	306	142^v	200

---

[601] Tomás de Villanova (1486-1555), Conciones, Bd. 6, Manila 1897, 335.

[602] Juan Bautista Villalpando (1552-1608), In Ezechielem explanationes, 2 Bde., Rom 1596.1604.

Übersicht der Literaturzitate

Autoren/Werke	R	P	C
Antike Autoren	58	53	33
Griechische Kirchenväter	118	114	110
Apokryphe Schrift	1	1	1
Lateinische Kirchenväter	228	224	178
Mittelalterliche Autoren	111	109	86
Slavisches Paterikon	0	1	1
Liturgische Werke	15	15	7
Kirchliche Dokumente	3	3	1
Autoren des 16. u. 17. Jh.	61	51	29
Alle Literaturzitate	595	471	446
Zum Vergleich: Alle Bibelzitate	820	806	687

Häufigste Autoren/Werke der Literaturzitate

Autor/Werk	R	P	C
Augustinus	100	99	85
Johannes Chrysostomos	52	50	51
Bernhard von Clairvaux	43	42	33
Ambrosius	26	25	18
Gregor der Große	25	25	22
Thomas von Kempen	21	21	16

Autor/Werk	R	P	C
Seneca	16	14	12
Leo der Große	14	14	11
Breviarium Romanum	14	14	7
Hieronymus	12	12	10
Blosius	10	10	5
Basileios der Große	9	9	9
Johannes Klimakos	9	9	8
Tertullian	8	7	4
Apophthegmata Patrum	7	7	7
Petrus von Blois	7	7	6
Origenes	7	7	4
Ovid	7	7	2
Lips, J.	7	6	5
Surius	6	5	1
Teresa de Jesús	6	1	0
Gregor von Nazianz	5	5	5
Lorenzo Giustiniani	5	5	4
Vergil	5	5	2

Auf 420 Druckseiten (XVI und 404 Seiten) bot Benedictus van Haeften 1415 Zitate (820 Bibelzitate und 595 Literaturzitate). Um nicht in langweiliger Weise Zitate aneinanderzureihen, fügte er Bilder und Verse ein. Damit erreichte er ein zweites Ziel: Der Schrecken, den das Kreuz und die Bedrängnis hervorzurufen pflegen, werde auf diese Weise

besänftigt und der Leser zugleich ergötzt (R, IX). Bloße Worte seien Sand ohne Kalk;[603] daher verband er die Zitate durch seine eigenen Worte und fügte sie damit gleichsam wie mit Zement zusammen. Sein Text bestehe aus tausend Einzelteilen, so wie eine Decke aus vielen Farben gewebt ist. Dabei wollte van Haeften nicht etwas anders (alia) schreiben, sondern nur auf andere Weise (aliter). Es geht um unterschiedliche Stile, nicht um einen anderen Glauben (R, Xf).[604]

Bei so vielen Zitaten ist es verständlich, dass auch Fehl- und Blindzitate vorkamen, Irrtümer bei der Nennung des Autors, des Werkes oder der Nummerierung. Die Ursachen dafür sind verschieden: In Handschriften und frühen Druckausgaben ist die Zählung der Kapitel beziehungsweise der Briefe manchmal anders, als heute üblich. (Auch heutige Ausgaben weisen hierin Verschiedenheiten auf.) Van Haeften argumentierte und zitierte ähnlich wie Blosius und Jeremias

---

[603] Gaius Suetonius Tranquillus, De vita Cæsarum. Liber IV: Caligula 53,2, hg. u. übersetzt v. U.Blank-Sangmeister, Stuttgart 2016, 88: „Peroraturus stricturum se lucubrationis suæ telum minabatur, lenius comptiusque scribendi genus adeo contemnens, ut Senecam tum maxime placentem commissiones meras componere et harenam esse sine calce diceret" (Wenn er zu einer Rede anhob, drohte er häufig, er werde das in seinen nächtlichen Studien geschliffene Schwert zücken. Einen allzu sanften und gefälligen Schreibstil verachtete er so sehr, dass er von Seneca, der damals besonders beliebt war, sagte, er verfasse reine Schaureden und sein Stil sei wie Sand ohne Kalk).

[604] Augustinus, De trinitate 1,3, PL 42, 823: „Ideoque utile est, plures a pluribus fieri diverso stilo, non diversa fide" (Daher ist es nützlich, [wenn] viele [Bücher] von vielen [Autoren] verfasst werden in verschiedenem Stil, nicht in verschiedenem Glauben."

Drexel. Bei manchen Zitaten gab er an, dass er aus Sammlungen zitierte.[605]

---

[605] Baronius, Surius und die früher Johannes von Damaskus zugeschriebenen Parallela. Vgl. K.Holl, Die Sacra Parallela des Johannes Damascenus, Texte und Untersuchungen zur Geschichte der altchristlichen Literatur 16,1, Neue Folge 1,1, Leipzig 1897; Iohannes monachi (VIIسæculo ineunte) Sacra olim Iohanni Damasceno attributa, hg. v. J.Declerck u. T.Thum, 5 Bde., Die Schriften des Johannes von Damaskos 8,4-8,8, Patristische Texte und Studien 74-78, Berlin u. Boston 2018f (R, 307.352).

Rezeption

Der Text der russischen Übersetzung des Königlichen Kreuzweges von 1837 verbreitete sich durch Abschreiben. 1842 gab Makarij von Optina[606] eine Zusammenfassung der Hauptaussagen dieses Werkes: „Es würde nicht stören, zu den übrigen Unterweisungen der Väter über Geduld und Demut auch das Buch Staurophilia oder den Königlichen Kreuzweg zu lesen, in dem sehr gut das Kreuztragen dargelegt wird: aus Furcht [R, 195-202], aus Hoffnung [R, 203-209] und aus Liebe [R, 210-218]; dann [wird dargelegt:] am Kreuz beten [R, 219-226], sich am Kreuz freuen [R, 227-236], am Kreuz Dank sagen [R, 237-246], nicht nur Gott Dank sagen, sondern auch denjenigen, die ein Kreuz auferlegen [R, 247-255], sich im Kreuz rühmen [R, 256-263] und das Übrige, das beim Ertragen der Bedrängnisse stärkt, seien sie welche auch immer."[607]

Bemerkenswert ist an dieser Aussage, dass Makarij Benedikt van Haeften in eine Reihe stellte mit Markos dem Eremiten, Barsanuphios und Johannes von Gaza, Dorotheos von Gaza, Johannes Klimakos und Isaak von Ninive. Ein höheres Lob kann von orthodoxer Seite aus nicht gezollt werden.

1849 schrieb Makarij von Optina: „Du sagst, es [das Leben] fällt dir nicht selten schwer: Ist es denn denjenigen, die in der Welt leben, leichter? [R, 95-102]. Gott möchte alle retten

---

[606] H.M.Knechten, Monastische Väterliteratur bei Makarij von Optina, Studien zur russischen Spiritualität XVIII, Kamen ²2017.

[607] Makarij (Ivanov; 1788-1860), Brief 273, 17.10.1842, Sobranie pisem, Pis'ma k monašestvujuščim, Bd. 4, Abteilung 2: Pis'ma k monachinjam, Bd. 3, Moskau 1863, 416f.

und zur Erkenntnis der Wahrheit führen (1 Tim 2,4). Dir gingen die Worte der Staurophilia zu Herzen."[608] Die Staurophilia gehört also zu den Schriften, die zum Heil des Menschen beitragen.

Makarij von Optina las die Übersetzung im Jahr 1850. Entweder las er sie erneut oder es war eine neue handschriftliche Bearbeitung angefertigt worden: „Ich habe die Staurophilia durchgelesen, die in die russische Sprache übersetzt worden ist. Hier kannst auch du dich, M.M. [Maria Magdalena], genügend davon überzeugen, dass der Herr die Kräfte eines jeden abwägt und ein [entsprechendes] Kreuz sendet, während die Ermüdung dabei [beim Kreuztragen] von unserem Kleinmut herrührt [R, 168-175]. Es wäre schön, wenn es erlaubt würde,[609] diese russische Übersetzung zu drucken, wenn sie es aber nicht gestatten, hindert nichts, sie in Handschriften zu besitzen."[610]

Offensichtlich war die Staurophilia beliebt. In einem weiteren Brief Makarijs hieß es: „Über V. und P. schrieb ich euch, und bisher ist noch nichts vorgefallen; sie sind friedlich, lesen die Staurophilia und sind mit allem einverstanden, wie

---

[608] Vgl. Makarij (Ivanov), Brief 252, 29.1.1849, Sobranie pisem, Pis'ma k monašestvujuščim, Bd. 2, Abteilung 2: Pis'ma k monachinjam, Bd. 1, Moskau 1862, 432;.

[609] Die Zensurbehörde des Heiligsten Sinods gab die Druckerlaubnis oder verweigerte sie.

[610] Vgl. Makarij (Ivanov), Brief 27, 8.4.1850, Sobranie pisem, Pis'ma k monašestvujuščim, Bd. 3, Abteilung 2: Pis'ma k monachinjam, Bd. 2, Moskau 1862, 53.

es scheint; wenn aber etwas zuwiderläuft, dann werden sie ausweichen."[611]

„Ich bin sehr froh, dass ihr die Staurophilia habt. Der Herr stärke euch beim Tragen des Kreuzes, das er in seinem Wohlgefallen jeder von euch sendet. ‚Wenn jemand mir nachfolgen will, nehme er sein Kreuz auf sich' (Mt 16,24), daher kann [die Nachfolge] nicht ohne [das Kreuztragen] sein."[612]

„Ihr lest die Staurophilia und schreibt sie ab. Natürlich seid ihr jetzt bereit, das Kreuz zu tragen, doch die echte Einwilligung wird in der Tat erprobt, wie es bei der Kriegskunst der Fall ist. Die Soldaten erweisen sich nicht als mutig, wenn sie lediglich lernen, die Waffe zu handhaben und an Manövern teilzunehmen, sondern, wenn sie oft im Gefecht gewesen sind und oft durchgehalten haben."[613]

Der Hinweis auf den geistlichen Kampf[614] zeigte, dass es Makarij nicht um Theorie, sondern um Praxis ging. Aus dem gleichen Grunde warnte er davor, vor der Zeit spekulative

---

[611] Vgl. Makarij (Ivanov), Brief 50, 10.8.1851, Sobranie pisem, Pis'ma k monašestvujuščim, Bd. 3, Abteilung 2: Pis'ma k monachinjam, Bd. 2, Moskau 1862, 112.

[612] Vgl. Makarij (Ivanov), Brief 187, 28.6.[1851], Sobranie pisem, Pis'ma k monašestvujuščim, Bd. 5, Abteilung 2: Pis'ma k monachinjam, Bd. 4, Moskau 1863, 292.

[613] Vgl. Makarij (Ivanov), Brief 191, 11.11.1851, Sobranie pisem, Pis'ma k monašestvujuščim, Bd. 5, Abteilung 2: Pis'ma k monachinjam, Bd. 4, Moskau 1863, 297.

[614] Vgl. H.M.Knechten, Katholische Spiritualität bei Theophan dem Klausner, Studien zur russischen Spiritualität I, Kamen ²2018, 64-323: Lorenzo Scupoli und Nikodemos (Kallibourtzes).

Autoren wie Maximos den Bekenner und Gregorios Palamas zu lesen:[615] „Alle von Gott inspirierten Bücher sind nützlich, aber unser selbstsüchtiger Wille und unser hochmütiger Verstand stellen ein Hindernis dar; wir nehmen die Waffe in die Hand und schaden uns selbst, statt mit ihr den Feind zu treffen. Wenn wir aber an die Demut durch Gehorsam und Misstrauen uns selbst gegenüber gewöhnt sind, gelangen wir zu wahrer Erkenntnis und erhalten die Hilfe Gottes zur Ausführung des Notwendigen."[616]

„Die Lektüre der Väterbücher kann uns ohne Praxis nicht helfen: *Sie* belehren uns, während es unsere Aufgabe ist, dies in die Tat umzusetzen, nämlich in den jeweiligen Situationen die Bewegung unserer Leidenschaften wahrzunehmen und ihnen zu widerstehen, bei einem Misslingen seine Schwäche zu erkennen, demütig zu werden und vor Gott und dem

---

[615] Vgl. Makarij (Ivanov), Brief 573, 12.1.1851, Sobranie pisem, Pis'ma k monašestvujuščim, Bd. 5, Abteilung 2: Pis'ma k monachinjam, Bd. 4, Moskau 1863, 771. Die Kapitel Symeons des Neuen Theologen empfahl Makarij bereits den Anfängern. Vgl. Prepodóbnago otcà nášego Symeóna nóvago Bogoslóva glavý déjatel'nyja i Bogoslóvskija, in: Dobrotoljúbie ilì Slovesà i glavízny svjaščénnago trezvénija, sóbrannyja ot pisánij svjatých i bogoduchnovénnych otéc, v némže nrávstvennym po dejániju, i umozréniju ljubomúdriem um očiščáetsja, prosveščáetsja i soveršén byváet, übersetzt v. Paisij (Veličkovskij), erster Teil, Moskau 1793, f. 110-153.

[616] Vgl. Makarij (Ivanov), Brief 14, 12.10.1840, Sobranie pisem, Pis'ma k monašestvujuščim, Bd. 5, Abteilung 2: Pis'ma k monachinjam, Bd. 4, Moskau 1863, 46.

Nächsten Buße zu tun, um keinesfalls auf sein Ich die Hoffnung zu setzen."⁶¹⁷

Die russische Übersetzung wurde erst 1878 veröffentlicht, im Todesjahr ihres Bearbeiters, Kliment (Zedergol'm).

Der Königliche Kreuzweg wurde durch Bischöfe und Pilger verbreitet. Das Buch fand den Weg in die Bibliotheken der Geistlichen Akademien und Seminare sowie in die Klöster.⁶¹⁸

---

[617] Vgl. Makarij (Ivanov), Brief 98, Oktober 1859, Sobranie pisem, Pis'ma k monašestvujuščim, Bd. 5, Abteilung 2: Pis'ma k monachinjam, Bd. 4, Moskau 1863, 171.

[618] Vgl. Ekaterina (Filippova), Amvrósij (Grenkov), in: Pravoslavnaja ènciklopedija 2 (2001), 136; H.M.Knechten, Starzen in Optina, Studien zur russischen Spiritualität IV, Kamen ²2020, 135.

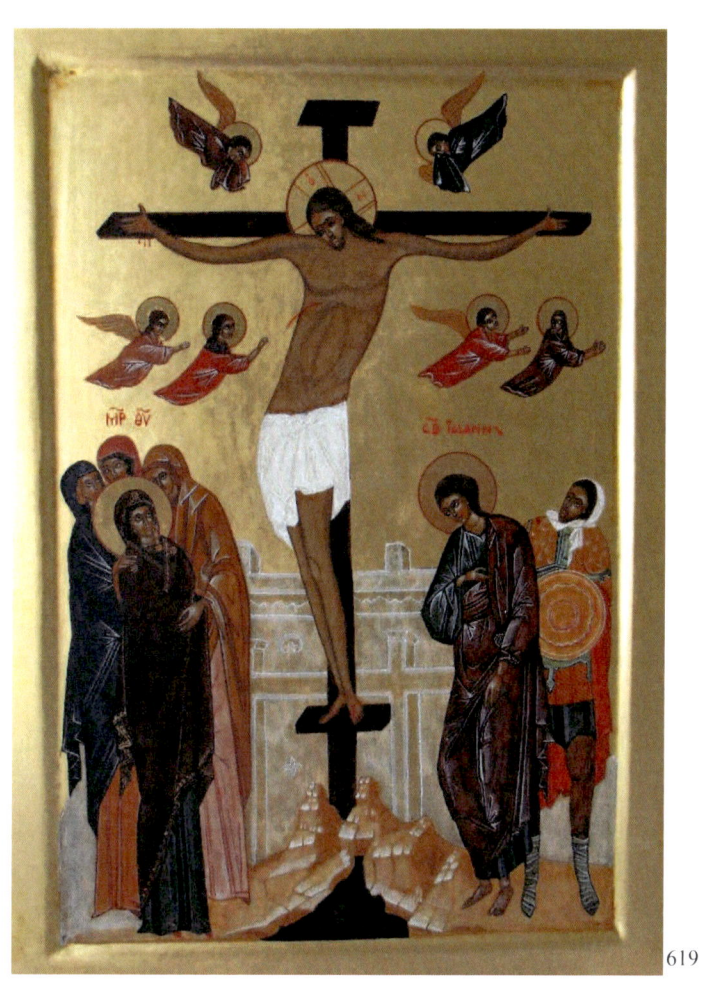

⁶¹⁹ Dionisij, Kreuzigung (um 1500), Dreieinigkeitskloster an der Obnora (Junošeskoe, Bezirk Grjazovec, Gebiet Vologda), im Jahr 2011 durch die Hand von Sr. Veronika Elisabeth Schmitt OCD, Photographie von H.M.Knechten.

Praktische Kreuzestheologie

Eltern hatten geklagt, dass die Darstellung „eines sterbenden männlichen Körpers" in einem Schulraum ihren Erziehungsvorstellungen, insbesondere ihrer Weltanschauung zuwiderlaufe. Das Bundesverfassungsgericht bestätigte diese Auffassung.[620]

Dahinter steht eine fast magische Bildauffassung, die voraussetzt, es sei nicht möglich, sich der Wirkung eines Bildes zu entziehen. Zu einer Demokratie gehört nicht nur die negative Religionsfreiheit (dagegen), sondern auch die positive Religionsfreiheit (dafür).[621]

Das Humboldt-Forum, der Wiederaufbau des Berliner Schlosses, wurde am 29.5.2020 mit einem zwölf Meter hohen Kreuz gekrönt. Bis 1950 hatte sich dort ein Kreuz befunden. Es sei, wie die gesamte Kuppel, eine Machtgeste des preußischen Königs Wilhelm IV. gewesen, der damit sein Verständnis monarchischer Herrschaft illustriert habe. Die Kuppel trägt die Inschrift: „Es ist in keinem andern Heil, ist auch kein anderer Name den Menschen gegeben, denn in dem Namen Jesu [Apg 4,12], zur Ehre Gottes des Vaters. Dass in dem Namen Jesu sich beugen sollen aller derer Knie, die im Himmel und auf Erden und unter der Erde sind" [Phil 2,10f]. Diese Inschrift mache das Kreuz zu einer Insignie der Intoleranz, dies offenbare einen christlichen Herrschafts-

---

[620] Vgl. Verbot der „Anbringung eines Kreuzes oder Kruzifixes in den Unterrichtsräumen einer staatlichen Pflichtschule, die keine Bekenntnisschule ist", 16.5.1995.

[621] Vgl. H.Meier, Magische Bildauffassung, in: Frankfurter Allgemeine Zeitung, 25.5.2020, Nr. 120, Seite 13.

anspruch. Das Kreuz Christi sei zur Knute des Königs entstellt.[622]

Die Kreuzurteile und die Diskussionen um das Kreuz auf dem Humboldt-Forum zeigen, dass das Kreuz ein brisantes Zeichen ist. Das war es immer. Es hat lange gedauert, ehe sich die Christen entschließen konnten, sich in bildlichen Darstellungen zum Kreuz zu bekennen, das ja der Hinrichtung von Verbrechern gedient hatte. Dieses Buch ist also ein Beitrag zu einer aktuellen Frage.

„Wer nicht sein Kreuz auf sich nimmt und mir nachfolgt, der ist meiner nicht wert" (Mt 10,38). Mit diesem Wort des Evangeliums begann die Unterweisung Staurophilas. Es wurde verdeutlicht, dass es nicht nur für die Apostel galt, sondern es gilt für alle Menschen ohne Ausnahme: „Zu *allen* aber sagte er: Wenn jemand mir nachfolgen will, verleugne er sich selbst und nehme sein Kreuz und folge mir nach" (Lk 9,23). „Er rief zu sich das *Volk* samt seinen Jüngern und sprach zu ihnen: Wer mir nachfolgen will, der verleugne sich selbst und nehme sein Kreuz auf sich und folge mir nach" (Mk 8,34). Dies ist der Weg des Lebens, der Weg der Herrlichkeit, der Weg zur Stadt des Lebens, der Weg zum Königreich. Ohne Kreuz gibt es kein Heil für die Seele, keine Hoffnung auf ein unvergängliches Leben. Außer dem Kreuzweg gibt es keinen anderen Weg zum Leben und zur inneren Welt.

Nichts beunruhigt den Menschen so stark wie der Gedanke, entehrt zu werden. Viele wünschen, Gott zu dienen, doch zugleich wünschen sie Ruhm und menschliche Anerkennung.

---

[622] Vgl. A.Kilb, Kreuzweise blamiert, in: Frankfurter Allgemeine Zeitung, 29.5.2020, Nr. 124, Seite 9.

Viele lieben Demut ohne Erniedrigungen, ohne üble Nachrede, ohne Vorwürfe und ohne Verurteilungen (Cassian). Es kommt aber darauf an, Erniedrigung zu erdulden. Gott erwählt nämlich diejenigen, welche die Welt verachtet (1 Kor 1,28), weil der Mensch sich durch die Erniedrigung selbst besser kennenlernt.

Denn es kommt denen, welche die Welt lieben, wie eine Torheit vor, dass die Diener Gottes das fliehen, was sie (die Weltliebenden) in dieser Welt suchen, und im Gegenteil danach streben, was diese fliehen. Paulus sagte: Das Wort vom Kreuz ist denen, die verloren gehen, Torheit. Doch das Weise Gottes ist weiser als die Menschen, und daher sind nicht viele von euch dem Fleische nach weise, nicht viele adlig, doch Gott erwählte das Unweise der Welt, um die Weisen zu beschämen, und das Schwache der Welt erwählte Gott, um das Starke zu beschämen (1 Kor 1,25-27). Denn es ist große Weisheit, um Gottes willen als töricht zu gelten und mit dem Apostel zu sprechen: Wir sind Toren um Christi willen. Wir wurden ein Schauspiel für die Welt, die Engel und die Menschen (1 Kor 4,9f).

Augustinus zitierte: „Der Herr schlägt jeden Sohn, den er annimmt" (Hebr 12,6). Dann fragte er: „Wirklich jeden? Wo willst du dich verbergen? Jeden; und keiner ist ausgenommen, keiner wird ohne Heimsuchung sein. Was? Alle? Möchtest du hören, inwiefern alle? Auch der Einzige ohne Sünde war dennoch nicht ohne Heimsuchung." Benedictus van Haeften legte diese Worte dem Dialog zwischen Staurophila und Christus zugrunde. Die Beharrlichkeit des Fragens, das Erstaunen und Entsetzen, das sich dabei mitteilt, zeigt, wie schwierig die Frage nach dem Leid und dem Verhalten Gottes war und ist.

Leicht entstand ein Bild vom strafenden, schlagenden, quälenden und strengen Gott: Du predigst mir einen Vater, der bestraft, schlägt, quält; darin ist wenig Liebe, aber viel Strenge. Ich aber glaubte, dass der Herr „der Vater der Barmherzigkeit und der Gott allen Trostes ist, der uns tröstet in all unserer Trübsal" (2 Kor 1,3f).

Daher wurde Staurophila auf das Beispiel Christi hingewiesen: Sagte nicht über ihn der himmlische Vater auf dem Berge Thabor: „Dieser ist mein geliebter Sohn, an dem ich Wohlgefallen habe" (Mt 17,5)? Beachte, Staurophila, der geliebte Sohn, jedoch geschlagen und gekreuzigt!

Allmählich stellte sich eine Erkenntnis ein: Es geht nicht um die Entscheidung, Leid anzunehmen oder abzulehnen, da es ohnehin unausweichlich ist. Es kommt vielmehr darauf an, auf welche Art jemand das Leid trägt.

Der Ausweg aus diesen Schwierigkeiten ist, das Kreuz aus Liebe zu tragen: Es gibt nichts Wunderbareres und Ergreifenderes als Menschen, die von Bedrängnis und Elend gebeugt, dennoch nicht zusammenbrechen, da sie vor göttlicher Liebe glühen; wer nämlich Gottesliebe erlangt hat, dem wird weder Feuer noch Schwert, weder Armut noch Krankheit, weder der Tod noch sonst irgendetwas dergleichen bedrückend erscheinen.

Kurzgefasst, lautet die Weisung: Was wird jetzt von dir gefordert? Nur das, dass du den liebgewinnst, der dich mit einer solchen Liebe liebt.

Bei dieser Weisung blieb Benedictus van Haeften nicht stehen, sondern sprach über die Herzenswunde Gottes: Was sind die Gebete eines zerknirschten und demütigen Herzens anders als auserwählte Pfeile, die zum Himmel fliegen?

Auch die Schrift sagt: Das Gebet des Demütigen wird die Wolken durchdringen, und er ist nicht getröstet, bis es zu Gott gelangt (Sir 25,21). Diese Pfeile erreichen den Herrn, verwunden sein Herz und bereiten dem Betenden einen angenehmen Zugang zu ihm. Du hast mein Herz verwundet, meine Schwester, Braut, du hast mich gefangen mit einem Blick deiner Augen (Hld 4,9).

Doch Staurophila blieb auch angesichts solch hoher Aussagen auf dem Boden der Tatsachen. Da ihr das Gebet in der Not empfohlen worden war, wandte sie ein: Ich würde gerne klarer verstehen, auf welche Weise die Bedrängnis das Gebet befördert, da doch das Leiden kaum zulässt, an irgendetwas zu denken; und häufig klagen bedrängte und leidende Menschen darüber, dass sie überhaupt nicht beten können.

Die Gebetsart, die Benedictus van Haeften empfahl, war das Stoßgebet. Er ließ dies bereits in der Erzählung über Nikolaus von Trani anklingen, der ständig: „Herr, erbarme dich" betete, während er sein Kreuz trug. (Kliment hatte diese Erzählung weggelassen.) Van Haeften gab folgende Anleitung zum Gebet: Was sind die Gebete eines zerknirschten und demütigen Herzens anders als auserwählte Pfeile, die zum Himmel fliegen? Auch die Schrift sagt: Das Gebet des Demütigen wird die Wolken durchdringen, und er ist nicht getröstet, bis es zu Gott gelangt (Sir 35,21). Schließe dein Auge, das auf irdische Gegenstände gerichtet ist, damit der Sinn durch das Gesehene nicht abgelenkt werde, nicht hierhin und dorthin umherschweife und nicht das beabsichtigte Ziel aus dem Blick verliere. Das andere Auge aber, welches das Himmlische betrachtet, sei geöffnet, und das Gebet, das von ihm allein gelenkt wird, erreicht sein Ziel und verwundet den himmlischen Bräutigam. Wenn ein Pfeil das Herz geritzt hat, ist es dringend notwendig, Heilung zu suchen; so drängt auch die Not, die das Herz traurig macht, den Menschen dazu, bei etwas anderem Trost zu suchen, das heißt, im Nachsinnen über die ewigen Güter. Suche Gott am Tage deiner Heimsuchung, suche nichts außer Gott, sondern suche in deiner Bedrängnis nur Gott allein; dann entfernt Gott auch die Not von dir und du gibst dich bereits freimütig Gott hin. Außer dem Stoßgebet empfahl van Haeften also auch das Nachsinnen über die ewigen Güter.[623]

---

[623] Es folgt die Abbildung der Titelseite der kirchenslavischen Übersezung durch Johannes: Maria. „Cárskij put' Kr[e]stá G[o]s[po]dnja vovodjáščij v živót véčnyj. Trúdom i izždivéniem Jásn[ago] : v B[o]gu Preos[vjaščenstva] : Egò M[i]l[osti] : G[o]sp[o]d[a] : O[t]cà Ioánna Maxímoviča Archiep[i]s[kopa] Čern[igovskago]" (Der königliche Kreuzweg des Herrn, der zum ewigen Leben führt. Durch die Mühe und den Aufwand des erlauchten, der in Gott Hochgeweihtheit, seiner Gnädigkeit, des Herrn, des Vaters Johannes Maksimovič Erzbischofs von Černigov), Černigov 1709. Stempel: Preußische Staatsbibliothek Berlin.

ЦАРСКІЙ ПУТЬ

К͠РТА ГД͠НѦ
воводѧщїй
в̾ живо́тъ вѣ́чный.
трꙋдомъ и иждивенїемъ
Всеч: в БГ̑У преѡ: Его Мл: Гп̑д: Ѡ̈ца
ІѠА́ННА МАѮИ́МОВИЧА
Архіеп: Черн: Нов̾го: и всего-Сѣвер̾
НАПИ́САННЫЙ
в Тѵп: С: Трое: Илнск: Черніго:
ИЗДА́ННЫЙ.
При всечестномꙋ Гпд̑ниꙋ Ѡ̈цꙋ
ВАРЛАА́МꙊ ВАСИЛЕВИЧꙊ
Архимандритѣ тоеѫже Обители
Рокꙋ ѿ род: Хв̑а. аѱи. декаврꙋ: а҃

Wie dieses Buch entstand

Im Jahr 2011 veröffentlichte ich einen Abschnitt aus dem Werk van Haeftens.[624] Um aber ausführlich berichten zu können, war es notwendig, die Originalausgaben zu finden. Im Falle van Haeftens gelang dies verhältnismäßig schnell,[625] aber die kirchenslavische Übersetzung, die Johannes angefertigt hatte, gehörte zu den Raritäten.[626] Bis 1938 befand sich ein Exemplar in der Preußischen Staatsbibliothek Berlin (Signatur: Cl [CL] 14032), wurde dann aber, bedingt durch den Krieg, verlagert und gehört heute zum Bibliotheksbestand der Jagiellonen-Universität in Krakau (Signatur: Mag. Starych Druków Berol. Cl [CL] 14032; stdr 0017129).[627]

Nachdem die beiden Grundtexte gesichert waren, galt es, die Werke aufzuspüren, die van Haeften benutzt hatte. Was

---

[624] Vgl. H.M.Knechten, Das Leben spendende Kreuz, Studien zur russischen Spiritualität IX, Kamen 2011, 90-92 (Genuss und Ehrsucht behindern die Nachfolge).

[625] Benedictus van Haeften, Via regia Crucis, Antwerpen 1635.

[626] Ioann (Maksimovič), Cárskij put' Kr[e]stá G[o]s[po]dnja vovodjáščij v živót véčnyj. Trúdom i izždivéniem Jásn[ago] : v B[o]gu Preos[vjaščenstva] : Egò M[i]l[osti] : G[o]sp[o]d[a] : O[t]cà Ioánna Maxímoviča Archiep[i]s[kopa] Čern[igovskago], Černigov 1709.

[627] Herzlichen Dank an Frau Beate Schindler, Staatsbibliothek zu Berlin – Preußischer Kulturbesitz, die den entscheidenden Hinweis gab (Nachricht vom 19.5.2020).

bedeuten „Blos.", „Blesen.", Platus oder „Phil. Karpath."?[628] Wer ist jener mysteriöse Idiota?[629] Nachdem auch hier Klarheit erreicht worden war, erhob sich eine weitere Schwierigkeit: Van Haeften zitierte nicht immer exakt. Angaben von Autoren, Werken oder Zahlen waren manchmal fehlerhaft und nicht immer führte er die Zitate wortgetreu an. Es war daher nicht immer einfach, sie in den Quellen zu finden.

In anderen Büchern habe ich jeweils nur die Ergebnisse des Zählens von Bibel- und Literaturzitaten mitgeteilt. Diesmal habe ich mich entschlossen, das gesamte Material auszubreiten. Dadurch wird, wie bei einem Röntgenbild, das Skelett des Buches sichtbar. Dazu wurden das Original, die Übersetzung und die Bearbeitung jeweils und Wort für Wort mit den Bibel- und Literaturzitaten verglichen. Deutlich sichtbar und belegbar wurde auf diese Weise, dass Johannes verhältnismäßig wortgetreu übersetzte, während Kliment in seiner Textfassung an vielen Stellen abwich.

---

[628] Blosius – Lodewijk van Blois (1506-1566); Blesensis – Pierre de Blois († 1211/1212); Platus – Ottavio/Girolamo Piatti (1548-1591); Philon von Karpathos oder von Carpasia (Zypern; 4./5. Jahrhundert).

[629] Christian Gottlieb Jöcher, Allgemeines Gelehrten-Lexicon, Darinne die Gelehrten aller Stände sowohl männ- als weiblichen Geschlechts, welche vom Anfange der Welt bis auf ietzige Zeit gelebt, und sich der gelehrten Welt bekannt gemacht, Nach ihrer Geburt, Leben, merckwürdigen Geschichten, Absterben und Schrifften aus den glaubwürdigsten Scribenten in alphabetischer Ordnung beschrieben werden, Zweyter Theil, Leipzig 1750, 1923f: „Johannes Gualensis, oder Wallensis, oder Galensis, oder John Gaula, Gaule und Gaules" (Johannes von Wales; † 1285). Einige seiner Werke stehen unter dem Namen Idiota. Vgl. G.Oury, Idiota, in Dictionnaire de spiritualité 7/2 (1971), 1242-1248. – Das folgende Bild ist die Titelseite, Moskau 1878.

ЦАРСКІЙ ПУТЬ

КРЕСТА ГОСПОДНЯ,

ВВОДЯЩІЙ ВЪ ЖИЗНЬ ВѢЧНУЮ.

ВЪ РУССКОМЪ ПЕРЕВОДѢ.

Изданіе Козельской Введенской Оптиной пустыни.

МОСКВА. 1878.

Типографія А. Гатцука, на Кузнецкомъ мосту, д. Торлецкаго.

Abkürzungen

C Carskij put' Kresta Gospodnja, vvodjaščij v žizn' večnuju, Bearbeitung v. Kliment (Zedergol'm), Kiev 2009.

f. Blatt (folium).

K Carskij put' Kresta Gospodnja, vvodjaščij v Žizn' Večnuju, Bearbeitung v. Kliment (Zedergol'm), Moskau 2018.

P Cárskij put' Kr[e]stá G[o]s[po]dnja vovodjáščij v živót véčnyj. Trúdom i izždivéniem Jásn[ago] : v B[o]gu Preos[vjaščenstva] : Egò M[i]l[osti] : G[o]sp[o]d[a] : O[t]cà Ioánna Maxímoviča Archiep[i]s[kopa] Čern[igovskago], Černigov 1709.

PG Patrologiæ cursus completus, Series Græca, hg. v. J.-P.Migne, 167 Bde., Paris 1857-1866.1928.

PL Patrologiæ cursus completus, Series Latina, hg. v. J.-P.Migne, 221 Bde., Paris 1841-1855.1862-1864.

R Benedictus van Haeften, Regia via Crucis, Antwerpen 1635.

SC Sources chrétiennes, Bd. 1ff, Paris 1941ff.

V Carskij put' Kresta Gospodnja, vvodjaščij v žizn' večnuju, Bearbeitung v. Kliment (Zedergol'm), Moskau 1878.

Bibliographie

Benedictus van Haeften

Werke

Den luist-hof der christelijcke leeringhe, beplant met ghestelijcke liedekens tot verklaringhe van den cathechismus des Artsbischdoms van Mechelen, Antwerpen 1622.

Officium parvum sanctæ Teresiæ virginis, Carmelitarum excalceatorum fundatricis, Antwerpen 1639.

Panis quotidianus, sive, Sacrarum meditationum in singulos anni dies, 3 Bde., Antwerpen 1634; Köln 1660.

Propugnaculum reformationis ordinis sancti Benedicti, Antwerpen 1634.

Regia via Crucis, Antwerpen 1635; Antwerpen 1638; Antwerpen 1672; Antwerpen 1673; Antwerpen 1728; Richtiger Weeg des Creutzes, Das ist, Nutzbarkeit und Nothwendigkeit des Creutzes, für alle Menschen, die nach dem ewig glückseligen Leben verlangen. In einem beweglich und lehrreichen Gedicht vorgestellt, Augsburg 1752; Königlicher Weg des Kreuzes, durch lehrreiche, und geistvolle Gespräche von der Nutzbarkeit, und der Nothwendigkeit des Kreuzes, allen ihres Heils, besonders geflissenen Christen vorgestellt, Übersetzung aus dem Französischen, Augsburg 1776; Der königliche Weg des Kreuzes der einzige, welcher zum himmlischen Vaterlande führt, Übersetzung aus dem Lateinischen, Einsiedeln, New-York, Cincinnatti u. St. Louis 1881; De Heyr-Baene des Cruys, Waerlanghs alle soorten van menschen worden ghewesen, ende sekerlijck gheleert, om door de cruycen van alderhande lijden oft teghenspoedt van dese bedroefte tijdelijcke wereldt, ghemackelijck te gheraecken tot de eeuwighe vreught-saligheyt des Hemels, Übersetzung v. Peter Mallants († 1676), Brügge 1667; Brügge 1668; Brügge 1692; Brügge 1693; De Heyr-

Baene des Crvys. Seer vermaeckelijck om lesen. Door de welcke seer ghestichtelijck aen alle soorten van menschen, soo gheestelijcke als werelijcke, gheleert wort, hoemen door de Crvycen van alderhande lijden, oft tegen-spoet van dese bedroefde tijdelijcke wereldt, geraecken moet tot de eeuwige vreught-saligheydt des Hemels, Übersetzung v. Peter Mallants, Antwerpen 1672; Le chemin royal de la Croix, Übersetzung v. Didace Christiani, Paris 1651; Paris 1685; Lyon 1676; Regia via della croce composta in lingua latina da d. Benedetto Aftenio monaco cassinese di Mastrich, e tradotta in italiano da un divoto sacerdote, Rom 1736; Camino real de la Cruz, Übersetzung v. M. de Herze, Valladolid 1721.

S. Benedictus illustratus, sive, Disquisitionum monasticarum libri XII, 2 Bde., Antwerpen 1644; von Ch.Stengel gekürzte u. überarbeitete Ausgabe, Augsburg 1647; Rom 1900.

Schola cordis, sive, Aversi a Deo cordis ad eundem reductio et instructio, Antwerpen 1623; Antwerpen 1629; Antwerpen 1633; Antwerpen 1635; Ingolstadt 1652; Antwerpen 1663; Augsburg 1664. – Ch.Harvey u. F.Quarles, The School of the Heart, or, The Heart of itself Gone away from God, Brought Back again to Him, and instructed by Him, with the Learning of the Heart, and, Hieroglyphics of the Life of Man, London 1647; London 1664; London 1674; London 1675; London 1676; London 1778; London 1859; Hertzen-Schuel oder Des von Gott abgefüerten Herzens Widerbringung zu Gott und Underweisung, Augsburg 1664; Ingolstatt 1652; Ballinlough 2004.

Venatio sacra, sive, De arte quærendi Deum. Libri XII, posthum v. O.Cambier hg., Antwerpen 1650.

Quellen

Liber de Congregatione Beatæ Mariæ Virginis in Templo præsentatæ, 1629-1653, in: Archiv der Abtei Affligem.

Litteræ, 1633-1640, in: Plantijns archief, Antwerpen, Nr. 146.

Nomina baccalaureorum bibliorum, sententiorum et formatorum, licentiatorum et doctorum a Veneranda Facultate Theologica in Universitate Lovaniense promotorum, 1585-1619, in: Katholische Universität, Löwen, Nr. 505.

Phalesius, Hubertus, Monasterii sancti Petri et Pauli Affligeniensis Chronicon, 1636f, in: Archiv der Abtei Affligem.

Professieacten van Affligemse monniken, 1421-1627, in: Stadtarchiv, Antwerpen, Nr. 1185.

Regaus, Beda, Hafflighemum illustratum, Teil 1-3: Annales et Acta archicœnobii Hafflighemensis, 1766-1773, in: Archiv der Abtei Dendermonde., Nr. 1.

Regaus, Beda, Hafflighemum illustratum, Teil 4f: De filiationibus; Teil 6f: Catalogus monachorum, 1773-1778, in: Archiv der Abtei Affligem.

Regaus, Beda, Vita Benedicti Haefteni (1588-1658), hg. v. W.Verleyen, Fontes Affligemenses 14, Hekelgem 1973.

Registrum ordinatorum, 1585-1614, in: Archiv des Erzbistums Mecheln, Mechliniensia, Nr. 59f.

Regia via Crucis, Übersetzt ins Flämische von Benedictus van Haeften, in: Stadtarchiv, Aalst, Nr. 2252, um 1640.

Literatur

Azanza López, J.J., Alegoría, emblemática y doctrina cristiana en un convento de clausura aragonés del siglo XVII. Un programa pictórico inspirado en la Regia via Crucis de Benedictus van Haeften, in: Archivo español de arte 76 (2003), Heft 302, 133-152.

Pil, A., Haeftenus, in: Dictionnaire de spiritualité 7 (1969), 24-27.

Scholtens, H.J.J., De litteraire nalatenschap van de kartuizers in de Nederlanden, in: Ons geestelijk erf 25 (1951), 9-43 (35: Petrus Mallants [† 1676], Übersetzer von „Regia via Crucis").

Scholz, B.F., Emblematic word-image relations in Benedictus van Haeften's Schola cordis (Antwerpen, 1629) and Christopher Harvey's School of the Heart (London, 1647/1664), in: Anglo-Dutch relations in the field of the emblem, hg. v. B.Westerweel, Leiden, New York u. Köln 1997, 149-176.

Sebastian, S., Los emblemas del Camino real de la Cruz de Van Haeften, in: Boletin del Museo e Instituto „Camon Aznar" (Zaragoza) 44 (1991), 5-63.

Varšo, M., Dialógy o krížovej ceste na rozhraní cirkevnej drámy, náboženskej filozofie a slovenského písomníctva v kontexte európskeho baroka, in: Slovenské divadlo 61 (2013), Nr. 4, 407-420.

Verleyen, H., Benedictus van Haeften († 1648) als geestelijk schrijver, in: Ons geestelijk erf 60 (1986), Nr. 2f, 204-253; Nr. 4, 349-392; 61 (1987), Nr. 2f, 219-263.

Verleyen, H., Dom Benedictus van Haeften, Proost van Affligem. 1588-1648. Bijdrage tot de studie van het kloosterleven in de Zuidelijke Nederlanden, Verhandelingen van de Koninklijke Academie voor Wetenschappen, Letteren en Schone Kunsten van België, Klasse der Letteren 106, Brüssel 1983.

Verleyen, H., Een 17de eeuwse „Vita Christi" in de context van de „Bibliomena" van B. van Haeften, Antwerpen 1988.

Ioann (Maksimovič)

Werke

Alfavit sobrannyj, rifmami složennyj ot Svjatych Pisanij, na drevnich rečenij, Černigov 1705.

Bogomyslie v pol'zu pravovernym, Černigov 1710; Černigov 1711.

Bogorodice Devo, radujsja, ili Tolkovanie na siju Bogorodičnuju molitvu, Černigov 1707.

Božestvennyj promysl, Sergiev Posad 1916; Saratov 1996; O Božestvennom promysle, Moskau 1996.

Cárskij put' Kr[e]stá G[o]s[po]dnja vovodjáščij v živót véčnyj. Trúdom i izždivéniem Jásn[ago] : v B[o]gu Preos[vjaščenstva] : Egò M[i]l[osti] : G[o]sp[o]d[a] : O[t]cà Ioánna Maxímoviča Archiep[i]s[kopa] Čern[igovskago], Černigov 1709.

Duchovnyja mysli, ili Razsuždenija o spasitel'nom puti, i o velikodušnom snošenii kresta, pod imenem kotorago razumejutsja bedy, bolezni, neščastija, i proč. I čto za terpelivoe i neropotnoe snošenie onago čelovek sebe polučaet ot Boga, Moskau 1782; Moskau 1847.

Est' putnik iz Černigova v Sibir', in: Russische Nationalbibliothek, St. Petersburg, Handschriftenabteilung, Q. IV. 375; in: Serafim (Šlykov), Svjatitel' Ioann Tobol'skij i ego bogoslovskoe nasledie, maschinengeschriebene Kandidatendissertation, Zagorsk 1985 (Anhang); hg. v. A.E.Žukov, in: Vestnik cerkovnoj istorii 2012, Nr. 1f (25f), 5-115.

Featr nravoučitel'nyj, ili nravoučitel'noe Zercalo dlja carej, knjazej i despotov, to est' izjasnenie načal'ničeskich dolžnostej, Černigov 1703; Featron, ili Pozor nravoučitel'nyj, carem, knjazem, vladykam i vsem spasitel'nyj, Černigov 1708; Übersetzung aus dem Kirchenslavischen v. M.Ju.Bakulin u. T.A.Sajfullin, Tjumen' 2017.

Iliotropion, to est' Podsolnečnik, predstavljajuščij soobrazovanie čelovečeskoj voli s Božestvennoju, Černigov 1714; Iliotropion, to est' obraščenie Solnca, ili soobrazovanie voli čelovečeskoj s voleju Božeskoju, Moskau 1784; Iliotropion, ili Soobrazovanie čelovečeskoj voli s Božestvennoju voleju, russische Übersetzung v. I.A.Maksimovič, in: Černigovskija eparchial'nyja vedomosti 1888; Kiev 1890; Kiev 1896;

Svjatitel' Ioann o soobrazovanii voli čelovečeskoj s volej Božiej, in: Žurnal Moskovskoj Patriarchii 1976, Nr. 5, 58-69; Nr. 6, 65-75; O poznanii voli Božiej. Iz „Iliotropiona", in: Žurnal Moskovskoj Patriarchii 1985, Nr. 9, 27f; Nr. 10, 30f; Nr. 11, 65-67; Nr. 12, 29f; Iliotropion, ili Soobrazovanie čelovečeskoj voli s Božestvennoju voleju, Kiev 1994; Moskau 1994; Moskau 2001; Moskau 2006; Vorwort v. A.Gumerov, Moskau 2008; Moskau 2011; Moskau 2012; Moskau 2013; Moskau 2014; Moskau 2017.

Kak žit', Gospodi!, Moskau 1996.

Molitva „Otče naš", na sedm' bogomyslij razpoložennaja, Černigov 1709; Blagočestivyja čuvstvovanija bogomysljaščago christianina pri čtenii molitvy Gospodnej, razdelennyja na sedm' bogomyslij, Moskau 1825.

Osm' blaženstv Evangel'skich, izjasnennye, Černigov 1709.

Poluustav, imejuščij v sebe dnevnuju i noščnuju službu, po predaniju Sjatoj Cerkvi. Ot Kresta Cerkov' začinaet delo, Černigov 1703.

Psalom pjatidesjatyj, ot Pisanija vzjatyj. Evangel'skaja istorija o Christe i razkajavšemsja razbojnike, Kiev 1707.

Sinaksar' v čest' i slavu Gospoda Boga Savaofa o preslavnoj pobede pod Poltavoju, Černigov 1710.

Svjatitel' Feodosij Černigovskij, novoproslavlennyj čudotvorec zemli Russkoj, St. Petersburg 1900, 18 (Gedicht Ioanns).

Zercalo ot Pisanija Božestvennago. Nravoučitel'noe zercalo, Černigov 1705.

Quellen

Avramenko, I. K proslavleniju svjatitelja Ioanna (Maksimoviča), mitropolita Tobol'skago i Sibirskago, in: Tobol'skija eparchial'nyja vedomosti 1916, Nr. 18, 288-296.

Dimitrij (Kapalin) u. B.Pivovarov, Prazdničnye bogosluženija v Tobol'ske i Tjumeni, in: Žurnal Moskovskoj Patriarchii 1984, Nr. 12, 26f.

Gorev, M.V., u. V.Sajčuk, Poslednij svjatoj. Poslednie dni Romanovskoj cerkvi. Kanonizacionnyj process Ioanna Tobol'skogo 22 maja 1914 goda - 8 aprelja 1917 goda. Po archivnym materialam, Moskau u. Leningrad 1928.

K žizneopisaniju svjatitelja Ioanna (Maksimoviča). Gramota patriarcha Adriana o posvjaščenii Ioanna (Maksimoviča) v san archiepiskopa Černigovskago i drugie materialy, Kiev 1916.

Maksimovič, I.I., Ioann Maksimovič, in: Sbornik svedenij o rode „Maksimovič", Riga 1897, 25-41.

Runkevič, S.G., Russkie archierei v ich perepiske s Petrom Velikim: Preosvjaščennyj Ioann (Maksimovič), in: Strannik 1906, Bd. 1, 41-48.

Smirnov, D., Vo slavu svjatitelja Ioanna, mitropolita Tobol'skago i Sibirskago i vseja Rossii čudotvorca, in: Tobol'skija eparchial'nyja vedomosti 1917, Nr. 1, 1f.

Stefan (Javorskij), Pis'ma k archiepiskopu Černigovskomu Ioannu (Maksimoviču), 21.4.1703 u. 4.3.1710, in: Trudy Kazanskoj Duchovnoj akademii 1866, Nr. 4, April, 542f.547f.

Vostorgov I.I. (1864-1918), Tobol'skija toržestva. Vsecerkovnoe proslavlenie svjatitelja Ioanna (Maksimoviča) 9-10 ijunja 1916 goda v Tobol'skom Uspenskom sobore, Moskau 1916.

Literatur

Busygin, V.V., B.Pivovarov, Ė.P.B. u. M.N.Sofronova, Ioánn (Maksimovič), in: Pravoslavnaja ėnciklopedija 23 (2010), 219-230.

Denisov, M., Svjatitel' Ioann, mitropolit Tobol'skij i vseja Sibiri, čudotvorec, i istorija ego proslavlenija, in: Sibir' pravoslavnaja 2007, Nr. 1, 2-8.

Dmitruk, A., Paterik sibirskich svjatch i podvižnikov blagočestija, Elinec 2006, 278-283 (Svjatitel' Ioann, mitropolit Tobol'skij i vseja Sibiri, čudotvorec).

Dobryj archipastyr' stada Christova Ioann. Mitropolit Tobol'skij, Sergiev Posad 1904.

Efimov, A.N., Svjatitel' Božij Ioann Maksimovič Tobol'skij i vseja Sibiri (1651-1715 g.g.), Černigov 1915.

Evgenij (Bolchovitinov; 1767-1837), Slovar' istoričeskij o byvšich v Rossii pisateljach duchovnago čina Greko-Rossijskoj Cerkvi, St. Petersburg 1818; St. Petersburg 1827; Moskau 1995, 157-159 (Ioann Maksimovič).

Filaret (Gumilevskij), Obzor russkoj duchovnoj literatury. 862-1720, Char'kov ³1884, 211-213.

Fomin, S.V., Poslednij carskij svjatoj. Svjatitel Ioann (Maksimovič, mitropolit Tobol'skij, Sibirskij čudotvorec. Žitie. Čudesa. Proslavlenie. Služba. Akafist, St. Petersburg 2003.

Grebenjuk, V.P., Panegiričeskaja literatura Petrovskogo vremeni, Moskau 1979, 54-71.

Jur'evskij, A., K žizneopisaniju svjatitelja Ioanna Tobol'skago, in: Trudy Kazanskoj Duchovnoj akademii 1916, Nr. 5f, 62f.

Kameneva, T.N., Černigovskaja tipografija, ee dejatel'nost' i izdanija (XVII-XVIII vv.), in: Trudy Gosudarstvennoj biblioteki imena V.I.Lenina, Bd. 3, Moskau 1959, 234-236.244f.282-295.

Karpinskij, A.M., Ioann (Maksimovič), mitropolit Tobol'skij i vseja Sibiri. 1651-1715 g.g., Tjumen' 1899.

Modzalevskij, V.L., Malorossijskij rodoslovnik, Bd. 3, Kiev 1912, 297f. (Abstammung Ioanns).

Nikolaev, S.I., Maksimovič Ioann, in: Slovar' russkich pisatelej XVIII v., Bd. 2, St. Petersburg 1999, 266f.

Novojavlennyj ugonik Božij, svjatitel' Ioann (Maksimovič), mitropolit Tobol'skij i vseja Sibiri (1715-1915 g.g.). Skazanie o žitii svjatitelja i čudesach, soveršivšichsja po molitvam k nemu, Petrograd 1916.

Pisarev, I. († 1937), Blažennyj svjatitel' Christov Ioann (Maksimovič), mitropolit Tobol'skij i vseja Sibiri, Irkutsk 1916.

Prosvirnin, A., Svjatitel' Ioann, mitropolit Tobol'skij i vseja Sibiri, čudotvorec, in: Žurnal Moskovskoj Patriarchii 1976, Nr. 5, 57f.

Prosvirnin, A., Svjatitel' Ioann, mitropolit Tobol'skij i vseja Sibiri. (K 250-letiju so dnja končiny), in: Žurnal Moskovskoj Patriarchii 1965, Nr. 6, 73-77.

Rossejkin, F.M., K žizneopisaniju svjatitelja Ioanna Tobol'skago, in: Bogoslovskij vestnik 1916, Nr. 9, 140-166.

Serafim (Šlykov), Svjatitel' Ioann Tobol'skij i ego bogoslovskoe nasledie, maschinengeschriebene Kandidatendissertation, Zagorsk 1985.

Sidorov, A.I., Žitija russkich svjatych, Bd. 1, Moskau 2008, 627-630: Žitie Ioanna, mitropolita Tobol'skogo (pamjat' 10/23 ijunja).

Šil'nikova, T.V., Idealizacija Ioanna (Maksimoviča) v pravoslavnoj tradicii XIX - načala XX vv., in: Remezovskie čtenija 2005, Bd. 2: Provincija v russkoj kul'ture, Novosibirsk 2008, 415-427.

Šil'nikova, T.V., Reprezentacija žitijnoj tradicii v biografičeskich proizvedenijach ob Ioanne Tobol'skom, Ekaterinburg 2009.

Skosyrev, N.D., K biografii mitropolita Tobol'skago i Sibirskago Ioanna (Maksimoviča), Tobol'sk 1897.

Skosyrev, N.D., Očerk žitija mitropolita Tobol'skago i vseja Sibiri Ioanna (Maksimoviča). 1651-1715 g.g., Moskau 1892; Tobol'sk 1904.

Smirnov, D., Mitropolit Tobol'skij i vseja Sibiri Ioann (Maksimovič), in: Tobol'skija eparchial'nyja vedomosti 1912, Nr. 15, 332-340.

Solov'ëv, Ju.P., Svjatitel' Ioann Maksimovič, in: Voprosy istorii 2013, Nr. 2, 122-133.

Sulockij, A.I. (1812-1884), Dopolnenija k biografii Ioanna (Maksimoviča), in: Strannik 1870, Nr. 11, 325-338.

Sulockij, A.I., Žizn' Ioanna (Maksimoviča), mitropolita Tobol'skago i vseja Sibiri, Moskau 1849: Moskau 1854.

Svjatitel' Božij Ioann (Maksimovič), mitropolit Tobol'skij i vseja Sibiri. (1651-1715). Sbornik materialov, Černigov 1916.

Svjatitel' Ioann, mitropolit Tobol'skij i vseja Sibiri. (Ko dnju proslavlenija ego 10 ijunja 1916 goda), Moskau 1916.

Tobol'sker Metropolie u. Leitung des Gebietes Tjumen', Hg., Tradicii i novacii. Kul'tura, obščestvo, ličnost'. XIV Filofeevskie obrazovatel'nye čtenija, posvjaščennye 300-letiju prestavlenija svjatitelja Ioanna, mitropolita Tobol'skogo i vseja Sibiri, čudotvorca, Tjumen' 2015: 14. Lesungen zur Erinnerung an den Tobol'sker Metropoliten Filofej (Lešinskij; 1650-1727).

Tutolmin, G.S., Žitie svjatitelja Ioanna (Maksimoviča), mitropolita Tobol'skago i vseja Sibiri, Tobol'sk 1916.

Varfolomej (Gorodcov), Sibirskie svjatiteli, in: Žurnal Moskovskoj Patriarchii 1948, Nr. 3, 30-33.

Varfolomej (Gorodcov), Služba svjatitelju Ioannu, mitropolitu Sibirskomu i vseja Sibiri čudotvorcu, in: Iz duchovnogo naledija mitropolita Novosibirskogo i Barnaul'skogo Varfolomeja. Dnevnik, stat'i, poslanija. (K 40-letiju so dnja končiny), Novosibirsk 1996, 159-175.

Žitie svjatitelja Ioanna (Maksimoviča), mitropolita Tobol'skogo i vseja Sibiri, Tobol'sk 1995.

Žuravl'eva, S.S., „Alfavit, sobrannyj, rifmami složennyj…" archiėpiskopa Ioana Maksimoviča jak javišče agiografičnoji kul'tury ukrajins'kogo baroko, Kandidatendissertation, Char'kov 2010.

Žuravl'eva, S.S., Fenomen čuda u poetičnomu vymiri barokovoji agiografiji. (Za knigoju „Alfavit sobrannyj, rifmami složennyj…" svjatitelja Ioanna (Maksimoviča), in: Aktual'ni problemy slov'janskoji filologiji, Bd. 20, Kiev 2009, 32-39.

Žuravl'eva, S.S., Viprobuvanija Fortuni. Postati antičnych možnovladciv v interpretaciji archiėpiskopa Ioana (Maksimoviča), in: Aktual'ni problemy slov'janskoji filologiji, Bd. 12: Lingvistika i literaturoznavstvo, Kiev u. Nižyn 2007.

Žuravl'eva, S.S., Virš „Žytiė Oleksija, čolovika Božogo" archiėpiskopa Ioana (Maksimoviča), in: Volyn' filologična, Bd. 6, Teil 1, Luck 2008, 374-384.

Kliment (Zedergol'm)

Werke

Ierodiakon Palladij, in: Dušepoleznoe čtenie 1875, Teil 3, Buch 10, 178-186.

Iz perepiski, 1856-1878, in: Rossijskaja archeologija, Bd. 14, Moskau 2005, 249-268.

Iz vospominanij o poezdke na Vostok v 1860 g., in: Dušepoleznoe čtenie 1867, Teil 3, Buch 12, 174-184.

Katon Staršij, in: Russkij vestnik 1857, Bd. 12, Nr. 11, Buch 2, 205-256; Nr 12, Buch 1, 445-492; O žizni i sočinenijach Katona Staršego. Rassuždenie, po grečeskim i latinskim istočnikam, Moskau 1857.

O Ljuterovom perevode Biblii, in: Dušepoleznoe čtenie 1871, Teil 2, Buch 8, 130-141.

O pustynnožitel'stve v Roslavl'skich lesach, in: Juvenalij (Polovcev), Žizneopisanie nastojatelja Kozel'skoj Vvedenskoj Optinoj pustyni archimandrita Moiseja, Moskau 1882, 233-250; Prepodobnyj Moisej, Optina Pustyn' 2004, 305-324.

O žizni i trudach Nikodima Svjatogorca, Moskau 1865; St. Petersburg 1998.

Opisanie bogoslovskich učilišč na Vostoke: Chalkinskago, Ierusalimskago, Afinskich, in: Dušepoleznoe čtenie 1868, Teil 3, Buch 9, 1-17; Buch 10, 66-71.

Perepiska Konstantina Zedergol'ma so starcem Makariem Optinskim (1857-1859). Izbrannye sočinenija, hg. v. G.V.Bežanidze, Moskau 2013, 45-359.

Pis'ma k archimandritu Leonidu (Kavelinu; 1822-1891) 1870. 1876f, in: Staatsbibliothek, Moskau, Handschriftenabteilung, Fond 148, Katalog 12, Aufbewahrungseinheit 61.

Pis'ma k otcu, in: Dušepoleznoe čtenie 1902, Teil 3, Nr. 10, 226-252; Nr. 11, 386-392; 1903, Teil 1, Nr. 1, 68-70; Nr. 4, 589-593; Teil 2, Nr. 5, 33-38.

Pis'ma k otcu. Izbrannye sočinenija, in: Konstantin (Leont'ev), Pravoslavnyj nemec. Ieromonach Kliment (Zedergol'm) – nasel'nik Kozel'skoj Optinoj Pustyni, Optina Pustyn' 2002, 173-205.215-381.

Pis'mo k bratu, in: Bratskoe slovo 1885, Bd. 1, Nr. 7, 437-459.

Poezdka za granicu, in: Dušepoleznoe čtenie 1877, Teil 2, Buch 7, 339-365.

Zametka o sočinenii gospodina Aloizija Pichlera: „Istorija razdelenija Cerkvej", in: Čtenija v Obščestve ljubitelej duchovnago prosveščenija 1873, Abteilung 2, Nr. 8, 436-442. Vgl. Aloys Pichler (1833-1874), Geschichte der kirchlichen Trennung zwischen dem Orient und Occident von den ersten Anfängen bis zur jüngsten Gegenwart, 2 Bde., München 1864f.

Žizneopisanie nastojatelja Malojaroslaveckago Nikolaevskago monastyrjaō igumena Antonija, Moskau 1870; Optinskij starec igumen Antonij. Žizneopisanie i zapisi, Novye otcy rossijskie 1, Serija 1, Optinskaja agiografija 1, Platina, California 1973; Žitie prepodobnogo schiigumena Antonija Optinskogo (1795-1865), Prepodobnye Starcy Optinskie, Optina Pustyn' 1992; Žitie prepodobnogo Antonija Optinskogo, Optina Pustyn' 2018; Elder Anthony of Optina, The Optina Elders Series 2, Platina, California 1994.

Žizneopisanie Optinskago starca ieromonacha Leonida (v schime L'va), Moskau 1876; Optinskij starec Leonid. V schime Lev. Žizneopisanie i zapisi, Novye otcy rossijskie 5, Serija 1, Optinskaja agiografija 5, Platina, California 1976; Žizneopisanie Optinskogo starca ieromonacha Leonida v schime L'va, Sergiev Posad 1991; Žizneopisanie Optinskago starca ieromonacha Leonida, Optina Pustyn' 1991; Žitie Optinskogo starca ieromonacha Leonida (v schime L'va), Prepodobnye starcy Optinskie, Optina Pustyn' 1994; Elder Leonid of Optina, The Optina Elders Series 1, Platina, California 1990.

Herausgeber

Carskij put' Kresta Gospodnja, vvodjaščij v žizn' večnuju, Moskau 1878; Moskau 1880; Moskau 1889; Moskau 1896; Moskau 1904; St. Petersburg 1996; Moskau 2000; Kiev 2009; Moskau 2011; Moskau 2018; Der Weg des Kreuzes als Königsweg zum Himmel, Übersetzung v. E.Häcki, Straelen 2010; The Royal Way of the Cross of Our Lord Leading to Eternal Life, Übersetzung v. V.Kencis, Wildwood, Alberta 2002.

Prepodobnago i bogonosnago otca našego Feodora, igumena Studijskoj obiteli i ispovednika Oglasitel'nyja poučenija i zaveščanie, zusammen mit Anatolij (Zercalov) u. Juvenalij (Polovcev), Moskau 1872; Moskau 1896; Moskau 1998; Minsk 2007.

Prepodobnago otca našego Avvy Dorofeja dušepoleznyja poučenija i poslanija s prisovokupleniem voprosov ego i otvetov na onye Varsanufija Velikago i Ioanna proroka, zusammen mit Anatolij (Zercalov), Moskau 1866; Sergiev Posad [8]1900; Moskau 2000.

Prepodobnago otca našego Ioanna, igumena Sinaijskoj gory, Lestvica, Moskau 1862; Sergiev Posad [7]1908; Moskau 1997.

Prepodobnago otca našego Orsisija, avvy Tavenisiotskago, učenie ob ustroenii monašeskago žitel'stva, Moskau 1858; Moskau 1994.

Prepodobnago otca našego Simeona Novago Bogoslova igumena obiteli sv. Mamanta dvenadcat' slov, zusammen mit Anatolij (Zercalov), Moskau 1869; Sergiev Posad [2]1911; Moskau 1995.

Slovo Ioanna Damaskina o vos'mi grechovnych pomyslach, Moskau 1877.

Quellen

Imperatorskij Moskovskij universitet, 1755-1917. Enciklopedičeskij slovar', hg. v. A.Ju.Andreev u. D.A. Cygankov, Moskau 2010, 326f.

Letopis' skita vo imja sv. Ioanna Predteči i Krestitelja Gospodnja, nachodjaščegosja pri Kozel'skoj Vvedenskoj Optinoj pustyni, hg. v. Mark (Chomič), Bd. 1, Moskau 2008, 280-283.486.528. 574.694-698; Bd. 2, Moskau 2008, 83-93.198.

Subbotin, N.I., Iz istorii raskola v pervye gody carstvovanija imperatora Aleksandra II, in: Dušepoleznoe čtenie 1900, Teil 1, Nr. 4, 587-602.

Literatur

Bežanidze, G.V., Ot sostavitelja. Konstantin Zedergol'm – činovnik osobych poručenij ober-prokurora Sinoda i duchovnyj syn Optinskich starcev, in: Perepiska Konstantina

Zedergol'ma so starcem Makariem Optinskim (1857-1859), Moskau 2013, 5-44.

Bušuev, S.V., Ieromonach Kliment (Zedergol'm) i izdatel'stvo Optinoj pustyni, in: Bibliotečnoe delo, hg. v. V.V.Skvorcov, Moskau 2003, 135-156.

Fetisenko, O.L., „Geptastilisty". K.Leont'ev, ego sobesedniki i učeniki. (Idei russkogo konservatizma v literaturno-chudožestvennych i publicističeskich praktikach vtoroj poloviny XIX - pervoj četverti XX veka), St. Petersburg 2012.

Fetisenko, O.L., Prepodobnyj Amvrosij Optinskij o „bogoslovstvovanii mirjan". Starec Amvrosij i o. Kliment (Zedergol'm) o bogoslovskich sočinenijach A.S.Chomjakova i T.I.Filippova, in: Christianstvo i russkaja literatura, Bd. 5, St. Petersburg 2006, 260-295.

Frolova-Bagreeva, T., Kliment (Zedergol'm), in: Russkie pisateli, 1800-1917, Bd. 2, Moskau 1992, 552f.

Iulianija (Samsonova), Optinskij paterik, Saratov 2006, 227-241: Ieromonach Kliment (Zedergol'm).

Каširina, V.V., Literaturnoe nasledie Optinoj pustyni, Moskau 2006.

Konstantin (Leont'ev; 1831-1891), Otec Kliment Zedergol'm, ieromonach Optinoj Pustyni, Moskau 1882; Šamordino 1915 (s priloženiem ego pisem); Paris 1978; Moskau 1997; Père Clément Zederholm, hiéromoine du monastère d'Optino, Übersetzung v. N.Roure, Vorwort v. M.Lepekhine, Paris 2005.

Konstantin (Leont'ev), Pravoslavnyj nemec. Ieromonach Kliment (Zedergol'm) – nasel'nik Kozel'skoj Optinoj Pustyni, Warschau 1880; Optina Pustyn' 2002 (copyright: Optina Pustyn' 2003).

Lazar' (Afanas'ev), Optinskie byli. Očerki i rasskazy iz istorii Vvedenskoj Optinoj Pustyni, Moskau 2003, 80-83: Otec Kliment (Zedergol'm).

Mainardi, A., Hg., Optina Pustyn' e la paternità spirituale, Spiritualità orientale, Bose 2003, 72f.85.88.91.118.130f.138.261-267.

Nikon (Beljaev), Žizneopisanija počivšich skitjan. Skitskoe kladbišče v Optinoj pustyni, in: Neizvestnaja Optina, St. Petersburg 1998, 319 (Nr. 44: Ieromonach Kliment † 1878 g.). 497-514 (Ieromonach Kliment); Optina Pustyn' 2010, 161-175.242f.

Popov, N.V., Kliment Zedergol'm, in: Pravoslavnaja bogoslovskaja ėnciklopedija 11 (1910), 209-211.

Rozanov, V.V., Literaturnye izgnanniki. N.N.Strachov. K.N.Leont'ev, hg. v. A.N.Nikoljukin u. P.P.Apryško, Anmerkungen v. T.V.Voroncova, Moskau 2001, 253.319.331.350.399.410 (Konstantin Leont'evs Buch über Kliment).

Zapal'skij, G.M., Klíment (Zedergol'm), in: Pravoslavnaja ėnciklopedija 35 (2014), 477-480.

Register

Abbildungen

Benedictus van Haeften 10
Christus nachfolgen 130
Dionisij, Kreuzigung 289
Flucht vor dem Kreuz 101
Gewicht des Kreuzes 57
Ioann Maksimovič 33
Kliment (Zedergol'm) 49
Knechten, H.M. 330
Kreuz auf sich nehmen 128
Mauer der Jungfrauen 2
Mein Geliebter ist mein 144
Rubens, Benedikts Wunder 24
Rubens, Kreuztragung 23
Selbstverleugnung 83
Stoßgebet 157
Titelseite, Antwerpen 1635 174
Titelseite, Černigov 1709 296
Titelseite, Moskau 1878 299
Torheit des Kreuzes 114
Vielgestaltigkeit der Kreuze 99
Weg zum Himmel 69

Heilige Schrift

Gen 3,4f 59
Gen 3,18 80
Gen 18,27 84
Gen 49,14 124
Dtn 33,19 136
1 Kön 17,45-51 45
2 Kön 6,21f 124
2 Kön 14,30 153
Hiob 2,10 85
Hiob 25,6 123
Ps 7,6 236
Ps 8,5 71
Ps 15,4 94, 153
Ps 16,4 81
Ps 26,13 162
Ps 33,19 70
Ps 33,20 84, 99
Ps 39,18 82
Ps 44,11 73
Ps 49,14 151
Ps 49,15 148
Ps 61,2 155
Ps 76,3 148

Ps 77,34 94
Ps 82,17 153
Ps 87,2.4 93
Ps 90,15 148, 159
Ps 101,18 72
Ps 106,13 148
Ps 110,3 236
Ps 115,4 141
Ps 118,27 81
Ps 118,30 72
Ps 118,176 67
Ps 119,1 148
Ps 135,3f 110
Ps 138,24 67
Ps 140,2 71
Ps 142,8 67
Ps 144,18 70
Spr 3,11 133
Spr 8,20 72
Spr 8,22 70
Spr 8,27-31 72
Spr 16,11 57
Spr 16,25 67
Spr 20,24 67
Hld 2,16 131, 144
Hld 4,9 146, 151
Hld 5,13 132
Hld 7,9 159

Hld 8,6 110
Weish 5,2-5 127
Sir 31,2 94
Sir 35,21 146
Jes 20,3 123
Jes 30,21 69f
Jes 49,2 146
Jes 64,3 104, 162
Jer 6,16 70f
Jer 10,23 67
Ez 9,4f 79
Ez 20,32 120
Dan 3,52 149
Dan 6,10 149
Dan 13,42f 148
Hos 6,6 133
Hos 8,7 154
Joel 2,23 77
Am 2,9 90
Jona 2,2f 149
1 Makk 3,60 155
Mt 1,20f 48
Mt 2,13 47
Mt 6,22 87
Mt 7,7 111
Mt 7,14 80
Mt 7,24 80
Mt 8,25 149

Mt 9,13 133
Mt 10,38 61, 74, 85, 291
Mt 12,34 109
Mt 14,30 149
Mt 16,24 61, 100, 128, 286
Mt 17,5 78, 135, 293
Mt 19,16 112
Mt 19,21 112
Mt 20,16 106
Mt 21, 28-31 131
Mt 24,30 79
Mt 25,34 80
Mt 25,41 105
Mt 26,39 141, 155
Mt 26,45 140
Mk 8,34 74, 291
Mk 8,38 96
Lk 1,38 72
Lk 1,43 71
Lk 1,46-48 72
Lk 2,19 89
Lk 2,34f 76, 92
Lk 9,23 74, 129, 291
Lk 9,25 67
Lk 12,32 107
Lk 14,27 78
Lk 23,35 48
Lk 23,43 43

Joh 3,1f 77
Joh 4,34 141
Joh 6,60 76, 105
Joh 6,68 73, 103
Joh 8,34 120
Joh 10,12 132
Joh 13,13 78
Joh 14,6 71
Joh 14,30f 140
Joh 16,33 62
Joh 18,11 140
Apg 4,12 290
Apg 14,21 62, 108, 160
Apg 16,17 66, 71
Apg 16,24f 149
Jak 1,17 110
Jak 2,20 106
Jak 3,2 120
Jak 5,13 145
1 Petr 2,21 61, 82, 122
1 Joh 1,7 158
1 Joh 2,15 126
1 Joh 4,18 137
1 Joh 16,18 138
Röm 8,9 111
Röm 8,18 130, 156
Röm 8,26 110
Röm 8,32 134

Röm 8,35.38f 139
Röm 9,1-3 92
Röm 10,2 85
Röm 15,4 133
1 Kor 1,18 80, 114f, 119, 125, 158
1 Kor 1,25-27 125
1 Kor 1,28 97
1 Kor 2,8f 104
1 Kor 2,9 162
1 Kor 3,1f 136
1 Kor 3,16 159
1 Kor 4,9 122
1 Kor 4,9f 125
1 Kor 9,26f 95
1 Kor 11,32 129
1 Kor 12,31 131
1 Kor 15,10 137
2 Kor 1,3 93
2 Kor 1,3f 133, 293
2 Kor 3,5f 86
2 Kor 6,8 98
Gal 2,19 80, 158, 185
Gal 3,1 158
Gal 4,4-7 132
Gal 4,26 161
Gal 5,24 158
Gal 6,14 86, 158, 185

Eph 1,17f 158
Eph 2,4 139
Phil 2,5 121
Phil 2,6-8 121
Phil 2,8 139
Phil 2,10f 290
Phil 3,18 101f
Phil 3,18f 102, 112
Phil 4,13 107
Kol 2,3 78
Kol 3,5 88
1 Thess 5,14 77
1 Thess 5,18 156
1 Tim 2,4 285
1 Tim 3,16 121
Hebr 4,12 103
Hebr 5,7 149
Hebr 6,19 159
Hebr 10,19f 73
Hebr 11,24-26 126
Hebr 11,36-38 94
Hebr 12,1 150
Hebr 12,5f 133
Hebr 12,6 133, 135
Hebr 12,7f 135
Hebr 12,22 75
Hebr 13,12f 129
Hebr 13,13 131

Offb 2,10 159
Offb 7,14 79
Offb 14,4 86
Offb 17,5 151
Offb 19,16 121
Offb 21,1f 161
Offb 21,9-14 162

Namen

Abramovič, D. 269
Aelred von Rievaulx 124
Agatha 119
Alberigo, G. 15
Alekseev, A.I. 39
Aleksej Petrovič 44
Alexius der Mann Gottes 44
Alkuin 73
Ambrosius 63, 123, 126f, 146
Anselm von Laon 73
Antonij (Putilov) 55
Antonij (Stachovskij) 44
Arbeneva, N.P. 51
Arnim, J. v. 227
Aufrère, S.H. 164
Augustinus 21, 76, 85f, 89, 106, 108, 122, 132, 134, 137, 147, 150, 152, 282

Baronius, C. 87, 171f, 272, 283
Bartelink, G.J.M. 234
Basileios der Große 88, 164
Becker, C. 127
Beken, L. v. d. 26
Benedikt von Nursia 17, 19, 81
Beriger, A. 30
Bernhard von Clairvaux 75, 88, 95, 108-111, 124, 137, 160
Bernhardin von Siena 264
Bežanidze, G.V. 52
Bidez, J. 118
Blank-Sangmeister, U. 282
Blois, L. de 142, 156, 168, 272f
Boller, H. 154
Bonaventura 141
Bonnet, M. 118
Boonen, J. 16, 18, 22, 29
Borst, H. u. J. 116
Botley, P. 277
Bray, H. du 26
Brunus, C. 151
Buck, A. 31
Busscher, E. de 173
Busygin, V.V. 42

Cabassut, A. 146
Capilla, A. 29
Cassian 85, 97, 292
Cicero 64, 117, 165, 227f
Cioffari, G. 87
Clark, A.C. 117, 228
Cuny, C. 21
Daniélou, J. 151
Declerck, J. 283
Delcourt, M. 26
Demidova, N.F. 41
Detorakis, Th. 109, 244
Diès, A. 95, 229
Dimitrij (Savič/Tuptalo) 36, 44f, 118f
Dionisij 289
Dionysios Areopagita 44
Dorotheos von Gaza 54, 235, 284
Dörrie, H. 164
Dörries, H. 164
Drexel, J. 47f, 274, 283
Duff, J. 77
Dulcken, A. 29
Durand, G.-M. 243
Ehlers, W.-W. 30
Ekaterina (Filippova) 288
Enenkel, K.A.E. 32

Ennius 64, 165
Ephräm Graecus 235
Evagrios Pontikos 236
Faesen, R. 265
Faltner, M. 227
Febure, C.I. 26
Feix, J. 228
Feodosij (Polonickij-Uglickij) 36
Feofilakt (Lopatinskij) 45
Fieger, M. 30
Filaret (Gumilevskij) 46
Fischer, B. 30
Flacelière, R. 151
Gallay, P. 95
Galle der Ältere, C. 173
Geffcken, J. 118
Gerhard, J. 46
Gessler, Ph. 9
Giannotti, S. 88
Gigon, O. 64, 228
Gogol', N.V. 51
Götte, J. u. M. 66, 109, 232
Grabowski, R. 330
Grafton, Th. 277
Gregor der Große 59, 88, 92, 97, 147, 247

Gregorios von Nazianz 59, 95
Hack, J. 60
Haeften, A. v. 11
Haeften, Benedictus van 11-30, 58-162, 300-303 und passim
Haeften, J. v. 11
Halík, T. 9
Hammer, E.-U. 16
Hansen, G.C. 118
Harbsmeier, G. 16
Hatkämper, U. 9
Heinrich Seuse 160
Helena, Kaiserin 63
Heraklit 95
Herbert von Bosham 147
Hentger, N. 16
Hidulphus 17
Hieronymus 30, 60
Hoffmeister, G. 31
Holzberg, N. 105, 107
Horsiese von Šeneset 55
Hove, M. v. 13-15, 26
Hoyoux, J. 26
Hross, H. 116
Hugo von Den Briel 278
Hugo von St. Viktor 151

Hurter, H. 59, 88, 92, 97
Ignatios von Antiochien 90
Ilarion (Ležajskij) 40
Ioann (Maksimovič) 34-49, 55, 58-162, 303-310 und passim
Jakobus von Mailand 141
Janszoon, C. 21
Jöcher, Ch.G. 298
Johannes Chrysostomos 44, 47f, 76, 81, 84, 91, 138, 151, 154f, 164
Johannes der Barmherzige 44
Johannes Klimakos 55, 242f, 284
Johannes vom Kreuz 75, 93
Johannes von Wales 150, 298
Kasten, H. 230
Kilb, A. 291
Kireevskij, I.V. 51
Kliment (Zedergol'm) 50-162, 310-315 und passim
Konstantin der Große 58, 79
Korovin, V.L. 51
Kreuz, G. 85, 97
Kytzler, B. 258

Lev (Nagolkin) 55
Lidwina von Schiedam 278
Lips, J. 91, 275
Lutgardis von Tongern 12
Madre de Dios, E. de la 160
Makarij (Ivanov) 51, 93. 285-288
Makeblijde, L. 14
Maksimovič, I. 34
Maksimovič, I.A. 47
Malingrey, A.-M. 151
Mallants, P. 28
Mallery, K. v. 181
Malloni, D. 120
Marliani, A. 43
Martin, H. 93
Mauz, J. 160
Mazepa-Koledinskij, I.St. 35-37, 58
Meer, A. v. d. 11
Meier, H. 290
Menšikov, A.D. 38
Miert, D. v. 277
Miltenova, A. 164
Minucius Felix 117
Mjasnikov, V.A. u. V.S. 41
Moretus, B. 28
Morin, G. 147

Nalegaev, V.V. 42
Nickel, R. 228
Nikodemos (Kallibourtzes) 286
Nikolaev, S.I. 45
Nikolaus von Trani 87
Nikolaus von Kues 16
Oger, Regularkleriker 124
Orcibal, J. 21
Oury, G. 298
Ovid 105, 107
Paisij (Veličkovskij) 287
Pambo von Ägypten 43
Pan, T.A. 40
Pantjuchin, A.M. 42
Pavlenko, S.O. 37
Pavlova, A. 41
Pazzi, M.M. de' 159
Perantoni, P.M. 264
Perlitt, L. 16
Peter der Große 37, 43, 45, 58
Petr (Mogila) 34
Petrus Equilinus 87
Petrus Lombardus 13, 147
Petrus, Apostel 44
Petschenig, M. 85, 97
Phalesius, H. 12

Phrantzolas, K.G. 235
Pivovarov, B. 41f
Platon 95, 227, 229
Pohl, M.J. 58, 75, 80, 105, 143, 269, 278
Poimen der Große 43
Porozovskaja, A.D. 39
Porte, M. de la 14
Pottier, F.G. 107
Préchac, F. 230f
Pretere, W. de 14
Préville, J. de 235
Puccini, V. 160
Rader, M. 87
Regaus, B. 12f, 15, 18, 25f
Regnault, L. 235
Riedl, P.A. 31
Riese, F.A. 77
Rubens, P.P. 22-24, 173
Sabinus von Piacenza 123
Schindler, B. 297
Schleusener-Eichholz, G. 147
Schmidt-Volkmar, E. 30
Schmitt, E., Sr. Veronika OCD 289
Schneider, W. 146
Schönberger, O. 64, 232

Schöne, A. 32
Schönlin, J.Th. 151
Scipio Africanus maior 116
Scupoli, L. 286
Sebastian, S. 302
Sederholm, K. 50
Sederholm, K.G.A. 50
Serafim (Meščerjakov) 41
Serafino a Vicenza 136
Serenus, Abbas 85
Seuse, H. 160
Silius Italicus 77
Sisoes der Große 43
Skarga, P. 44
Skoropadskij, I.I. 37
Snell, B. 95, 228
Snessoreva, S. 35
Sofronij (Sacharov) 93
Sofronova, M.N. 42
Solignac, Ai. 147
Soppens, C. 14f
Sozomenos 118
Spaans, Y. 12
Stefan (Javorskij) 45
Steggink, O. 160
Stephan von Baugé 136
Strycker, E. de 21
Suchla, B.R. 235

Suetonius 282
Swanson, J. 150
Symeon der Neue Theologe 55, 287
Tacitus 116
Tairova-Jakovleva, T.G. 35
Tarasova, A.I. 41
Terentius 232
Teresa de Jesús 75, 160, 165, 172, 175, 277f
Tertullian 127
Theodor Studites 55
Theodoret von Kyros 146
Theophilos von Antiochia 60
Thomas Becket 147
Thomas von Aquin 11
Thomas von Bellinghem 11
Thomas von Kempen 58, 75. 80, 105, 143, 172, 269, 278
Thum, T. 283
Tibull 107
Tichon (Bellavin) 42
Tichvinskij, S.L. 41
Tolstoj, A.P. 51, 55
Torrentius, L. 26
Tschižewskij, D. 269
Vahlen, J. 64

Valerius Maximus 115
Varlaam (Kossovskij) 39
Varnava (Nakropin) 41f
Vasil'kovskaja, E. 34
Vasil'kovskij, M. 34
Veerdeghem, F. v. 12
Venantius Fortunatus 118
Vergil 64, 66, 77, 109, 232
Verleyen, H. 9
Verleyen, W. 13, 27f
Vermeulen, C. 9
Veronika Elisabeth Schmitt OCD, Sr. 289
Verpoorten, J.B. 14, 18
Vitonius von Verdun 16
Volgers, A. 164
Volk, P. 20
Voroncov, M.S. 52
Waltz, R. 230f
Weber, K. 9, 58
Werner, M. 17
Wohlmuth, J. 15
Žukovskaja, E. 51
Žukovskij, V.A. 51

Sachregister

Affligem, St. Peter 11
Anker 158

Auferstehung 61
Auge, irdisches 146, 294
Auge, geistliches 147
Augen des Herzens 158
Barmherzigkeit Gottes 61, 134 153
Barock 31f
Benediktsregel 17, 19
Bergen, St. Dionysius 21
Berufung 125
Bitterkeit 136
Boldiner Dreieinigkeits-Elias-Kloster 36
Buchstabe und Geist 86
Bursfelder Kongregation 16
Černigov, Elecer Kloster 35
Concio 252
Dobrotoljubie 287
Eigenwille 47
Elecer Kloster, Černigov 35
Embleme 32
Eparchie 36
Erneuerer 42
Erotapokriseis 164
Feuer der Gerechtigkeit 151
Freimut 73
Gebot der Freiheit 59
Gegensätze 31

Gent, St. Peter 22
Geraardsbergen, St. Hadrian 21
Gewissensvorwürfe 93
Glossa ordinaria 73
Heil 61, 72, 98, 105, 115
Heilige Hochzeit 64, 165
Herrlichkeit 59, 61, 74f, 96, 103f, 121, 123, 127, 130, 156, 226, 291
Herzenswunde des Menschen 151
Herzenswunde Gottes 146
Hetman 35
Hingabe 62
Hoffnung 62, 75, 82, 112, 129, 130-133, 141, 148, 158f, 284, 291
Homilie 234
Hymnos Akathistos 9
Idiorrhythmie 243
Idiota 298
Ieper, St. Johannes 26
Inneres Kreuz 92
Jansenismus 16
Kalugaer Kloster zur Kazaner Ikone 56
Kelch des Heiles 141
Kennzeichen 79

Kongregation 16
Kongregation von St. Vanne 18
Kreuzer, Münze 104
Kreuzerhöhung 63, 119
Kreuzträger 127
Lehrer der Gerechtigkeit 77
Mandyas 38
Mauer der Jungfrauen 9
Mechelner Katechismus 14
Mitleid 22, 92
Neid 59
Noviziat 20
Obnorakloster 289
Oracula Sibyllina 118
Oratio 245
Paideia 133
Paraklese 133
Pforte der Buße 151
Postulat 19
Prädestination 39
Priorat 13
Schmach Christi 126
Schwäche Gottes 125
Sermo 246
Servile supplicium 116
Sinod, Hl. 41
Sithiu, St. Bertinus 22

Sklaventod 116
Soteriologie 72
St. Hubert 21
St. Vanne 16-19, 21
Staurophilia 55
Staurosophia 145
Sünden 48, 60, 66, 87, 119f, 126, 129, 133-135, 140, 147, 150, 158, 165
Süßigkeit 59, 75, 81, 103, 110f, 118, 132, 136f, 140f, 147, 159, 169
Sven'-Entschlafenskloster 34
Synodikon 37
Täuschung 103
Tod 9, 31, 60f, 67, 78f, 88, 90, 110f, 138-140, 226, 293
Toren um Christi willen 125f
Torheit Gottes 125
Trennung von Gott 61
Tridentinum 15
Übersteigerungen 31
Ungehorsam 60
Unwissenheit 74, 87
Vitæ Patrum 235
Vorsehung 142

Vulgata 30
Weg der Furcht 129
Weg der Gerechtigkeit 72
Weg der Hoffnung 131
Weg der Liebe 131
Weg der Wahrheit 72

Weg des Heiles 66
Weg des Kreuzes 73
Weg zum ewigen Leben 67
Weg, neuer 74
Welt, innere 75, 291
Wort vom Kreuz 80, 125, 158

Der Autor

Heinrich Michael Jakobus Johannes Ernst Knechten, geboren 1949, ist Pfarrer für die Gläubigen russischer Sprache im Bistum Münster.[630] Diplomprüfung 1975 und Priesterweihe 1978. Im Ruhrgebiet lernte er die Situation der Migranten kennen. Promotion zum Doktor der Theologie 1998 mit einer Dissertation über Rechtfertigung und Synergie bei Theophan dem Klausner. 2018 Handauflegung zum Erzpriester mit der Berechtigung, die Krone, das Brustkreuz, den Stab und das Epigonation zu tragen.

---

[630] Diese Photographie wurde am 13.6.2015 von Rudolf Grabowski in der Abtei Marienstatt aufgenommen.

Studien zur russischen Spiritualität

Diese Reihe bietet eine kleine Textbibliothek, die zur Vorbereitung von Predigt und Katechese, aber auch zur geistlichen Lesung geeignet ist.

Bd. I: *Katholische Spiritualität bei Theophan dem Klausner.* 397 S., kt. € 27,80. ISBN 978-3-89991-200-5. Bischof Theophan Govorov (1815-1894) bearbeitete für eine umfassende Einführung in die Spiritualität Werke von Lorenzo Scupoli und Juan de Bonilla. Für die zweite Auflage wurden im biographischen Bereich Ergänzungen vorgenommen und weitere Kapitel dargeboten.

Bd. II: *Evangelische Spiritualität bei Tichon von Zadonsk.* 281 S, kt. € 19,80. ISBN 978-3-89991-052-0. Bischof Tichon Sokolov (1724-1783) nahm für eine Einführung in das christliche Leben Anregungen von Johann Arndt und Joseph Hall auf.

Bd. III: *Das Jesusgebet bei russischen Autoren.* 304 S., kt. € 19,80. ISBN 978-3-89991-154-1. Das Jesusgebet ist das Herz der Russischen Kirche. In dieser zweiten Auflage des Werkes kommen Autoren wie Johannes von Kronstadt und Metropolit Antonij zu Wort.

Bd. IV: *Starzen in Optina.* 335 S., kt. € 24,80. ISBN 978-3-89991-224-1. Die Starzen in Optina gaben Hinweise zur Gestaltung des christlichen Lebens und begleiteten Menschen auf ihrem schwierigen Weg; so wurden sie Friedensboten, die Versöhnungsbereitschaft und Barmherzigkeit ermöglichten. Ihre Lehre gründete sich auf Worte der Kirchenväter, die in dieser Quellenstudie dargelegt werden. Die Neuauflage enthält zusätzliche Kapitel.

Bd. V: *Filaret von Moskau als geistlicher Schriftsteller.* 213 S., kt. € 19,80. ISBN 978-3-89991-084-1. Metropolit Filaret

Drozdov (1782-1867) war ein begnadeter Prediger und Kirchenlenker, der auch Kontakt hatte mit dem „heiligen Doktor" von Moskau, Friedrich Joseph Haass.

Bd. VI: *Kraft in der Schwachheit – Dimitrij von Rostov und Zar Peter der Große.* 278 S., kt. € 22,80. ISBN 978-3-89991-203-6. Metropolit Dimitrij (1651-1709) gab Suchenden Anhaltspunkte zur Orientierung. In der Neuauflage wurden weitere Materialien aus dem Werk Dimitrijs auf Grundlage der Werkausgabe von 1835-1849 sowie ein Kapitel über Peter den Großen eingefügt.

Bd. VII: *Licht in der Finsternis – Johannes von Kronstadt.* 350 S., kt. € 24,80. ISBN 978-3-89991-222-7, erweiterte Neuauflage. Johannes von Kronstadt entfaltete eine reiche geistliche und soziale Wirksamkeit. Die Feier der Göttlichen Liturgie war der Mittelpunkt seines Lebens. In diesem Buch werden Archivmaterialien verwendet, die erst seit kurzem zugänglich sind. Aufgrund seiner Tagebücher (26 Bände) wird hier erstmals ein Gesamtüberblick über sein Leben gegeben, wie er selbst es schilderte.

Bd. VIII: *Russische Eremiten.* 228 S., kt. € 19,80. ISBN 978-3-89991-117-6. Von Eremiten geht eine Faszination aus; denn sie sind gleichsam in das Absolute verliebt. Wer einsam lebt, kann von ihrer Freude an Gott lernen.

Bd. IX: *Das Leben spendende Kreuz.* 228 S., kt. € 19,80. ISBN 978-3-89991-121-3. Die Kreuzurteile der letzten Zeit belegen, dass manche Menschen den Anblick dieses Zeichens nicht ertragen können. Das Kreuz wirft Fragen auf, die von russischen Autoren beantwortet werden.

Bd. X: *Heutige Starzen.* 220 S., kt. € 19,80. ISBN 978-3-89991-132-9. Seelsorger unserer Zeit kennen die Schwierigkeiten der Gegenwart. Sie gebrauchen leicht verständliche Bilder und helfen durch ihren Rat.

Bd. XI: *Starzinnen, Fürstinnen und Törinnen.* 231 S., kt. € 19,80. ISBN 978-3-89991-135-0. Russische Frauen gehen ihren Weg mutig und entschlossen in einer Welt, die ihnen zahlreiche Schwierigkeiten macht. Sie suchen die göttliche Weisheit und finden die kostbare Perle: Christus.

Bd. XII: *Russische Klostergründer.* 376 S., kt. € 24,80. ISBN 978-3-89991-211-1, erweiterte Neuauflage. Die russischen Klöster sind Zentren nicht nur der Kirche, sondern auch des Landes. Die Klostergründer geben Ratschläge, die ein christliches Leben ermöglichen.

Bd. XIII: *Russische Glaubensboten.* 364 S., kt. € 24,80. ISBN 978-3-89991-206-9. Der Staat gab den Auftrag, den orthodoxen Glauben zu verbreiten. Dies wird in der vorliegenden Neuauflage aus alten Gesetzessammlungen belegt. Einzelne Missionare ließen sich von Soldaten begleiten, während andere auf die Kraft des Wortes Gottes vertrauten. Dieses Buch enthält eine ausführliche Bibliographie zur russischen Mission.

Bd. XIV: *Leidendulder.* 303 S., kt. € 19,80. ISBN 978-3-89991-194-7. Aus welchen Gründen entsteht Feindschaft gegen Christen? Zum 400. Geburtstag des Erzpriesters Avvakum wird diese Frage besprochen. In der zweiten Auflage finden sich umfangreiche Ergänzungen.

Bd. XV: *Der geistliche Vater.* 220 S., kt. € 19,80. ISBN 978-3-89991-166-4. Theologische Fragen werden im seelsorglichen Gespräch selten gestellt; häufiger geht es um Schwierigkeiten im Leben. Das Ziel ist, die eigene Berufung zu erkennen und zu leben.

Bd. XVI: *Metropolit Makarij und Ivan der Schreckliche.* 224 S., kt. € 19,80. ISBN 978-3-89991-176-3. Wie sollte sich die Kirche gegenüber Zar Ivan dem Schrecklichen angemessen verhalten? Welche Möglichkeiten waren für ihr Handeln verfügbar? Hier wird das erste ausführlichere Werk zu Metropolit Makarij im deutschen Sprachraum vorgelegt. Wer erfahren möchte, wie die Grundlagen für das gegenwärtige Russland gelegt wurden, erhält eine lebendige Geschichtsdarstellung.

Bd. XVII: *Starzen und Hirten.* 227 S., kt. € 19,80. ISBN 978-3-89991-184-8. Vor hundert Jahren musste die Kirche ihr Verhältnis zum Staat, der sich nunmehr als säkular und atheistisch verstand, neu definieren. Ansätze zur Reform der Kirche kamen infolgedessen nicht mehr zur Ausführung.

Bd. XVIII: *Monastische Väterliteratur bei Makarij von Optina.* 478 S., kt. € 24,80. ISBN 978-3-89991-187-9. Makarij machte die Werke von Barsanuphios dem Großen und Isaak von Ninive zugänglich und trug damit zu einem Aufblühen des Glaubenslebens bei. Er ist einer der großen geistlichen Väter des 19. Jahrhunderts. Die zweite Auflage dieses Werkes enthält umfangreiche Erweiterungen.

Bd. XIX: *Damit sie meine Herrlichkeit schauen (Joh 17,24).* 209 S., kt. € 19,80. ISBN 978-3-89991-192-3. Ein Dorfpriester (der berühmte Aleksandr Men'), zwei Metropoliten und ein Starez (Amvrosij von Optina) bemühen sich, den Weg dafür zu bereiten, dass die ihnen anvertrauten Menschen die Herrlichkeit Christi schauen können. Das Buch erschien zum 360. Geburtstag von Metropolit Stefan (Javorskij).

Bd. XX: *Staurophilia – Kreuzesliebe.*

Zur Einführung eignet sich: „Licht in der Finsternis".
Das Hauptwerk ist: „Monastische Väterliteratur".

Vom gleichen Autor

Rechtfertigung und Synergie bei Theophan dem Klausner. Ein Beitrag russisch-orthodoxer Theologie zum ökumenischen Gespräch. 236 S., kt. € 19,80. ISBN 978-3-927718-98-2.

Freude bringende Trauer. Väter-Rezeption bei Ignatij Brjančaninov. 237 S., kt. € 19,80. ISBN 978-3-89991-011-7. Die gottgeschenkte Trauer über die eigenen Sünden und Verfehlungen kann zur Teilhabe an der Verklärung führen.

Datenverbundnetz: www.borisogleb.de

Netzadresse: borisogleb@aol.com (für Anregungen und Kritik, Ergänzungen und Verbesserungen).